古代東国の王者

上毛野氏の研究

上毛野君への旅立ち
史録の世界の上毛野君
東国六腹の朝臣
古代東国の王者
多奇波世君の後
蒼海を渡りて
もう一つの故郷
東国派遣伝承の実相

<改訂増補版>

Kumakura Hiroyasu
熊倉 浩靖 著

雄山閣

グローカルな古代上毛野研究

京都大学名誉教授
アジア史学会会長
文学博士　上田正昭

たんなる地方史ではなく、比較の視座からの地域史の究明がますます必要である。いわゆる「地方の時代」が強調されるようになってから、かなりの歳月を経過したが、「地方分権」の内実をともなうことなく、いわゆる「中央」と「地方」の格差はさらに増大している。

それもそのはずである。明治四年（一八七一）の廃藩置県によって、中央集権体制が強化されてから一三六年、全国の各地域は「中央」あっての「地方」となった。そしてそのような現実が、知らず知らずに「中央」を重視して、政治・経済や文化が都から各地へ伝流するとみなし、日本の歴史や文化を「中央」から放射線的に論ずる、私のいう「中央史観」をはぐくんでいった。

公に私が「中央史観の克服」についての考えを表明したのは、昭和四十九年（一九七四）四月三十日の『読売新聞』であった。爾来いかにして「中央史観」を克服するかを、おりあるごとに、その方法と内容について論究してきた。

本書は古代における有力氏族で、君姓を名乗る上毛野氏を中心とする上野（群馬）のすぐれた地域史である。紀州の生んだ巨人南方熊楠は、生物学・民俗学における地球規模の比較の学を構築したが、熊野の地域を対象としながら、その学問はローカルでしかもグローバルであった。私どもはこれを略してグローカルとよんでいるが、本書もまたグローカルな上毛野ひいては東国の地域史である。

そもそも地方《じかた》という用語は、室町幕府の職名にみいだすことができる。鎌倉幕府は幕府寄人《よりうど》のなかから検断奉行・地奉行を任じたが、室町幕府は検断を侍所の沙汰とし、引付頭人《ひきつけとうにん》のうちに地方頭人《じかたとうにん》を設けて、京都の洛外の家屋・宅地・市《し》廛《てん》・道路などを管理させた。江戸時代になると、町方に対しての地方《じかた》は主として農村を指すようになり、転じて田制・土地制度・租税制さらに広く農政一般を地方と称するようになった。
名主《なぬし》（庄屋・肝煎《きもいり》）・組頭（年寄・長百姓）・百姓代（年寄・老百姓）の村役人を地方三役《じかたさんやく》と称したり、あるいは農政や農村生活などについて記した、たとえば『地方凡例録』とか『地方落穂集』などの書物を地方書《じかたしょ》とよんだりしたのはその好例である。

それらはいわゆる「中央」を前提とした「地方」とはおもむきを異にする。明治に入ると軍隊用語として「軍人以外の人間」を「地方人」と称するようになったり、東京が「中央」でその他の地域は「地方」であるとみなすような偏見と格差を含む用語となった。

そのような「中央」あっての「地方」の立場を克服せずに、どうして地域を主体とする分権を実現することができるのか。たんなる地方史ではなく、比較の視座からの地域史の構築がますます不可欠となる。

『古代東国の王者―上毛野氏の研究』が出版されてから、早くも二十三年ばかりの歳月が過ぎ去った。公刊された当初から上毛野氏研究のさいの不可欠の書となったが、このたび近時の発掘調査の成果を組み入れ、新知見を加味して、装いもあらたに改訂増補版が再刊される運びとなった。

本書の随所に創意と工夫がみなぎる。たとえば、『古事記』の雄略天皇の条の、有名な天語歌《あまがたりうた》のあざやかな解釈がそれである。この歌には〝八百丹《やほに》よしい杵築宮《きづきのみや》〟と詠まれているのは、『出雲国造神賀詞《いづものくにのみやつこのかむよごと》』に「八百丹杵築宮」とあるのと照合し、平成十二年（二〇〇〇）の出雲大社の境内発掘調査で姿を現わした杉の直径三メートルをこえるすべての巨柱に赤色顔料が付着していたのにも対応するが、さらに〝上枝は天《あめ》を覆へり　中枝は東《あづま》を覆へり　下枝は夷《ひな》を覆へり〟と歌われている。

その〝天〟を「治天下」の天とみなし、その外の〝東〟と〝夷〟を同心円的に位置づける著者の理解は新鮮である。

上毛野の地域から、東国そして畿内、さらに東アジアに連動するグローカルな地域史のあらたな発刊を衷心より慶賀する。本書は必ずや古代上毛野史の考察に大きく寄与するにちがいない。

二〇〇七年九月吉日

改訂増補版の上梓に際して

今年四月、雄山閣編集部の羽佐田真一さんから突然のお手紙をいただいた。二十年以上前に、故あって茜史朗の名で出さざるをえなかった『古代東国の王者―上毛野氏の研究』を再刊したいと記されていた。まことに光栄なことだが、私はいま古代史の研究に専念する立場になく研究も遅々として進んでいないだけに、お断り申し上げるのが分と思った。しかし旧著の基本的な誤りを正すとともに若干の見解を付け加えられるようになっていたので、改訂増補とすることを条件に、羽佐田さんのまことにありがたいご提案に乗ることとした。

旧著の基本的な誤りは、上毛野を「かみつけぬ」とよんでいた点にある。『万葉集』巻十四「東歌《あづまうた》」が上毛野を「可美都気努」「可美都気野」と書いていることから、「野」＝「努」＝「ぬ」と訓む説を何ら疑問も持たずに継承していた。しかし、早くも昭和三十二年（一九五七）刊行の日本古典文学大系本『萬葉集一』（高木市之助・五味智英・大野晋校注、岩波書店）の「校注の覚え書」で「努」は「ノ甲類」（音価no＝の）を表わす万葉仮名であることが一点の曇りもなく論証されている。さらに遡れば、このことは、橋本進吉博士が上代特殊仮名遣を発見した時点で明確になっていることで、全くの不明を恥じるしかない。上毛野君は「かみつけののきみ」、上毛野国は「かみつけののくに」が正しい。

その他細々とした点では多くの訂正が必要だが、改めて旧著を読み直して、全体的な枠組みを大きく変える必要は感じなかった。むしろ補強できる点が幾つか見つかった。

第一の補強は、旧著でも上毛野国一国に上毛野君とその関係氏族を縛っては上毛野君関係氏族の全体像はとらえきれないこと、上毛野君《かみつけののきみ》（朝臣《あそみ》）関係氏族を上毛野国の在地豪族としてのみ論を立てることは歴史離れもはなはだしいことを強調してきたが、「東国六腹《あづまのくにむつはら》の朝臣《あそみ》」（『続日本紀《しょくにほんぎ》』延暦十年四月五日条）という言葉が象徴するように、「東国（あづまのくに）」（『日本書紀』崇神天皇四十八年条、景行天皇五十五・五十六年条など）という視点に立ちきることの大切さである。その最も端的な表現が『日本書紀』に見える上毛野君始祖伝承や『古事記』雄略天皇段に載せられた天語歌《あまがたりうた》に見えていることを再発見した時のショックは大きかった。そこで旧著の「はじめに」と序章を大きく変更して「上毛野君への旅立ち―東国（あづまのくに）からの出発」とし、『日本書紀』に見える上毛野君始祖伝承や『古事記』雄略天皇段に載せられた天語歌に見えている古代貴族・官人層の上毛野君と東国に関する共通理解の持つ意義を改めて論じることとした。

第二の補強は、東国という視点で論を立てることによって、五世紀から九世紀にかけての古代東国の概要、あるいは、倭国から日本国へと列島社会が飛躍・展開していくなかで、中枢地域となった「畿内」に対して「東国」が示した独自性、地域個性の核心が見えてきたことである。大きく書き換えることとした序章で概括的に論じたうえで、旧著では論じることができなかった基本的な論点のうち、中国北朝起源の銅製容器の古墳埋納については第三章「古代東国の王者―上毛野君と上毛野国」で、東国仏教と日本天台宗の成立については第四章「多奇波世（たかはせ）君の後―上毛野君と渡来系氏族」で、後発型と私が呼んでいる人物と馬を中心とした形象埴輪の盛行については終章「東国派遣伝承の実相―上毛野君の成立」で論考を加えることとした。

あわせて、上毛野君関係氏族がこだわっていた居地の名プラス君《きみ》（朝臣）という氏姓（ウヂカバネ）の構造や「君」という姓《かばね》についても若干の見解を付け加えた。君という姓には意外なほどの偏りがあり、上毛野君関係氏族が、この構造にこだわった理由に迫る必要が認められたからである。

興味深いことに、この二十年ほどの間に、古墳時代の古墳や遺跡の推定年代がおおむね四半世紀ほど遡り始めている。その点にも意を配って改訂したつもりだが、私の論の全体的な枠組みは、考古学的研究のこの進展に耐えうるかどうか。試練のときである。

その他細かな追加は多々あるが、全体的な枠組み、論考は可能な限り旧著を踏襲したままとなっている。また、恩師・

上田正昭先生をはじめ、直接に学恩を賜った故・尾崎喜左雄先生、故・福永光司先生、金井塚良一先生は先生と記させていただいた。読書諸賢のご了承をえたい。

末筆ながら、本書の上梓に際して賜った旧著版元あさを社のご高配に感謝申し上げます。

二〇〇七年九月識す

熊倉　浩靖

目次

グローカルな古代上毛野研究……上田正昭…1
改訂増補版の上梓に際して…5
序章　上毛野君への旅立ち—東国からの出発…15
上毛野君形名の妻に鼓舞されて…16
蒼海を渡り水表の政を平けて　形名の妻の鼓舞が想起させる三つの事柄　上毛野君に迫る道—原典に立ち返って
東国という舞台…20
古代の大国上毛野　上毛野君の始祖がめざした東国　一つのクニとしての東国　比較的新しい東国の分割
天・東国・夷の三層構造　もう一つのクニ「東国」の独自性　東国独自の精神性を表わす文物
上毛野君関係氏族という視点…31
『新撰姓氏録』が描く奥行きの深さ　最大の問題—「皇別」にして「諸蕃」
第一章　史録の世界の上毛野君—上毛野君関係氏族の横顔…35
貴族としての登場…36
カバネ「朝臣」を得る
史書を記し律令を編む…39
天武朝史局への参画　大宝律令を選定　撰善言司佐味朝臣宿那麻呂

国土政策の最前線に立って……43
諸蕃と夷狄の上に立つ小中華の国日本　和銅・霊亀・養老年間の国土政策
対蝦夷政策と上毛野君……45
国家の意志のもとに　大野朝臣東人の事績　東人と難波の決断
東国民衆と「夷狄」地経営……51
奥羽への移住を命じられて　陸奥の有力な家へ　改氏姓の方向性
上毛野君と朝鮮……58
五つの視点　白村江への出兵　稚子派遣の要因
美作国と多胡郡の新設……64
「諸蕃」定住型の典型　多胡郡新設の在地事情　多胡郡新設と国家意志　羊太夫伝承の語り
第二章　東国六腹の朝臣―東国が生んだ貴族たち……73
居地による氏と姓……74
池原公綱主の奏言　「君」姓から「居地の名プラス朝臣」へ　「君」というカバネ
上毛野君と並ぶ二つの君姓グループ
表舞台への登場……80
七世紀における地位　鎌足の妻・不比等の母　壬申の乱と六腹の朝臣
佐味朝臣の本拠地……87
注目すべき三つの地域　『越前国司解』の記載　佐味朝臣と越前国丹生郡　越にひろがる視角
車持朝臣の職掌と分布……95
特異な氏の名のいわれ　姓を異にする車持氏とその分布　注目すべき四地域

池田朝臣・大野朝臣の場合 …… 103
池田朝臣の場合　大野朝臣の場合　「東国腹」の内実　上毛野国への道

第三章　古代東国の王者—上毛野君と上毛野国 …… 109

池田君と上毛野国 …… 110
上毛野坂本朝臣という氏族　石上部君という氏姓が示唆すること　上毛野坂本朝臣と池田君
八幡古墳群の再検討　池田君と上毛野国

佐野三家と池田君 …… 117
金井沢碑が描く構造　佐野三家と上毛野坂本朝臣の族　佐野三家の性格と姓　佐野三家の性格と出自

佐味君と上毛野国 …… 127
緑野郡佐味郷の位置　七輿山古墳と伊勢塚古墳　那波郡佐味郷の性格

車持君・大野君の面影 …… 132
車持君に関する仮説　特異な居館址—三ツ寺I遺跡　瓜二つの遺跡—北谷遺跡の謎　保渡田三古墳の語るもの
綿貫観音山古墳の謎　中国北朝に起源する銅製容器の古墳埋納　大野君の場合

上毛野君の本拠地 …… 143
勢多郡域説の検討　有馬君実在の疑問　総社古墳群への視角　山王廃寺（放光寺）の性格
二つの放光寺—その寺号をめぐって　出土遺物の文献史学的考察

下毛野君の本拠地 …… 156
下毛野の古墳文化の特質　壬生をめぐって　下野薬師寺と下毛野氏

大野君（朝臣）に関する大胆な仮説……161
消去法による大胆な仮説　条件満たす埼玉古墳群　稲荷山古墳鉄剣銘文をどう読むか
大彦命の系譜をどうとらえるか
上毛野佐位朝臣賜姓問題……171
檜前君老刀自に上毛野佐位朝臣を授く　ただひとりの上野守・上毛野朝臣馬長
六朝臣系譜伝承の特質……173
系譜伝承成立の二つのケース　東国六腹の朝臣として

第四章　多奇波世君の後—上毛野君と渡来系氏族

……177
多奇波世君の後……178
第二グループ系譜伝承の特徴　田辺史難波らへの賜姓問題
多奇波世君という用字法……182
「奇」で「か」を表わす　多奇波世君は古い用字例　多奇波世君と竹葉瀬
系譜の信憑性と渡来時期……187
田辺史の始祖伝承　最初の移住地と渡来時期
渡来伝承の原型……193
止美連の系譜伝承　田道公と男持君　渡来伝承の原型　韓矢田部造をめぐって
賢人・王仁の招請と上毛野君……200
招かれた賢人　王仁招請伝承と上毛野氏
上野三碑とその表記法……204
石碑を刻む伝統　山ノ上碑と史部流　多胡碑とその表記法　史部流の史脈

東国仏教と日本天台宗の成立……217
弘仁八年、最澄、東国に巡錫す　東国化主道忠禅師といふ者あり　浮かび上がる道忠・広智教団
壬生君・壬生吉志―道忠・広智教団を支えた人々　菩薩行を支えた東国在地の成熟　知識写経と経塔建立の意義
赤城にさす影……229
霊峰赤城への夢　新羅赤城山城の問いかけ　赤城（せきじょう）から赤城（あかぎ）へ
赤城の神ムカデ、鏡、そして綿貫観音山古墳
第五章　蒼海を渡りて―上毛野君朝鮮派遣伝承の前提……237
荒田別・鹿我別の伝承……238
荒田別・鹿我別の伝承　問題となる『百済記』
『百済記』への接近……240
『百済記』の定点記事　木羅斤資と加羅　沙至比跪事件の読み方
『百済記』の性格と描く世界……244
『百済記』作者の故地　『百済記』の描く世界
朝鮮派遣伝承への切り込み……249
神功摂政四十九～五十年条　本当に一連の話か　四十九条への絞り込み　「荒田別」挿入の理由
第六章　もう一つの故郷―上毛野君関係氏族と倭王権……257
和泉グループへの視角……258
知られざる始祖―倭日向武日向彦八綱田命　根使主征討伝承と茅渟県主　伝承のなかの八綱田　八綱田伝承の成立

始祖四代の伝承の成立……267
初祖・豊城入彦命についての認識　「荒河戸畔」の勢力　始祖四代の伝承　彦狭嶋王―御諸別王伝承の読み方
東山道十五国の都督
紀伊・和泉、茅渟の海の時代……275
ワケの称を負う始祖たち　車持君と筑紫三神の伝承　住吉の祭りとのかかわり
紀伊・和泉、茅渟の海から東国へ……281
紀伊・和泉、茅渟の海から東国へ　紀臣の登場　上毛野君関係氏族と紀臣関係氏族

終　章　東国派遣伝承の実相―上毛野君の成立……285
上毛野君東国派遣伝承の特質……286
三つの東国派遣伝承　治政・移住・東山道型―上毛野君に関わる東国派遣伝承の特徴
征討・帰還・東海道型と治政・移住・東山道型のセット関係
東国人物埴輪の特色が示唆するもの……293
関東と関西で全く異なる形象埴輪の構成　新しい形態が突如爆発的に盛行し続けた東国
旅の終わりに―上毛野君小熊を論ず……297
留保しておいた課題　上毛野君小熊をどうとらえるか
面影の歴程―新たな旅立ちにあたって……301

あとがきに代えて……307
資料所蔵者・写真提供者および出典一覧……309

序章　上毛野君への旅立ち

――東国（あづまのくに）からの出発

上毛野君形名《かみつけののきみかたな》の妻に鼓舞されて

蒼海《あをうなはら》を渡り水表《をちかた》の政《まつりごと》を平《ことむ》けて

一九八〇年代以降の日本古代史研究の特筆すべき動向として、東アジアと連動する地域史の探求がある。私が生まれ育ち、いま、研究と暮らしの場としている群馬の地は、かつて上毛野国と言われ、古代東国の中枢地域であった。そして、その地には、上毛野君（朝臣）を中心とした東国六腹の朝臣と呼ばれる優勢氏族群が存在した。

『日本書紀』には東国ならびに東国六腹の朝臣に関わる伝承や史実が数多く収録されているが、とりわけ興味深い記載が舒明《じょめい》天皇九年（六三七）是歳《ことし》条に見られる。蝦夷《えみし》との戦いにおいて窮地に追い込まれた将軍《いくさのきみ》・上毛野君形名《かみつけののきみかたな》に対して、彼の妻や女人たちが取った行動の「記録」である。ドラマ仕立てに仕上げられた上毛野君始祖伝承の奏上という色合いが強いが、それだけに、上毛野君—東国六腹の朝臣と、彼らを生んだ上毛野国—東国の特質を考えさせる貴重な史料である。

蝦夷との間に争いが起こり、形名は将軍に任命されて蝦夷地へと向かった。だが、逆に戦闘に敗れ、退却して砦に囲まれた。おじけづいた形名が、ほうほうのていで砦から逃げ出そうとした時、彼の妻は嘆きながら言った。原文のとても美しい箇所である（原漢文）。

　うれたきかな。蝦夷のために殺されむとすること。汝《いまし》が祖《おや》たち、蒼海《あをうなはら》を渡り、万里《とほきみち》を跨《あふどこ》びて、水表《をちかた》の政《まつりごと》を平《ことむ》けて威武《かしこきたけき》をもて後葉《のちのよ》に伝へたり。今、汝、ひたぶるに先祖《おや》が名をくじかば、必ず後世《のちのよ》のためにわらわれなむ。

かく夫を鼓舞した妻は、夫に無理矢理酒を飲ませて元気づけながら、自ら夫の剣を腰につけ、数十の女人に弓の弦を鳴らさせはじめたという。これに勢いづけられた形名は再び立ち、部下を集めて蝦夷を打ち破ったと。

おじけづいた夫を鼓舞する彼女の言葉の何と格調高く力強いことか。そして彼女たちの雄々しい行動。一般に、古代女性の地位は、想像以上に高かったと言われるが、ここに見られる勇気と主体性には、群馬名物と言われる「かかあ天下」の原像が髣髴とわきあがる。

だが、私が激しく魂をゆさぶられたのは、この話が、「かかあ天下」の原像だからばかりではない。むしろ、もっと他の理由がある。それは、彼女が、おじけづいた夫を鼓舞するに際して、

汝《いまし》が祖《おや》たち、蒼海《あをうなはら》を渡り、万里《とほきみち》を跨《あふどこ》びて、水表《をちかた》の政《まつりごと》を平《ことむ》けて威武《かしこきたけき》をもて後葉《のちのよ》に伝へたり。

と主張していることである。

蒼海を渡って水表（海表とも。海外をさす）の政治・軍事に大きな力を発揮したという主張である。主張はあくまでも主張である。したがって、妻の語りを額面どおりに受け取ることはできないかもしれない。だがしかし、それが氏族存亡の危機に際して語られたことの意味は重い。

形名の妻の鼓舞が想起させる三つの事柄

私は、知的好奇心を大いにそそられて、三つのことを想起した。

第一の想起点は、上毛野君関係氏族の中には明らかに渡来系と考えられる一団が存在することである。平安時代初頭に上毛野朝臣を賜姓される田辺史《たなべのふひと》らのグループがそれである（『続日本紀』天平勝宝二年三月十日条、『新撰姓氏録《しんせんしょうじろく》』左京皇別下・上毛野朝臣条、『日本書紀弘仁私記』序・諸蕃雑姓記《しょばんざっしょうき》注など）。

古代社会にあって、渡来系であることを公認されるとともに、「皇別」といわれる、ある天皇やその皇子を始祖に持つとみなされていた氏族の仲間に入ることを主張し、それが認められるということは、きわめて珍しいことである。

なぜ渡来系氏族であることが公認されていた田辺史のグループが、崇神《すじん》天皇の皇子、豊城入彦命《とよきいりひこのみこと》の末裔を名のる上毛野君と祖先を同じくすると主張し、それが公認されたのであろうか。いわば蒼海をはさむ形で二つのグループが同一のグル

ープであるとみなされたのには、それなりの理由があるはずである。そのことに一つのポイントをおいて上毛野君の面影を追ってみたのが、第四章「多奇波世君の後―上毛野君と渡来系氏族」である。

第二の想起点は、上毛野君が、『日本書紀』にいくつかの朝鮮派遣伝承を載せていることである。神功皇后摂政四十九年条を中心とする荒田別《あらたわけ》・鹿我別《かがわけ》の朝鮮出兵伝承、わが国にはじめて本格的に中国古典を将来したと伝わる王仁《わに》を招くにあたって上毛野君の始祖たちが遣わされたという話（応神天皇十五～十六年条）、仁徳天皇五十三年条の竹葉瀬《たかはせ》・田道《たぢ》の朝鮮出兵の伝承などが、それである。

それらは、あくまでも伝承にすぎず、しかも、『日本書紀』編者の、古代貴族特有の、朝鮮諸国を従属すべき「蕃国」とみなした史観によって色濃く潤色されている。だが、そうした伝承を、まったく新たに作られた空想の産物であると言い切れるであろうか。多分にドラマ仕立てであろうと、危急のシチュエーションにおいて蒼海の歌声が奏でられるには、それなりの根拠があるのではなかろうか。七～八世紀の上毛野君においてすでに面影となった何かがあったのではないか。

図１　山王金冠塚古墳出土金銅冠（複製）

第五章「蒼海を渡りて―上毛野君朝鮮派遣伝承の前提」は、そうした私の想いのもとに、五世紀を中心とする日本と朝鮮、主として百済との関係史を再構成しようとしたくだりである。

第三の想起点は、上毛野国に朝鮮・中国と直接的に結びつく遺物が少なくないことである。山王金冠塚古墳《さんのうきんかんづか》（前橋市）出土の金銅製の冠（図１）や下芝谷ツ《しもしばやつ》古墳（高崎市）出土の金銅製の飾履《しょくり》（かざりぐつ）、綿貫《わたぬき》観音山古墳（高崎市）出土の冑、銅製の瓶や鏡などは象徴的な優品である。しかも、綿貫観音山古墳被葬者の頭上に置かれた鏡は百済中興の祖、武寧王《ぶねい》の墓におごそかに埋置されていた鏡と同笵（同じ鋳型で作られた鏡）あるいは同型と見られ、銅製の瓶は中国北朝・北斉《ほくせい》の貴族の墓から出土した金銅製の瓶に酷似している。

そうした遺物が存在した時、それを倭王権中枢からの二次的な文化財とみなしたり、渡来系氏族と直結したりすることが多いが、はたして、それで問題は解決するのであろうか。いまいちど、その地域全体の性格、あるいは、その地域に覇権を持った主たる氏族との関係で考え直してみる必要があるのではなかろうか。

上毛野君に迫る道—原典に立ち返って

上毛野君形名夫妻の話は、こうした課題を次々と投げかける。そうした課題にどう答えていったらよいのか。そこで私が取った方法は、上毛野君を、その関係氏族、つまり上毛野君（朝臣）と先祖を同じくすると称する氏族全体の史料のなかで改めて見直すというきわめてオーソドックスな方法であった。原典に立ち戻ることが何よりも大切だと考えたからである。

先ずは、史録の世界で検証しうる律令国家完成前後の上毛野君関係氏族の姿を明らかにすることをめざした。それが第一章「史録の世界の上毛野君—上毛野君関係氏族の横顔」である。

次に私は上毛野君とその同族とみなされた氏族を『新撰姓氏録』記載の系譜主張の特質から大きく三つのグループに分けてみた。

第一のグループは、「東国六腹の朝臣」と呼ばれる、上毛野朝臣・下毛野《しもつけの》朝臣・車持《くるまもち》朝臣・佐味《さみ》朝臣・大野朝臣・池田朝臣の六氏からなる中級貴族官人グループである。

第二のグループは、豊城入彦命五世孫「多奇波世《たかはせ》君の後」を称する、田辺史を中心とする渡来系のグループである。

第三のグループは、紀伊・和泉、広く大阪湾沿岸地帯に集中して住み続けた、「紀伊・和泉グループ」である。

第二章「東国六腹の朝臣―東国が生んだ貴族たち」と第三章「古代東国の王者―上毛野君と上毛野国」は主として東国六腹の朝臣にかかわる章であり、第四章と第五章は多奇波世君後裔氏族に、第六章「もう一つの故郷（ふるさと）―上毛野君関係氏族と倭王権」は主として紀伊・和泉グループに視点をおいての考察である。

東国という舞台

古代の大国上毛野

上毛野君の一つの基盤であった上毛野国は確かに光あふれるクニであった。

まず私たちの目を奪うのは、弥生時代・古墳時代を通じて陸続と発見される水田の跡である。残された足跡に出会うたびに、想像をこえた生産性の豊かさに驚きさえ覚える。

一万基を数える古墳は、質量ともに全国屈指。五世紀半ばの築造と考えられる太田天神山古墳（二一〇メートル）は東日本一の大きさを誇り、その被葬者は、「王者の石棺」と呼ばれる長持形石棺に眠る。早くも四世紀半ばには、前橋台地に前橋天神山古墳（一二九メートルの前方後円墳）・前橋八幡山《はちまんやま》古墳（一三〇メートルの前方後方墳）が築かれている。そして五世紀には、太田天神山古墳に先行する形で、浅間山《せんげんやま》古墳（一七六メートル・高崎市）、白石《しろいし》稲荷山古墳（一七五メートル・藤岡市）、別所茶臼山《べっしょちゃうすやま》古墳（一六五メートル・太田市）などの大型前方後円墳が次々と姿を現わす。

やがて五世紀の後半には巨大な豪族居館が建てられた。井野《いの》川上流の三ツ寺《みつでら》I遺跡や染谷《そめや》川上流の北谷《きたやつ》遺跡（いずれも高崎市）である。二つの居館は三キロほど離れて隣接する。三ツ寺I遺跡が先行すると見られるが、設計図を共有した可能性が高いと言われ、その壮大さは城の名に価する。この二つの居館のうち、少なくとも三ツ寺I遺跡に関わる奥津城《おくつき》と見られているのが保渡田《ほどた》の三古墳（高崎市）である。そして、この二つの居館と保渡田古墳群の登場をもって、群馬の古墳時代は、それ以前と様相を大きく変えてくると見られている（若狭徹『古墳時代の地域社会復元　三ツ寺Ⅰ遺跡』新泉社、二〇〇四年）。

六世紀から七世紀にかけて、全国的には大型の前方後円墳が姿を消すなかで、上毛野国はなお大型の前方後円墳を造り続けた。なかでも、六世紀の第Ⅲ四半期の築造と見られている綿貫観音山古墳（九〇メートル・高崎市）、それを引き継ぐ八幡《やわた》観音塚古墳（一〇五メートル・高崎市）の出土品は、当代の大王陵のありようをしのばせる。見事な馬具や武具、中国・北朝や朝鮮・百済との深い関わりを推測させる銅製の瓶や佐波理《さはり》鋺に囲まれて眠る人々は、最後は宝塔山《ほうとうさん》古墳（一辺五四メートル）・蛇穴山《じゃけつさん》古墳（一辺三九メートル）の二つの大方墳を築いていく総社古墳群とともに、東国六腹の朝臣に繋がる人々ではなかろうか。未調査の中二子《なかふたご》古墳（一一〇メートル・前橋市）・七輿山《ななこしやま》古墳（一四五メートル・藤岡市）も興味溢れる後期の大型前方後円墳である。

古墳と言えば、併設する山ノ上《やまのうえ》碑（六八一年・高崎市）を墓碑とする可能性が高い山ノ上古墳も見逃せない。美しい截石切組積石室を持つ山寄せの円墳で佐野三家《さののみやけ》に関わるものと考えられている。山ノ上碑を嚆矢とする上野三碑《こうづけさんぴ》（多胡《たご》碑・七一一年・吉井町、金井沢《かないざわ》碑・七二六年・高崎市）には日本語を日本語として書き表わそうとした古代人の知的営為が光り輝く。それらの碑は在地における仏教信仰のありようを知らせてくれる碑でもあった。

上毛野君の始祖がめざした東国《あづまのくに》

上毛野があれば下毛野もあり、ほぼ今日の栃木県を指す。そこから、より古い時代には「毛野《けの》」と呼ばれたクニがあったのではないかという議論がされている。実際、平安時代初期には成立していたと見られる『先代旧事本紀《せんだいくじほんぎ》』国造《くにのみやつこ》本紀の下毛野国造条には「難波高津朝御世《なにはたかつのみかどのみよ》、元の毛野国を分けて上下《かみしも》と為す」（原漢文）とある。

しかし、この記載以外の古代文献に毛野国と書かれたものは見当たらない。上毛野・下毛野両国のように、あるクニが分割されたとみなしうる例としては筑紫、吉備などがあげられるが、それらの場合は、明確に筑紫、吉備と書かれており、分割以後も筑紫、吉備の用例が見られることと対象的である。そこで、筑紫、吉備の分割が『日本書紀』の用例から持統朝を前後する時期つまり七世紀末であるのに対し、難波高津朝（仁徳朝）と伝承されるように毛野の分割は古いから毛野国と記した史料がないのだという批判が持ち出される。しかし、それには幾つかの反証材料が存在する。

反証材料の一は『日本書紀』記載の上毛野君・下毛野君の始祖伝承自体にある（原漢文）。

①『日本書紀』崇神天皇四十八年条

豊城命《とよきのみこと》を以て東国を治めしむ。是（＝豊城命）、上毛野君・下毛野君の始祖なり。

②『日本書紀』景行天皇五十六年条

（上毛野君らの祖、御諸別王《みもろわけのみこ》の）其の子孫《うみのこ》、今に東国に有り。

これらの始祖伝承は、天武天皇十年（六八一）三月「帝紀及び上古の諸事を記し定める」ために設けられた天武朝史局の諸臣首座に上毛野君三千《みちち》が就任し、持統天皇五年（六九一）八月、主たる十八氏より「其の祖等《おや》の墓記《おくつきのふみ》を上進」させた時に上毛野朝臣が入っていることから、上毛野朝臣が提出した始祖伝承と考えられるだけに、始祖の統治領域や子孫つまり上毛野君（朝臣）らの主たる展開領域を、上毛野国でも「毛野国」でもなく「東国」と述べていることは注目に値する。また、この「東国」は「ひむがしのくに」ではなく全て「あづまのくに」と訓まれている。興味深いことに、『日本書紀』『続日本紀』における「西国」ないしそれに類する用例が三例に過ぎず、かつ単に西の国を指すだけなのに対して、「東国」ないしそれに類する用例は三〇例を超え、しかもその多くは「あづまのくに」と読んで一定の完結した政治社会を表わしている。

豊城命の孫で御諸別王の父とされる彦狭嶋王《ひこさしまのみこ》の伝承はさらに示唆深い。御諸別王の伝承とあわせて引用しておこう。

③『日本書紀』景行天皇五十五年条（ルビは最小限に止めた）

五十五年の春二月の戊子の朔壬辰に、彦狭嶋王を以て、東山道《やまつみち》十五国の都督に拝したまふ。これ、豊城命の孫なり。

然して春日の穴咋邑に到りて病に臥して薨りぬ。この時に、東国の百姓、その王《みこ》の至らざることを悲びて、ひそかに王の尸《かばね》を盗みて、上野国に葬りまつる。

　五十六年の秋八月に、御諸別王に詔して曰はく、「汝が父、彦狭嶋王、任所に向ふことを得ずして早く薨りぬ。故、汝、専《たうめ》東国を領めよ」とのたまふ。是を以て、御諸別王、天皇の命を承りて、まさに父の業を成さむとす。すなはち行きて治めて、早に善き政を得つ。時に蝦夷騒き動む。すなはち兵を挙げて撃つ。時に蝦夷の首帥《ひとごのかみ》足振辺《あしふりべ》・大羽振辺《おほはふりべ》・遠津闇男辺《とほつくらをべ》ら、叩頭《の》みて来り。頓首《おが》みて罪を受けて、尽に其の地を献る。よりて降ふ者を免し、服はざるを誅す。是を以て東《ひむがしのかた》久しく事無し。これによりて、其の子孫、今に東国に有り。


伝承の史実性は後章で論じるとして、「東山道十五国の都督」なる任務を帯びた彦狭嶋王・御諸別王が、上毛野（『日本書紀』原文では「上野」）をその中心とするものの、「毛野」ではなく「東国」を目指したと記されていることは重要である。貴族・官人層の国土意識において、上毛野を中心とする地域は、毛野ではなく東国と把握されていたと見るべきであろう。

反証材料の二は、上毛野君の有力な同祖氏族六氏が、上毛野国・下毛野国を主たる勢力基盤としながらも、毛野六腹の朝臣ではなく東国六腹の朝臣と称されたことである。参考までに述べれば、毛野氏という氏族は実在しないが、吉備氏（吉備臣）・筑紫氏（筑紫君）は実在する。

一つのクニとしての東国

反証材料の三は『常陸国風土記』冒頭の記載である（原漢文、ルビは最小限に止めた）。

　国郡の旧事を問ふに、古老の答へていへらく、古は、相模の国足柄の岳坂《やまさか》より東《ひむがし》の諸の県《あがた》は、惣《す》べて我姫《あづま》の国と称ひき。この当時、常陸と言はず。唯、新治《にひばり》・筑波・茨城《うばらき》・那賀・久慈・多珂《たか》の国と称ひ、おのおの造《みやつこ》・別《わけ》を遣はして検校《をさ》めしめき。その後、難波長柄豊崎大宮《なにはながらとよさきのおほみや》に臨軒《あめのしたしろ》しめしし天皇《すめらみこと》の御世に至り、高向臣《たかむこのおみ》・中臣幡織田連《なかとみのはたおりだのむらじ》らを遣はして、坂より東の国を惣領《すべおさ》めしめき。時に、我姫の道、分かれて八の国と為り、常陸の国、その一つに居れり。

『常陸国風土記』の記載には二つの要点がある。

第一は相模国足柄の岳坂以東は我姫（アヅマ）と呼ばれる一つの地域とみなされていたこと。第二はアヅマの分割は難波長柄豊崎大宮臨軒天皇つまり孝徳天皇の代（六四五〜六五四）に行われたと主張していることである。

こうした認識は『古事記』『日本書紀』編者にも共通しており、足柄山以東（『古事記』）あるいは碓氷坂以東（『日本書紀』）を阿豆麻（吾嬬）＝アヅマと呼んでいる。

さらに養老公式令《くしきりょう》には「凡そ朝集使、東海道は坂の東、東山道は山の東、……皆、駅馬に乗れ」とあり、その注釈書である『令義解《りょうのぎげ》』は、駿河と相模の界の坂（＝足柄坂）以東を坂東、信濃と上野の界の山（＝碓氷坂）以東を山東と注している。碓氷坂・足柄坂以東、おおよそ今日の関東地方をアヅマと呼ぶことは貴族・官人層の共通認識だったと言えよう。

比較的新しい東国の分割

一つのまとまりと把握されていた東国が律令国家形成の過程で八つの地域に分けられたとする歴史認識は、『日本書紀』大化二（六四六）年三月条の東国国司《あづまのくにのみこともち》たちに対する詔《みことのり》にもうかがわれる。この詔は、大化元年（六四五）八月「東《あづま》の方の八道」に派遣された八組の「国司」あるいは「朝集使」の勤務評定だが、語るところは『常陸国風土記』の記載と重なりあう。吉備・筑紫が前後に分けられるわずか四半世紀前、『古事記』『日本書紀』がまとめられる半世紀前のことである。

古代の貴族・官人層は、毛野国なるものがあって比較的早い時代に上下に分かれたなどという歴史認識は持っていなかったと言ってよい。『古事記』『日本書紀』や『続日本紀』に比べて史料的価値が低く偽書の疑いさえ持たれている『先代旧事本紀』だけが特異なのであって、この歴史認識を無視して、安易に、はるか以前から上毛野国・下毛野国ひいては毛野国が存在したなどとして論を進めるなどは歴史離れもはなはだしい。

上毛野国、下毛野国もこの時点で生まれたと考えられ、現に『日本書紀』における上毛野国の確実な初見は斉明天皇四年（六五八）である。

「東国国司詔」の「八道」、『常陸国風土記』の「八国」の具体的国名は明記されていないが、律令国制の上野・下野・武蔵・甲斐・相模・上総・下総・常陸の八国が意識されていると見られる。東国の範囲については、この他、「東方十二道」（『古事記』、『先代旧事本紀』国造本紀上毛野国造条）、「東方諸国造十二氏」（『高橋氏文』）、「東山道十五国都督」（『日本書紀』）の書法がある。この十二ないし十五の国名も伝わっていないが、東歌《あづまうた》の収録範囲、東国防人《さきもり》や蝦夷《えみし》地入植者の出身地に照せば、十二道という場合は、先の八国に信濃・遠江・駿河・伊豆を加えた範囲であろうか。十五国は不明だが、「東山道」という記載に留意すれば、石城《いはき》・石背《いはしろ》・陸奥《むつ》、あるいは出羽《では》も含む概念だろうか。

さらに言えば、八国ないし十二国への分割以後も東国は一つの地域とみなされ、『日本書紀』は最終巻までしきりと東国を用いている。天武天皇四年（六七五）正月十七日条では「是の日、大倭国瑞鶏を貢ぎ、東国白鷹を貢ぎ、近江国白鵄を貢ぐ」と記して、東国を大倭・近江と対置される一つの国ととらえている。『続日本紀』天平宝字七年（七六三）正月十七日条には「唐の吐羅、林邑、東国、隼人らの楽を作す」とあり、吐羅楽・林邑（ベトナム）楽などと並び称される一つの「異国」の楽が東国の名を帯びて奏されていた。「東国六腹の朝臣」の言い方が延暦十年（七九一）になされたことも注意される。

天《あめ》・東国《あづまのくに》・夷《ひな》の三層構造

以上から、一つのまとまった地域として東国がとらえられていたことは理解されようが、より象徴的な表現として、『古事記』雄略天皇段に載せられた次の歌謡を挙げることができる。万葉仮名で記されており、次のように読むことができる。日本古典文学大系本の読みをベースとしたが、上田正昭先生から「夜本爾余志伊岐豆岐能美夜」は「八百丹よしい杵築宮」と読むことが適切であるとの指摘をいただいた。記して感謝を表したい。

> 纒向《まきむく》の日代《ひしろ》の宮は　朝日の日でる宮　夕日の日がける宮　竹の根の根だる宮　木の根の根ばふ宮　八百丹《やほに》よし　い杵築宮《きづきのみや》　真木さく檜の御門《みかど》　新嘗屋《にひなへや》に生ひ立てる　百《もも》足る槻《つき》が根は　上枝《ほつえ》は天《あめ》を覆《おほ》へり　中枝《なかつえ》は東《あづま》を覆へり　下枝《しづえ》は夷《ひな》を覆へり　上枝の枝の末葉《うらば》は中枝に落ち触らばへ　中枝の枝の末葉は下枝に落ち触らばへ　下枝の枝の末葉はあり衣《ぎぬ》の三重の子が捧がせる瑞玉盞《みづたまうき》に浮きし脂落ちなづさひ　水《みな》こをろこをろに　こしもあやに恐《かしこ》し高光る日の御子　事の語事《かたりごと》も　是《こ》をば

この歌は天語歌《あまがたりうた》と分類される宮廷寿歌で、三重の采女《うねめ》が雄略天皇に奉ったとされているが、注目したいのは、上枝＝天を覆う、中枝＝東を覆う、下枝＝夷を覆うという構造が示されていることである。

ここで言うヒナは（日本古典文学大系本は「鄙」の字をあてているが）平安時代以降の都に対する鄙ではない。『古事記』『日本書紀』のヒナには、万葉仮名で表記される本例以外は全て夷ないし蝦夷の字が当てられており、蝦夷地あるいは隼人地を指している。

他方、アメは天下《あめのした》を意味し、倭国大王の「治天下」の意識が背景にある。「治天下」の用例は、雄略天皇に比定される獲加多支鹵《わかたける》大王に関わる埼玉《さきたま》稲荷山古墳出土鉄剣（埼玉県行田市）および江田船山古墳出土鉄刀（熊本県玉名郡和水町《なごみまち》）に初現し大宝令施行まで使われるが、「治天下大王」の思想と名実は獲加多支鹵大王の時にそなわったと見られており、本歌謡が雄略天皇への献上の歌とされていることは示唆深い（ただし、纒向の日代の宮は景行天皇の宮と伝承されている宮で雄略天皇の宮居伝承とは齟齬しており、この歌が雄略天皇に対して歌われたものとまでは言えない）。

要点は、倭国は、アメと称される倭国大王の大王国土（直轄統治地域）を第一義的な国土として、その外にアヅマ、ヒナという従属すべき第二義的、第三義的な地域を同心円状に配する構造からなると理解されていた点にある。天平宝字七年の「東国楽・隼人楽」などは、そうした意識が持続した結果に他ならない（付言すれば、この同心円状の三層構造は、西においては、天―サツマ〈薩摩〉―隼人と理念化されていた可能性が高い)。

もう一つのクニ「東国」の独自性

では、東国と呼ばれる相対的に独自のクニの独自性はどこに求められるのか。そのことも天《あめ》―東国《あづま》―夷《ひな》の同心円状の三層構造の中で位置づけて初めて意味を持つ。そうした意味では、倭国大王が治天下の意識を明確にしてくる時代感覚との対比が重要となる。それ以前に安易に引き伸ばしての議論はこれまた歴史離れになりかねない。獲加多支鹵大王が治天下の意識を明確にし三層構造が形となってくる五世紀後半以降の議論がふさわしい。

そこで改めて考古学研究が明らかにしている東国の姿を概観すると、五世紀後半から六世紀にかけての豪族居館の集中立地がまず目に飛び込んでくる。最も有名な例は先にも述べた三ツ寺Ⅰ遺跡である。八六メートル四方の正方形の区域を、石貼を持つ幅三五メートル・深さ四メートルほどの巨大な環濠が取り囲んでいる(図2)。隣接する保渡田古墳群との関係が想定される同居館址は群を抜いているが、一九八八年段階の集計によれば、全国で確認された豪族居館三五のうち、群馬が八と最も多い。関東では一五、奈良・大阪は一二である。近年では比較的近い所に非常に良く似た北谷遺跡が見つかっている。

図2　検出された三ツ寺Ⅰ遺跡の巨大張出施設

第二の注目すべき事実は古墳時代後期における大型前方後円墳の盛行である。全国的に前方後円墳が減少し規模が小さくなる六世紀に入っても、上毛野国―東国は大型前方後円墳を造り続けた。一〇〇メートル前後以上の前方後円墳は大和に一〇基、河内・摂津に五基、山城に一基、中国地方全体で一基、九州で三基しか確認されていないのに、上野だけで九基ある。六〇メートルクラスまで下げると、大和が一八基なのに、上野だけでも九〇基ほど、下野・武蔵・常陸・上総・下総でも数多くの大型前方後円墳が見られる。一九八九年高崎市で開催された国際シンポジウム「東アジアと古代東国」で国立歴史民俗博物館の白石太一郎教授（当時）は「列島の中では非常に特異な現象」と指摘されている（高崎市教育委員会編『古代東国と東アジア』九六頁以降。河出書房新社、一九九〇年）。

白石氏の指摘は、二つのきわめて重要な内容を含んでいる。第一は、この「非常に特異な現象」が東国全域に普遍的に存在したこと。第二は、「非常に特異な現象」と評されるように、倭国の他の地域とは異なる造墓観念を東国が共有していたことである。

第三の注目すべき事実は、私が「後発型」と呼んでいる人物と馬を中心とする形象埴輪の盛行である。埴輪は、円筒と、物の形を象った形象埴輪からなるが、形象埴輪は、関東、関西、それ以外で大きな偏りを持つ。終章で再論するが、一九八七年に群馬県埋蔵文化財調査事業団の石塚久則氏（当時）が作られた表に基づけば、関東の中心は人物と馬で全体の六割。これに大刀を加えると四分の三を上回る。一方で関西の中心は家・器財・盾で六割となる。これほど見事に分かれていることは注目しなければならない。人物と馬は、形象埴輪の中では比較的新しく登場した器形である。そこで、私は、後発型形象埴輪と呼んでいるが、東国は新しい傾向を受け入れ、それを造り続けたのである。

このように、五世紀後半以降、東国が、豪族居館の集中立地、後期大型前方後円墳や後発型形象埴輪の盛行という「非常に特異な現象」を共有したことは、東国が独自の精神世界を持つに至ったことを示す。

東国独自の精神性を表わす文物

独自の精神世界表出の一例として、北斉を中心とした中国北朝起源の銅製容器の古墳埋納があげられる。

中国北朝・北斉《ほくせい》の墓から多く出土する（金）銅製の王子形水瓶（図3左）（王子形水瓶の謂は、王子である聖徳太子とのゆかりによって変化したものと言われているが、長頸玉子形の胴に圏台を付し、鈕のついた蓋をピンセット状の舌で栓状に嵌め込むという特色ある器形を示している）の日本における唯一の古墳出土例は高崎市・綿貫観音山古墳出土品である（図3右）。また、正しく托《たく》を伴う蓋《ふた》付き杯《はい》は、高崎市・八幡観音塚古墳に二例（図4右）、千葉県木更津市の上総金鈴塚《かずさきんれいづか》古墳に一例、福岡県宗像市の宮地嶽《みやじだけ》古墳に一例、托を伴わない蓋付き杯は、埼玉県行田市の埼玉《さきたま》将軍山古墳と小見真観寺《おみしんがんじ》古墳、神奈川県伊勢原市の登尾山《とおのやま》古墳、長崎県対馬市の保床山《ほしょうざん》古墳に一例ずつが知られている。つまり、王子形水瓶は一分の一、蓋付き杯は八分の六の高さで東国所在古墳に偏っている。出土古墳の築造年代が六世紀後半から西暦六〇〇年前後までのほぼ半世紀に限定されるという特色もある。

銅鋺については、毛利光俊彦氏が一九七八年の段階で、およそ九〇例、出土古墳七〇例を集計されたが、七〇基の七割の四九基が静岡・長野以東の東日本に、関東だけで半数の三五基が挙げられている。「畿内」出土古墳はわずか二基である（毛利光俊彦「古墳出土銅鋺の系譜」『考古学雑誌』第六四巻一号、一九七八年）。また、北朝と東国を繋ぐ中間に位置する朝鮮諸国では、百済武寧王陵王妃木棺（五二九年追葬）から非常に優れた銅托銀杯（図4左）と銅鋺が出土している。

しかし、各種の史書によれば、六世紀の日本は、北朝のみならず南朝との間にも確実な国交は記録されていない。そのことを勘案すれば、北朝に起源する銅製容器が東国古墳に集中的に埋納されたことの意義は、国交関係によらない東アジア的交流を担いうる主体が東国に成長しつつあったことを物語る点にある。

また七世紀半ば以降になると、東国は石碑を盛行させる。西暦八〇〇年前後までの石碑で完全な形で残されているものは全国で九つほどしかないが、うちの五つが東国から東北に集中している。上野三碑と総称される山ノ上碑（高崎市、六八一年）・多胡碑（吉井町、七一一年）・金井沢碑（高崎市、七二六年）と栃木県大田原市の那須国造碑（七〇〇年）及び宮城県多賀城市の多賀城碑（七六二年頃）である。

図３　左：北斉庫狄廻洛墓出土金銅製瓶　右：綿貫観音山古墳出土銅製水瓶

図４　左：武寧王陵出土銅托銀杯　右：八幡観音塚古墳出土托・蓋付銅鋺

音標も構文規則も全く異なる異国の文字・文法を自らの言語を表現する構文体系に組み直すには大変な努力が払われたにちがいない。まして、それを理解しあう多数の人々が東国に存在したことをこれらの石碑は物語っている。その文化史的意義は限りなく深い。

東国石碑の先駆としては朝鮮諸国における朝鮮語表文の前史があるが、上野三碑や那須国造碑の建てられた地域は渡来系集団の定着地であり、東国石碑盛行の背景には渡来系集団と中小氏族との交流という史脈が横たわる。

そして山ノ上碑には、放光寺の長利という僧が母を偲んで建てたものと書かれている。つまり日本最古の墓碑であり、仏教の定着も物語る。金井沢碑も仏教入信表白の碑である。このように、東国における仏教の定着は早かったと見られるが、南都の貴族や僧侶中心の仏教ではなく、民衆に根ざした仏教確立のためにも東国は大きな役割を果たしている。これも一つの特質と言える。それらの点は第三章以降で詳しく論じたい。

上毛野君関係氏族という視点

『新撰姓氏録』が描く奥行きの深さ

次に氏族自体に即して議論すべき枠組みを整理しておこう。上毛野君関係氏族という視点についてである。上毛野君関係氏族とは、弘仁六年（八一五）の成立と考えられている氏族事典『新撰姓氏録』のなかで、上毛野君（朝臣）と祖先を同じくすると主張し、それが公認されている氏族の意味である。『新撰姓氏録』を見ると、三八箇所にわたって上毛野君関係氏族の名が見えている。記載順に記せば、次の通りである。

左京皇別下

下毛野朝臣・上毛野朝臣・池田朝臣・住吉《すみのえ》朝臣・池原朝臣・上毛野坂本朝臣・車持公・大網公《おほよさみのきみ》・桑原公・川合公・

垂水史《たるみのふひと》・商長首《あきおさのおびと》・吉弥侯部《きみこうべ》

右京皇別上

上毛野朝臣・佐味朝臣・大野朝臣・垂水公・田辺史《たなべのふひと》・佐自努公《さじののきみ》

大和国皇別

下養公《しもかひのきみ》・広来津公《ひろきつのきみ》

摂津国皇別

韓矢田部造《からやたべのみやつこ》・車持公

河内国皇別

広来津公（尋来津君・尋来津公）・止美連《とみのむらじ》・村挙首《むらこそのおびと》

和泉国皇別

佐代公《さじろのきみ》・珍県主《ちぬのあがたぬし》・登美首《とみのおびと》・葛原部《ふじはらべ》・茨木造《うばらきのみやつこ》・丹比部《たじひべ》・軽部《かるべ》（君）

右京諸蕃上

田辺史

未定雑姓　摂津国

我孫《あびこ》

未定雑姓　河内国

佐自努公・伊気《いけ》

未定雑姓　和泉国

我孫公

対象とした氏族の範囲を、上毛野君（朝臣）と祖先を同じくすると称する氏族にまでひろげたのは、従来、上毛野君をあまりに孤立した氏族ととらえたために理解を進められなかった部分が少なくないからである。上毛野君の実像に少しでも近づくためには、関係氏族全般の動向のなかで問題を考え直す必要がある。

ここに名の見える氏族のうちには、他の史料に全く見えず、その動向や性格がほとんどわからない氏族もあるが、これだけ多くの氏族が上毛野君と祖先を同じくすると主張し、それが、平安時代初頭の貴族・官人層の間で公認されていたことに、まずは注目しておきたい。上毛野君関係氏族は奥行きの深い氏族グループなのである。

氏姓の根というものは深いものだから、『新撰姓氏録』の編纂に、田辺史変ずるところの上毛野朝臣穎人が、大外記《だいげき》つまり書記として関係していたとしても、上毛野君関係氏族の氏族グループとしてのこの広がりまでを、穎人の作文とすることはできない。

最大の問題――「皇別」にして「諸蕃」

三八例のうち、右京皇別上の佐自努公と未定雑姓河内国の佐自努公、大和国皇別の広来津公と河内国皇別の広来津公は同一の氏族と見られるが、それぞれ二回ずつ現われている上毛野朝臣と田辺史の関係はそう簡単ではなく、ここにこそ、上毛野君関係氏族成立史の一つの大きな問題がある。その点については、『新撰姓氏録』の記載に踏み込んで、第四章を中心に考えていきたいが、その前提として、ここに見られる「皇別」と「諸蕃」という分類について、多少説明を加えておきたいと思う。該当する氏族の出自に関する問題である。

『新撰姓氏録』の大分類は、その氏族の居住地域と出自が経糸と緯糸とになっており、さしあたって説明が必要になるのは出自である。出自は、「皇別」、「神別」、「諸蕃」に別れる。「皇別」とは、その出自が天皇につながるという始祖伝承を持ち、それが公認されている氏族のことであり、「諸蕃」とは、朝鮮・中国からの渡来系氏族を指す。「神別」は、その両者以外で、天皇に臣属してきたという始祖伝承を持っている。それらの始祖伝承はあくまでも伝承であり、主張であるから、そのままに信ずるわけにはいかないが、古代国家の秩序の中で、その氏族がどう遇されていたかの一応の目安にはなる。

出自伝承のそうした分類意識からみれば、上毛野君関係氏族は、天皇、この場合は、御間城入彦五十瓊殖天皇《みまきいりひこいにゑのすめらみこと》つまり崇神天皇の皇子、豊城入彦命《とよきいりひこのみこと》につながるという氏祖伝承を等しく認められるとともに、その一部に渡来系氏族を含むと考えられていたことがわかる。「諸蕃」系氏族を一部に含む「皇別」系氏族グループというのが上毛野君関係氏族の一つの大きな性格である。

そのような基本的性格を再吟味し、関係氏族全体の性格をより明らかにするために、『新撰姓氏録』に載せられた個々の氏族の記載と、他の文献史料に見られる、これら氏族に関する記載とを突き合わせて考えていく必要がある。

しかし、上毛野君関係氏族に関する文献史料、主として『日本書紀』と『続日本紀』に目を通された方はすでにご存知のように、文献史料が描く上毛野君関係氏族の姿には、七世紀中葉つまり大化の改新前後を境として、大きなギャップが見える。七世紀中葉に、いわば唐突に伝承の世界から史録の世界に飛び出すのである。このギャップをどう埋めるかが、上毛野君関係氏族の全体像をとらえる一つの鍵となると言ってよいほどである。

そこでまず、七世紀中葉から八世紀初頭、いわゆる白鳳の時代の彼らの姿を整理し、伝承の世界にわけいる手がかりとしよう。史録の世界の上毛野君関係氏族の横顔スケッチである

第一章　史録の世界の上毛野君

――上毛野君関係氏族の横顔

貴族としての登場

カバネ「朝臣」を得る

一般に、七世紀半ばから八世紀初めにかけての時代を、美術史の分類にしたがって白鳳時代と言う。七世紀前半を中心とする飛鳥時代、八世紀半ばを中心とする天平時代にはさまれる時代である。不思議なことに、「白鳳」は、飛鳥のような地名でも、天平のような年号でもなく、いわば美術史家によって作り出された時代名であるのに、すっかり人々の間に定着し、大化の改新前後から平城遷都前後までの時代、言い換えれば、日本古代国家完成期を指す言葉となっている。

この時代のことを、いわば実録的に記している史書が、『日本書紀』の後半と『続日本紀』の冒頭である。それらの史書から、白鳳期上毛野君関係氏族の動向を求めてみると、いくつかの特徴ある線が見えてくる。

第一の特徴的な線は、上毛野君関係氏族が、氏族グループ全体として重用され、畿内（奈良県・大阪府・京都府南部あたり、日本古代国家の中枢地域）出身の有力氏族、たとえば藤原朝臣（中臣連《むらじ》）、石上《いそのかみ》朝臣（物部連）、石川朝臣（蘇我臣）などと同等に扱われていたことである。

天武天皇十三年（六八四）上毛野君グループの六氏に並んで「朝臣（あそみ）」の姓（かばね）が与えられ、持統天皇五年（六九一）上毛野朝臣が「墓記」を上申したことなどは、その証拠と言ってよい。朝臣賜姓の問題から考えていこう。

天武天皇十三年十月、天武天皇は「八色《やくさ》の姓《かばね》」を制定する。諸氏の族姓を改めて古代国家の身分秩序を確定するきわめて重大な施策であった。「八色の姓」は真人《まひと》を最上位に置き、朝臣、宿禰《すくね》、忌寸《いみき》、道師《みちのし》、臣、連、稲置《いなき》と続いた。道師以下は現実には賜姓されなかった可能性も高いが、ここに制定された身分秩序は古代国家支配階層の基本的な身分秩序となる。古代国家において最も重要な秩序は、その氏《うぢ》の持つ身分の秩序であり、天武天皇は、この施策をもって古代国家秩序の骨組みを作り上げていった。浄御原《きよみがはら》令、大宝令を通して明確化される位階や官職はこの身分秩序の上に成り立つ。

最上位の真人は継体天皇以降の皇親後裔氏族で、従来公《きみ》姓を称した氏族に与えられた。『日本書紀』によれば一三氏あり、天武天皇自身の諡《おくりな》が天渟中原瀛真人天皇《あめのぬなかはらおきのまひとすめらみこと》とあることも興味深い。福永光司先生のご教示によれば、道教教義では、天皇《てんこう》は仙の世界の最高君主、真人《しんじん》は仙の世界の高級者である（「天皇と紫宮と真人―中国古代の神道」『思想』一九七七年七月号）。また、上田正昭先生のご教示によれば、天渟中原瀛真人天皇《あめのぬなかはらおきのまひとすめらみこと》の「瀛」は東方三神山の瀛州山《えいしゅうざん》の「瀛」が用いられている（「和風諡号と神代史」『国史論集』赤松俊秀教授退官記念事業会、一九七二年、『古代の道教と朝鮮文化』人文書院、一九八九年、所収）。

次に位置する朝臣は翌十一月に五二の氏に与えられた。旧臣《おみ》姓の氏族を中心に、中臣連・物部連の旧連姓の氏族と大三輪君・鴨君・綾君、そして上毛野君関係氏族の旧君姓六氏に与えられている。上毛野君・車持君・下毛野君・佐味君・大野君・池田君の六氏、「東国六腹の朝臣」である。ここに六氏が並んで朝臣の姓を得たことの意味は重い。朝臣賜姓氏族は古代貴族階級の中核となる氏族だからである。

かつて原島礼二氏が、「上毛野『伝承』採用の条件―七世紀後半の上毛野氏の地位から―」（『日本歴史』一五四号、一九六一年）という論文で指摘されたように、朝臣賜姓氏族一〇グループ五二氏のうち、上毛野君のグループは六氏を数え、最多グループの一つである。上毛野君関係氏族が、氏族グループ全体として、畿内出身の有力氏族と同等に扱われ、貴族として遇されていたことは否定できないであろう。上毛野君関係氏族の性格を考える上で、何よりも重視しなければならない観点である。

同じ論文の中で原島氏が指摘されたように、（一）畿外出身氏族が独自に祖先系譜を持っている例は、吉備系・上毛野系・犬上《いぬかみ》系の三系統にすぎず、（二）三系統のうち、上毛野系は同族を最も多く朝臣の列に加えており、（三）上毛野系は『古事記』『日本書紀』にその系譜を明記していない氏族が最も多い。

上毛野君関係氏族、とくに東国六腹の朝臣は、たんに東国に大きな勢力を張った氏族グループではないのである。古代国家の厳しい身分秩序の中で、畿外出身の最も有力な氏族グループとして、貴族として遇される資質を持ったグループなのである。

五位以上を貴族と言うが、貴族という身分は三段階に別れる。五位でその生涯を終える下級貴族、四位に進みうる中級貴族、三位以上に進みうる上級貴族の三つである。位階は、個人の勲功によっても上下するが、大枠は氏の格によって決められる。東国六腹の朝臣の貴族としての格はどの程度のものだったであろうか。

東国六腹の朝臣の位階を見ると、奈良時代の初めまででは、車持朝臣・池田朝臣については四位に進んだ人物を確認できないが、その他の四氏においては四位以上に上がっている人物が少なくない。たとえば、天武天皇十年（六八一）に亡くなった上毛野君三千《みちち》は大錦下《だいきんげ》で従四位相当。和銅二年（七〇九）に亡くなった上毛野朝臣男足《をたり》は従四位下。同じ年に亡くなった下毛野朝臣古麻呂《こまろ》は正四位下。天平三年（七三一）に亡くなった佐味朝臣虫麻呂《むしまろ》は従四位下であった。対蝦夷政策での大功により参議従三位にまでのぼった大野朝臣東人《あづまんど》も、本来は四位止まりの家の人であったと思われる。

このように見てくれば、上毛野君関係氏族、少なくとも東国六腹の朝臣は中級貴族官人グループとしてとらえられていたと言うことができる。上級貴族の家はほんの一握りだから、古代国家秩序の中できわめて高い扱いを受けていた氏族グループだったのである。したがって、彼らが、その出身地盤を畿外つまり上毛野国を中心とする東国に持っていたとしても、その勢力を各地の国造《くにのみやつこ》クラスの豪族と同一視するわけにはいかない。中級貴族官人として遇された国造などは見当たらないからである。上毛野君の古代国家秩序における格については国家的観点からの見直しが必要だろう。

次に持統天皇五年（六九一）上申を命じられた「その祖等の墓記」の場合はどうか。「墓記」は身分秩序をより明らかにするとともに、『日本書紀』などの編纂に生かされたと考えられているが、上申を命じられた氏族の数は一八。朝臣姓一五氏、宿禰姓三氏である。この一八氏も一〇グループに別れるが、畿外出身の氏族は上毛野朝臣だけであり、ここでも上毛野君関係氏族が重視されていたことがわかる。『日本書紀』に記載された上毛野君関係氏族の始祖伝承は、この「墓記」を一つの素材とするものであろう。

上毛野君関係氏族、とくに東国六腹の朝臣に対するこうした重視の一因は当代の対蝦夷政策、東国政策に求められると思うが、彼らが国家中央の中級貴族官人として登用されていることには大いに注意しておくべきだと思う。そのことは第二の特色と密接にかかわる。

史書を記し律令を編む

天武朝史局への参画

第二の特徴的な線は国史編纂・律令撰定との深いかかわりである。

天武天皇十年（六八一）設置の天武朝史局への参画と大宝律令撰定作業への参加は象徴的な出来事である。

天武天皇十年三月、「帝紀および上古の諸事を記定する」ために開かれた天武朝史局は、国史編纂の前段階を形成したと言われる。それが『古事記』につながるのか、『日本書紀』につながるのかは、なお議論のあるところだが、天武朝史局が、諸皇子・諸王以下、天武・持統朝で重用されたメンバーで占められ、大山上《だいせんじょう》（正六位上相当）中臣連大嶋と大山下（従六位下相当）平群臣子首《へぐりのおみこびと》が「親ら筆を執って録し」たと『日本書紀』は記している。大嶋・子首は実務官僚で、従来からその果たした役割が注目されているが、大嶋・子首を含む諸臣メンバーの首座に就任したのが大錦下（従四位相当）の上毛野君三千であった。

三千は同年八月に没したので活躍の実情を知りがたいが、三千が大錦下という高位でこの位置に就いたこと、天武天皇の修史への意志や史局メンバーの構成から考えて、彼の就任が名誉職的なものであったとは考えにくい。国史編纂への姿勢や実務能力を含めて選ばれるだけの条件があったのであろう。

後のことではあるが、上毛野君グループの一員、上毛野公《かみつけののきみ》大川は、『続日本紀』編纂に際して天平宝字年間から宝亀年間にかけての編修に従事し、上毛野朝臣穎人は『新撰姓氏録』編修に大外記つまり書記として参加している。大川・穎人はいずれも田辺史系の上毛野君だから、東国六腹系の三千と大川・穎人の両人をストレートに結びつけることは難しいかもしれないが、上毛野君関係氏族を全体としてとらえ、その性格を考える上では、見過ごせない事実である。

現に田辺史は、「文書を解するをもて」田辺史の姓を得た氏族である（『新撰姓氏録』左京皇別下　上毛野朝臣条）。『日本書紀』雄略天皇九年条に記載された田辺史の始祖伝承が中国古典を駆使した格調高い漢文で書かれていることや、上毛野君関係氏族の始祖伝承の中に王仁《わに》を招いたという伝承があることも忘れられない。

上毛野君関係氏族は全体としてものを書くことに習熟していた可能性が高いのである。次に述べる下毛野朝臣古麻呂や佐味君宿那麻呂《すくなまろ》の動向、あるいは上野三碑という貴重な文字資料の存在も、そうした推定を裏づける。あるいは、三千登用の背後には、彼自身の資質もさることながら、氏族グループ全体としての資質の動員が期待されていたのかもしれない。

大宝律令を撰定

一方、大宝律令撰定メンバーには、上毛野君グループから直広参《じきこうさん》（正五位下相当）下毛野朝臣古麻呂、追大壱《ついだいいち》（正八位上相当）田辺史百枝《ももえ》、進大弐《しんだいに》（大初位下相当）田辺史首名《おぶとな》が参加している。中でも下毛野朝臣古麻呂は全体の実務統括者と考えてよい存在である。

実際、古麻呂は、大宝律令撰定の功によって大宝元年（七〇一）四月七日以前に従四位下右大弁《うだいべん》となり、この日、他の二人（氏名不祥だが、従五位下伊吉《いき》連博徳《はかとこ》、伊余部《いよべ》連馬養《うまかひ》である可能性が高い）とともに親王・諸臣・百官人に新令（大宝令）を講じている。その際、古麻呂の名だけが、『続日本紀』に明記されていることも興味深く、右大弁という内閣官房長官のような要職にあったことも見過ごしにできない。

彼は、八月三日、大宝律令撰定作業の長官である三品刑部《さんぼんおさかべ》親王、次官にあたる正三位藤原朝臣不比等《ふひと》、あるいは博徳・

馬養とともに禄を賜わっている。彼は、翌年参議（議定官）となって朝政に参加するという大変な出世を手にし、大宝三年には律令撰定の功により功田三〇町、封戸《ふこ》五〇戸（令制の一里にあたる）を与えられた。以後出世は続いて、卒《しゅつ》伝（死亡記事）によれば、和銅二年（七〇九）十二月二十日式部卿大将軍正四位下で亡くなったとある。彼が大宝律令撰定の実務統括者であったことは動かせないであろう。

『続日本紀』天平宝字元年（七五七）十二月九日条によれば、古麻呂が律令を修めた功として与えられた田一〇町は、下功としてその子に伝えることが認められている。そしてその功田のありようは、養老律令撰定の実務官僚、大和宿禰長岡《やまとのすくねながおか》らの功田の前提となった。

日本の律令は、唐の律令を一応の規範としながら、新羅や百済の律令的支配の方式や官制、あるいは遡って魏・晋・南北朝の律令制を取捨選択して、日本の実情に合うよう再構成したことが明らかにされているが、古麻呂らは、これら諸律令に精通していたにちがいない。同時に、古麻呂らには、国家意志の発動者である天皇や上級貴族官人の意を受けて、在地構造の実相を把握する能力と基盤があったと考えてよいだろう。その点、持統天皇三年（六八九）古麻呂が奴婢《ぬひ》（奴隷）六〇〇口を賤民の身分から放つことを申し出、許されていることは、実に興味深い。

撰善言司佐味朝臣宿那麻呂

同じ持統天皇三年、佐味朝臣宿那麻呂が、施基《しき》皇子のもと、「撰善言司《よきことえらぶのつかさ》」という臨時官司の諸臣首座に選ばれたことも同じ脈絡で読むことができると思う。

宿那麻呂は、天武天皇が皇位を奪取した壬申の乱の功臣でもあったが、時に直広肆《じきこうし》（従五位下相当）。「撰善言司」は、『善言《よきこと》』という書物を選ぶ官職と推定されており、施基皇子、宿那麻呂のほか直広肆羽田朝臣斉《むごへ》、勤広肆《ごんこうし》（従六位下相当）伊余部連馬飼（馬養）、調忌寸老人《つきのいみきおゆひと》、務大参《むだいさん》（従七位上相当）大伴宿禰手拍《たうち》、巨勢《こせ》朝臣多益須《たやす》がメンバーとされた。宿那麻呂はその後の姿が見えないから間もなく没したのかもしれないが、斉が正五位上に、手拍が従四位下に、多益須が従四位上に上っているので、長命ならば四位に列したであろう。

また、このメンバーのうちで、伊余部連馬飼（馬養）、調忌寸老人の二人がともに大宝律令撰定作業に参画していることも興味深い。馬飼（馬養）については先に少し触れたが、彼は、天平勝宝三年（七五一）の成立といわれる日本最古の漢詩集『懐風藻《かいふうそう》』に「皇太子学士、詩一首、年四十五」とあり、『釈日本紀《しゃくにほんぎ》』という書物によれば、丹後守《たんごのかみ》の任にあった時、浦島太郎物語の原型である「水江浦島子《みずえのうらしまこ》」の説話を記録したと伝わる。『丹後国風土記』の編修に深く関与していたと見られている人物である。彼を『日本書紀』編纂史局のメンバーとみなす説もある。調忌寸老人も『懐風藻』に「詩一首、大学頭」とあり、馬飼、老人の二人は当代きっての文人に数えられる人々であった。

こうした傾向から考えて、「撰善言司」の作業は国史編纂・律令撰定の両者に生かされた可能性が高い。佐味朝臣宿那麻呂はそのリーダーだったのである。彼自身、相当の文学的素養に恵まれていたのではなかろうか。

上毛野君三千、下毛野朝臣古麻呂、佐味朝臣宿那麻呂は、いずれも氏上《うじのかみ》（氏族の長）と考えられる人物である。そうした三人が三人とも、六八〇年代から七〇〇年前後にかけて、国史編纂・律令撰定にかかわった事を偶然の一致と言えるであろうか。

古代社会においては、氏族あるいは氏族グループとしての評価ということは、実に重大なことである。官司制的な支配構造がほぼできあがっている時であるから、貴族層の中でさまざまな仕事が割りふられるが、こうした一致を見ると、上毛野君関係氏族グループには、他の氏族グループ以上に優れた知的輝きがみなぎっており、その資質は、氏族グループ全体として、国史編纂・律令撰定という古代国家にとって最も重要な法制的・イデオロギー的整備に動員されたと考えてよいのではなかろうか。

ともすれば、こうした問題は、国家意志の発動者たる天皇および上級貴族官人に対してか、あるいは下級貴族以下の実務担当者に対してのみ考えられがちだが、その両者を結ぶ中級貴族官人層の問題として、あらためて考え直す必要がある。その時、上毛野君関係氏族グループの特異性は強調されてしかるべきだと思われる。国史編纂・律令撰定にこれほど深くかかわった中級貴族官人グループは他に見られないからである。

国史編纂・律令撰定は、日本古代国家の最も基本的な問題の一つである。その両者に対して、他の中級貴族官人グループに劣らず深くかかわったことを強調して強調しすぎることはないであろう。上毛野君関係氏族が中央の貴族官人として優遇された一つの理由は、このあたりに求められるのではなかろうか。

国土政策の最前線に立って

諸蕃と夷狄の上に立つ小中華の国日本

国史編纂・律令撰定と並ぶ日本古代国家の基本問題に、「諸蕃と夷狄《いてき》の上に立つ小中華の国日本」という、古代貴族特有の国家観がある。

「諸蕃」とは、外国人、主として朝鮮諸国民を、日本の王化に服すべき人とみなす観念である。「帰化」という言葉もここに由来する。「帰化」という用語は、古代法の法律用語、「内帰欽化」の短縮形である。「内帰欽化」とは、渡来の現象を、日本の王化（欽化）をしたって投化したとみなす観念である。日本が、朝鮮・中国に対する文化的後進地帯として、莫大な渡来人を抱え込み、渡来人の主体的努力によって文化的政治的統一をなしえたという史実を、全く転倒した意識で把握しようとする観念に他ならない。

他方、古代貴族は蝦夷《えみし》（東北地方に住んだ社会集団）、隼人《はやと》（南部九州に住んだ社会集団）、さらには国家間関係を前提としない居留外国人を「夷狄《いてき》」ととらえた。中国古典の用例に、漢民族と異なる四方の「野蛮」な人々を東夷・西戎・南蛮・北狄と呼ぶ言葉があるように、「夷狄」とは服すべき野蛮人という意味で使われた言葉である。『古事記』『日本書紀』『続日本紀』などは全て「諸蕃」と「夷狄」の上に立つ小中華の国として東アジア世界に立つという国家理念のもとに書かれている。唐帝国を「隣国」、朝鮮諸国つまり新羅・渤海両国を「蕃国」すなわち日本に服属すべき国家とみなし、蝦夷・隼人、さらには国家間関係を前提としない居留外国人を「夷狄」ととらえる国家観である。

そうした国家理念を、現実の国土の上に反映させたい。それは、古代貴族の階級意志であった。

和銅・霊亀・養老年間の国土政策

そこで古代貴族は、大宝令施行後七年、和銅改元（七〇八年）をもって、より本格的な国家・国土計画に着手する。まず「夷狄」地とみなした陸奥・出羽・大隅地域に日本国の国・郡新設を宣言し、他方「諸蕃」とみなした渡来系住民のための国・郡新設をはかる。「諸蕃」と「夷狄」の上に立ちたいという国家理念を現実の国土の上に実現しようと試みたのである。越後国出羽郡（七〇八年）・出羽国（七一二年）・陸奥国丹取《にとり》郡（七一三年）の新設は対「夷狄」政策の要であり、上野国多胡郡（七一一年）と美作国《みまさかのくに》（七一三年）の新設は対「諸蕃」政策の中心であった。

和銅六年（七一三）には国家・国土計画完成の一応の指標として『風土記』の上申がうながされ、霊亀元年（七一五）には令制支配の基礎単位として郷里制が採用される。このことをもって、古代貴族はその国土政策を第二段階に進める。「夷狄」地に対しては内国化宣言を完了し、近隣諸国民の「夷狄」地への植民と「夷狄」の近隣諸国への強制移住つまり俘囚郷設置を開始する。

他方「諸蕃」に対しては、定住の地での国・郡新設から各地に散在する渡来系住民を一地域に集中移住させての新郡設置へと進む。「定住」という既得権を認めての国・郡新設に比べて、「移住」させての国・郡新設はより強力な政策展開だったと思われる。武蔵国高麗《こま》郡（七一六年）・美濃国蓆田《むしろだ》郡（七一五年）などが「移住」型にあたるが、古代貴族の観念によれば、「諸蕃」とみなした渡来系住民を「自由」に移住させて編戸の民とすることは、「夷狄」のための俘囚郷設置と同等にとらえられていたと考えられる。

霊亀元年の元明天皇譲位・元正天皇即位と和銅から霊亀への改元は、そうした政策のエスカレーションを象徴する。一般に和銅・霊亀・養老年間は日本古代国家の最後的完成期として最も重大な時代の一つであり律令制が強力に推進されたが、国土政策のこのエスカレーションは国家の全政策と深くかかわっていた形跡が認められる。事実、元旦をもって霊亀二年からの改元がなされたとみられる養老元年（七一七）の遣唐使の派遣、正史である『日本書紀』の編纂と新律令（養老律令）撰定作業の開始、按察《あぜち》使と呼ばれる州知事制の採用などがこの直後に矢つぎ早に実施される。

こうした和銅・霊亀・養老年間の国土政策の最前線に上毛野君関係氏族、なかでも東国六腹の朝臣は、（一）中央の中級貴族官人として、（二）「夷狄」地に隣接する東国という地域を一つの地盤とする氏族グループとして、（三）中に百済系渡来氏族を含む氏族グループとして、立ちつくしたのである。

まずは、「夷狄」と意識された蝦夷に対する関係から見ていこう。

対蝦夷政策と上毛野君

国家の意志のもとに

第一に指摘できることは、八世紀の第Ⅰ四半期にあたる和銅・霊亀・養老年間にあっては、あたかも世襲のように上毛野朝臣が陸奥守、陸奥按察使を独占していたことである。

和銅元年（七〇八）陸奥守に就任した上毛野朝臣小足（男足）が翌年四月に没すると、七月には安麻呂が陸奥守になり、ついで広人が陸奥按察使となる。そして広人が養老四年（七二〇）、蝦夷の攻撃の前に敗死するや、左京亮《さきょうのすけ》従五位下下毛野朝臣石代が副将軍として陸奥へ向かった。続いて登場するのが有名な大野朝臣東人である。東人は多賀城の築城に尽力し多賀城から出羽柵（秋田城）への直路を開く軍を興したが、彼もまた東国六腹の朝臣の一員であった。東人を出羽国大室《おほむろの》駅《えき》で待ち受けていたのが出羽守田辺史難波《なには》であったことも興味深い。

七四〇年代に入ると上毛野君関係氏族と対蝦夷政策との関係を物語る史料は少なくなる。上毛野朝臣家の勢力の後退とも関係するのであろうが、一般に天平時代後半から天平宝字年間（七四九〜七五六）にかけては律令制の推進に消極的な時期であった。和銅・霊亀・養老年間の強引な律令制推進政策のもたらした矛盾が開花したためであろう。

やがて上毛野君関係氏族は再び対蝦夷政策の前面に姿を現わす。その嚆矢は出羽介、上野守を経て、宝亀七年（七七六）出羽守に就任した上毛野朝臣馬長である。馬長は、上野守に就任したことが史料の上で確認されるただひとりの上毛野朝臣という注目すべき経歴の持ち主である。

そして延暦年間に入ると、東国六腹の朝臣の一員、池田朝臣真枚《まひら》が鎮守府副将軍として陸奥へ向かう。しかし真枚は、蝦夷大首長阿弖流為《あてるい》の前にあっけなく大敗した。時に延暦八年（七八九）。坂上《さかのうえ》大宿禰田村麻呂が征夷大将軍に任命される七年前のことである。真枚のこの大敗は上毛野君関係氏族と対蝦夷政策との関係の終焉を象徴するような事件であった。以後、上毛野君関係氏族は対蝦夷政策において目立った働きを見せていない。

こうした時代風潮の変化と上毛野君関係氏族の蝦夷に対する政策推進の変化に平行する関係が見られることに注意したいと思う。つまり上毛野君関係氏族が対蝦夷政策に深くかかわったのは、地盤の一つが東国にあったこともさることながら、あくまでも中央の中級貴族官人として、律令国家の政策を強力に推進し「諸蕃」と「夷狄」の上に立つ小中華の国、日本の「姿」を作り出すためだったと考えられる。

国家の問題を抜きにして、前代からの東国――「夷狄」地の地理的関係だけで上毛野君関係氏族と対蝦夷政策のかかわりをとらえようとする方法には問題が多いように思われる。上毛野君関係氏族が東国に一つの地盤を持ち、前代から、軍事的衝突を含んで蝦夷と豊富な接触を持っていた、その体験が生かされたことは言うまでもないとしても、上毛野君関係氏族と対蝦夷政策の関係のなかで最も本質的な要素は、あくまでも古代貴族の国家観にのっとった国家政策にあった。

上毛野君関係氏族は、古代貴族の国家観を明示する律令や国史の編纂に深くかかわっていた氏族である。そうであれば、古代貴族の国家観、階級意志を、彼らがより強烈に意識していたことは、想像にかたくないだろう。

「蝦夷のことは、我々に任せておけ」

おごりにも似た彼らの叫びが聞こえるようである。

だが、そうした気負いやおごりは効を奏したであろうか。広人の敗死、真枚の大敗に象徴されるように、彼らは「夷狄」地問題にあまりにも深くかかわることによって自らの墓穴を掘ったとさえ言いうるように思われる。真枚の大敗の後、「夷狄」地経営ばかりでなく、東国六腹の朝臣がかつての地位を失っていったことは示唆深い。おごり高ぶった侵略行為は、こうした結末しかもたらさないのではなかろうか。その点、大野朝臣東人と田辺史難波の取った行動にはなお考えさせられる内容がはらまれている。

東人の事績を少し追ってみよう。

大野朝臣東人の事績

歌枕「壺《つぼ》の石碑《いしぶみ》」の名で親しまれてきた多賀城碑《たがじょう》（図5）によれば、多賀城は神亀元年（七二四）「按察使兼鎮守将軍従四位上勲四等大野朝臣東人」によって作られたという。そして碑文それ自体の記す所によれば、天平宝字六年（七六二）十二月一日「参議東海東山節度使従四位上仁部省卿兼按察使鎮守将軍藤原恵美朝臣朝獦《あさかり》」が多賀城碑を建てたという。

しかし朝獦は、かの藤原朝臣仲麻呂の子だが、天平宝字六年当時の位階は従四位下であり、東人の位階も神亀元年の段

図５　多賀城碑拓本

階では従五位上である。そして東人について言えば、碑文に記された従四位上に昇るのは七年後の天平三年（七三一）のことである。勲四等を与えられるのも神亀二年（七二五）であり、神亀元年当時に陸奥按察使兼鎮守将軍であったことを明記する資料は、今のところ他にはない。

そうした不可解さから碑文偽刻説もあるが、東北歴史資料館・宮城県多賀城跡調査研究所編『多賀城と古代日本』によれば、（一）多賀城の奈良時代後半の修復が発掘調査により確認されたこと、（二）碑文が奈良時代の尺度によって割りつけられていると見られること、（三）碑文に記された文字の筆跡学的研究からは集字（後の時代の擬古的な字体使用）とは考えられないことなどから、後刻としても、七六二年をそう下らないのではないかと考えられている。

多賀城碑の記載はこのように問題のあるものだが、『続日本紀』神亀二年（七二五）閏正月二十二日条に征夷の功をもって征夷将軍藤原朝臣宇合《うまかひ》以下一六九六人に勲位が与えられ、宇合に続いて従五位上大野朝臣東人に従四位下勲四等を授くと見えているから、神亀元年ごろ東人を中心として多賀城が築造された可能性は高い。同日正八位上田辺史難波も勲六等を授けられ、功あった人々に田二町が与えられている。東人と難波はその地位は異なるものの、神亀元年ごろから「夷狄」地経営に深くかかわっていたと考えられるのである。

続いて天平元年（七二九）、東人は陸奥鎮守将軍として、在鎮つまり多賀城に属する兵士のうち「勲功芳しき者」に官位を授けられることを奏請し認められている。

この前後、蝦夷との軍事的衝突が『続日本紀』に記されていないことを考えると、彼は、多賀城そのものの経営に専念したのであろう。七二〇年の広人の敗死、七二四年の陸奥大掾《だいじょう》佐伯宿禰児屋麻呂《こやまろ》殺害を教訓として、いたずらに蝦夷と戦火を交えることなく、多賀城とそれをとりまく生産基盤の整備を第一としたためと思われる。

そして天平九年（七三七）正月、東人は陸奥按察使兼鎮守将軍として、陸奥（多賀城）より出羽柵《き》に達するには道が男勝《をがち》（雄勝）村を経て迂遠であるから男勝村を征して直路を通すべきであると奏言する。それを受けて持節大使従三位藤原朝臣麻呂以下が陸奥に到着し、東人の建策にゴー・サインを与える。機熟しての行動であった。

二月十九日、東人らは常陸・上総・下総・武蔵・上野・下野、六国の騎兵一〇〇〇人をもって山海両道を開くことを決する。

蝦夷たちはことごとく「疑懼《ぎぐ》」した。恐れ警戒を強めた。

そこで、東人らは「帰服」した蝦夷首長遠田《おんだ》君雄人《をひと》を海道に、和我《わか》君計安塁《けあるい》を山道に遣わし、蝦夷に対する懐柔・説得を行なう。夷をもって夷を制する挙に出たのである。この説得工作は成功したらしい。そこで東人らは、一〇〇〇人のうちから四五九人を玉造《たまつくり》など五つの柵に、三四五人を多賀城の麻呂のもとに残し、勇健なる一九六人を率いて作戦を開始する。二十五日東人は多賀城を発った。

三月一日、東人は勇健なる騎兵一九六人、鎮兵四九五人、東国兵五〇〇〇人、「帰服」の蝦夷二四九人を率いて陸奥国色麻《しかま》柵から出羽国大室駅へと部隊を進める。総勢およそ六〇〇〇名の大部隊である。その大半は道路開削要員だろうが、大軍事行動であることに違いはない。

大室駅では出羽国守田辺史難波が出羽国兵五〇〇人、「帰服」の蝦夷一四〇人を率いて東人の軍を待ち受けていた。二人が率いる部隊は合流し、道を開き、「賊地（蝦夷居住圏）」の比羅保許《ひらほこ》山に入った。雄勝村まで五十余里（当時の里程で約三〇キロ）、その間は平らで進軍はたやすかった。

だが、東人の軍は雄勝村に入らず比羅保許山から引き返す。六六〇〇名ほどの大部隊を率い、目的の完遂を目前にしながら、彼の軍は引き返した。完全に可能な直路突破を目前にしながら、彼は軍を引き返したのである。

東人と難波の決断

田辺史難波のもとに雄勝村俘長（「帰服」した蝦夷の首長）らの申し出があったからである。『続日本紀』は次のように記している。

　田辺難波が状に称《い》はく。「雄勝村の俘長ら三人来降す。拝首して云《まう》さく。承り聞く、官軍、我が村に入らんと欲すと。危懼《きぐ》にたえず。故に来りて降を請ふ者なりと」。

難波のこの諫言に、反発しながらも、東人は難波と議することを決する。軍人としてのすぐれた態度である。難波は言葉を次いだ。

　難波議して曰《いは》く、「軍を発して賊地に入ることは、俘狄《ふてき》を教喩し城を築きて民を居《お》かんがためなり。必ずしも兵を窮して順服を残害せんとにあらず。もしその請を許さずして、凌圧して直《ただ》に進まば、俘ら懼怨《ぐえん》して山野に遁走《にげはし》らん。労多ふして功少き。おそらくは上策にあらず。しかじ官軍の威を示してこの地より返らんには。しかして後、難波、訓《をしえ》るに福順をもってし、懐《なづ》くるに寛恩をもってせん。しからばすなはち城郭を守ること易《たやす》ふして、人民永く安からんものなり」と云ふ。

東人はその議論をいれた。もし作戦を強行すれば必ず軍事衝突がおこるであろう。そしてそれは「帰服」の蝦夷たちに動揺をもたらす。今まで築いてきた「夷狄」地経営のすべてが水泡に帰すかもしれない。「夷狄」地の内国化という戦略的大目標を完遂するために、ルート開削のあと一歩を残して、東人は戦術上の退却を決定したのである。古代貴族としての東人の階級意志は、他の東国六腹の朝臣とそれほど大差なかったであろうが、軍政官としての彼の決断は称賛に価するものである。

また、あえて「帰服」の蝦夷たちの訴えを東人に取り次ぎ、戦術上の退却を強く主張した難波の姿勢にも感心させられる。そして二人の行動は、持節大使藤原朝臣麻呂によっても高く評価され、二人は国家中枢からその功を賞されることになる。麻呂は、東人らの行動を報告するに際して次の言葉を付け加えることを忘れなかった。

臣麻呂ら愚昧にして事機に明らかならず。ただし東人は久しく辺要に将として謀ることあたらずこと少し。しかのみならず、親ら賊竟に臨みて、その形勢を察し、深く思ひ遠く慮りて量り定むること、このごとし。謹んで事状を録す。伏して勅裁を聴くと。ただしこのごろ無事。とき農作に属す。発する所の軍士、かつ放しかつ奏せん。

東人らの取った行動は徴発された農民兵士にとっても歓迎されるものだったのである。以後蝦夷地には平和が続いた。一方東人は北九州に起こった藤原広嗣の乱の平定に向かい、乱を収めて天平十四年（七四二）十一月二日参議従三位の高位でその生涯を閉じる。

東国民衆と「夷狄」地経営

奥羽への移住を命じられて

当然のことながら、陸奥・出羽へ向かったのは支配階級、東国六腹の朝臣だけではなかった。柵戸《きのへ》の民として、東国民衆はきわめて大がかりな植民、移住を命じられる。柵戸の民は兵士でもあり開拓農民でもあった。彼らは一時的に徴発されるのではなく陸奥・出羽に定住することになる。

そうした活動が活発になるのは、先に国土政策のエスカレーションの節目と記した霊亀改元（七一五）前後からである。『続日本紀』は次のように記している。

和銅七年（七一四）十月二日、尾張・上野・信濃・越後らの国民二百戸を出羽柵戸に配す。

霊亀元年（七一五）五月三十日、相模・上総・常陸・上野・武蔵・下野、六国の富民一千戸を陸奥に移す。

養老元年（七一七）三月二十六日、霊亀二年九月の従三位中納言巨勢朝臣万呂の奏言に基づいて、信濃・上野・越前・越後、四国の百姓各百戸を出羽柵戸に配す。

わずか三年たらずの間に東国を中心とする民衆は出羽へ六〇〇戸、陸奥へ一〇〇〇戸、合計一六〇〇戸が移されたのである。五〇戸をもって一里（郷）とする律令の規定で換算すれば、三二里（郷）となる。大郡の規定、一六里以上二〇里以下にてらせば大郡二郡分に相当する。人口で数えれば、一戸の員数は二五人内外と考えられているから、単純な計算では四万人の人間が故郷を離れて異域の民とされたことになる。移住させられた戸の人員は「内国」よりも少ないと考えても、三万人を下らせることはできない。

当時の日本（「内国」分）の人口が五〜六〇〇万人と推測されていることと考え合わせれば、二〇〇人に一人前後という、驚くべき高い比率で、人々の移住がなされたことになる。今日の人口に直せば、六〇万人ほどの人間が動かされた計算になる。それもわずか三年ほどのことである。いかに大規模な植民・移住政策がとられたかが想像できよう。

故郷に残りえた人々にも一時的徴発が次々とふりかかる。和銅二年（七〇九）三月、巨勢朝臣万呂（麻呂）に徴発された遠江・駿河・甲斐・信濃・上野・越前・越中などの国人や大野朝臣東人が率いた常陸・上総・下総・武蔵・上野・下野、六国の騎兵一〇〇〇などはその例に数えられるだろう。そして徴発されたが最後、故郷に帰り着かなかった人々も少なくなかった。防人徴発の悲劇がしばしば語られるが、距離こそ短いとはいえ、陸奥・出羽への植民政策は、防人《さきもり》徴発と並ぶ、あるいはそれ以上の厳しさを持っていたと言える。

直接、陸奥・出羽へ向かわなかったとしても、陸奥・出羽の鎮所・柵戸に食糧を供給させられた民衆・地域首長も相当な数にのぼる。『続日本紀』神亀元年（七二四）二月二十二日条に、私穀を陸奥国の鎮所に献じたがために外従五位下（地域社会での貴族待遇）を与えられたと記される従七位下大伴直《おほとものあたひ》南淵麻呂（蜷淵麻呂）、従八位下錦部《にしごり》安麻呂、无《む》位烏《う》安麻呂、

外従七位上角山君《つのやまのきみ》内麻呂、外従八位下大伴直国持、外正八位上壬生直《みぶあたひ》国依、外正八位下日下部使主《くさかべのおみ》荒熊、外従七位上香取連《かとりのむらじ》五百嶋、外正八位下大生部直《おほふべのあたひ》三穂麻呂、外従八位上君子部《きみこうべ》立花、外正八位上史部《ふひとべ》虫麻呂、外従八位上大伴直宮足らは、そうした人々の氷山の一角を形作る。

ここにあげられた一二名の出身国名が明記されていないのは残念だが、一二名中三名が名のる大伴直は、他の史料では武蔵国加美郡（天平勝宝五年の紀銘を持つ武蔵国庸布《ようふ》墨書銘、正倉院所蔵）に見え、『先代旧事本紀』国造本紀によれば、安房国造の氏の名も大伴直である。武蔵国入間《いるま》郡の人には大伴部直赤男なる人物が見え（『続日本紀』宝亀八年六月五日条）、大伴部は下総・武蔵・下野・相模・上野で確認されている。

壬生直も『常陸国風土記』に那珂《なか》国造の氏姓とあり、『続日本紀』には常陸国造に任じられた常陸国筑波郡の人、壬生直小屋主女《こやぬしめ》が見えている。また天平十年（七三八）の『駿河国正税帳』にも駿河国駿河郡少領として壬生直信陁理《しだり》が署名している。上野・下野には、有名な慈覚大師円仁をはじめとして壬生公《みぶのきみ》の存在が知られ、上野の壬生公はのち朝臣姓を得ている。今のところ壬生朝臣の存在が知られているのは上野だけである。

その他、香取連は下総国香取郡もしくは香取神宮につながる氏族であり、大生部直は『日本書紀』皇極天皇三年（六四四）条に記される、東国不尽（富士）の川辺で村里の人に常世《とこよ》の虫を祭ることをすすめた大生部多《おほ》を思い出させる。そして君子部は、吉弥侯部とも書いて上毛野君関係氏族の一員であることを主張している氏族である。

神亀元年二月外従五位下を授けられた人々の大半は東国在地の首長層と考えてよいのではなかろうか。残る人々のうち、角山君は他に比較する史料がないが、錦部、烏、日下部使主、史部は、明らかに渡来系氏族である。『日本書紀』の記載にしたがえば、七世紀後半、相当数の渡来系住民が東国に移されているから、ここに見える渡来系氏族諸氏も東国において氏族形成をはかった人々ではなかったかと思われる。

これらの氏族は、東国六腹の朝臣をはじめとする東国最有力の氏族が完全に中央貴族化していくなかで、東国の生産力、東国の文化と政治を一身に体現していった人々の代表格であろう。だが、彼らも、東国六腹の朝臣に倣って国家の政策に自らを巻き込んでいくことになる。大伴直南淵麻呂が外従五位下をもって左兵庫頭《さひょうごのかみ》から伊予守へと転出していった軌跡は象徴的である。

こうした「夷狄」地経営をめぐる東国首長と民衆の動きは東国という地域に何をもたらしただろうか。

まず在地の権力構造は大きく変質せざるをえなかった。東国六腹の朝臣は自らの中央貴族化のために東国から離脱する。続いて勃興した氏族もそれに倣った。そして民衆は半強制的に「夷狄」地へと移住させられる。「夷狄」地の「征服」と平行する形で東国もまた「解体」させられていった可能性が高いのである。たとえ、そこに厳しい支配―被支配の関係があろうと、なお一体感を持っていた東国六腹の朝臣―地域首長―民衆という関係は崩されていったのではなかろうか。それは東国そのものの地盤低下でもあった。東国六腹の朝臣が八世紀以降東国に有力な在地勢力を形成した明証を得られないことは何とも示唆深く、平安時代に入ると東国六腹の朝臣の地位は大きく後退する。

陸奥の有力な家へ

他方、陸奥・出羽へと移住させられた人々はどうなっただろうか。彼らの多くは辺境の地で生きる努力を重ね、東国への思いを抱きながら新たな氏族形成をはかっていったと思われる。その一端を示しているのが神護景雲三年（七六九）三月十三日を中心とする陸奥の人々の改氏姓の問題である。池田朝臣真枚が阿弖流為《あてるい》に敗れ去るまでの陸奥の人々の改氏姓を『続日本紀』の中に拾うと、次の通りである。

天平勝宝五年（七五三）六月八日

①牡鹿《おしか》郡人外従六位下丸子《まるこ》牛麻呂、正七位上丸子豊嶋ら二四人に牡鹿連を与える。

天平神護二年（七六六）十二月三十日

②陸奥国人正六位上名取公《なとりのきみ》竜麻呂に名取朝臣を与える。

神護景雲元年（七六七）七月十九日

③宇多《うだ》郡人外正六位上勲十等吉弥侯部《きみこうべ》石麻呂に上毛野陸奥公を与える。

神護景雲三年（七六九）三月十三日

④白河郡人外正七位上丈部《はせつかべ》子老、賀美郡人丈部国益、標葉《しは》郡人正六位上丈部賀例努《かれの》ら一〇人に阿倍陸奥臣を与える。

⑤安積《あさか》郡人外従七位下丈部直継足に阿倍安積臣を与える。

⑥信夫《しのぶ》郡人外正六位上丈部大庭らに阿倍信夫臣を与える。

⑦柴田郡人外正六位上丈部嶋足に阿倍柴田臣を与える。

⑧会津郡人外正八位下丈部庭虫ら二人に阿倍会津臣を与える。

⑨磐城郡人外正六位上丈部山際に於保磐城臣《おほいはきのおみ》を与える。

⑩牡鹿郡人外正八位下春日部奥麻呂ら三人に武射《むさ》臣を与える。

⑪曰理《わたり》郡人外従七位上宗何部《そがべ》池守ら三人に湯坐《ゆゑ》曰理連《わたりのむらじ》を与える。

⑫白河郡人外正七位下靫大伴部《ゆげひおほともべ》継人、黒川郡人外従六位下靫大伴部弟虫ら八人に靫大伴連を与える。

⑬行方《なめかた》郡人外正六位下大伴部三田ら四人に大伴行方連を与える。

⑭苅田《かつた》郡人外正六位上大伴部人足に大伴苅田臣を与える。

⑮柴田郡人外従八位下大伴部福麻呂に大伴柴田臣を与える。

⑯磐瀬郡人外正六位上吉弥侯部人上に磐瀬朝臣を与える。

⑰宇多郡人外正六位下吉弥侯部文知に上毛野陸奥公を与える。

⑱名取郡人外正七位下吉弥侯部老人、賀美郡人外正七位下吉弥侯部大成ら九人に上毛野名取朝臣を与える。

⑲信夫郡人外従八位下吉弥侯部足山守ら七人に上毛野鍬山公を与える。
⑳新田《にひた》郡人外大初位上吉弥侯部豊庭に上毛野中村公を与える。
㉑信夫郡人外少初位上吉弥侯部広国に下毛野静戸公《しずへのきみ》を与える。
㉒玉造郡人外正七位上吉弥侯部念丸ら七人に下毛野俯見公《ふみのきみ》を与える。

神護景雲三年（七六九）四月七日

㉓行方《なめかた》郡人外正七位下下毛野公田主ら四人に下毛野朝臣を与える。

宝亀三年（七七二）七月十七日

㉔安積郡人丈部継守ら一三人に阿倍安積臣を与える。

改氏姓された人々の旧姓の多くは部《べ》である。部《べ》の民つまり王権に隷属・組織された農民であった。部民制支配は陸奥国南半にまで及んでいた可能性が高いから、霊亀元年（七一五）を中心とする東国農民の半強制的な移住以前から陸奥に定住していた人々もあろうが、先に見たように、大伴部は東国に広い分布を示しており、吉弥侯部は上毛野君関係氏族の一員であることを主張している。丈部も現存史料によれば常陸・上総・下総・相模・駿河・遠江・越前・出雲に見え東国を中心とした分布を持っていたと考えられる。また丈部直は下総国印播郡大領に牛養、同郡の防人に太麻呂が知られ、『続日本紀』によれば、牛養は天応元年（七八一）、軍粮を進めた功により外正六位上から外従五位下に位を進められて地域社会における貴族としての地位を得たとある。陸奥の鎮所に軍粮を進めたのであろう。

このように見てくれば、改氏姓にあずかった人々の少なからぬ部分は、もと東国にあった民だったとしてよいと思う。

しかし最も集中的に現われる神護景雲三年（七六九）三月十三日の改氏姓は全て陸奥大国造道嶋《みちしま》宿禰嶋足《しまたり》の請う所によってなされた政策である。道嶋宿禰嶋足の家は天平勝宝五年（七五三）に牡鹿連を得た家である。

嶋足は天平宝字八年（七六四）藤原朝臣仲麻呂の乱に際して、仲麻呂の子、訓儒麻呂《くずまろ》が孝謙上皇の手から鈴印を奪い帰そうとした時、坂上忌寸苅田麻呂《かりたまろ》とともに訓儒麻呂を射殺した功により従七位上から従四位上へと十一階の特進と道嶋宿禰の姓を得た人物である。そして天平神護二年（七六六）陸奥大国造に任じられる。

「陸奥大国造」の称号が名誉的なものにとどまらなかったことは高橋富雄氏の詳細な研究、「道嶋宿禰族」（『古代蝦夷―その社会構造』学生社、一九七四年）によって明らかにされている。『古代蝦夷―その社会構造』と題された高橋氏の論集は、古代蝦夷と「夷狄」地経営、陸奥の人々の改氏姓について実に多くの事を教えられる著作である。私がいま問題としている陸奥の人々の改氏姓への視角も、高橋氏の先行研究による所が多い。そのことを感謝の意を込めて記しておきたいと思う。

陸奥の人々の改氏姓が、陸奥の新興貴族・道嶋宿禰嶋足の請う所によってなされたことは、これらの人々がもはや東国の権力構造から離れて陸奥の新たな在地構造の中で自らの地位を確保しはじめていることを表わしていると考えられる。名実ともにこれらの人々は陸奥の有力な家としての自立をはじめたのである。いまや目標とすべきは東国六腹の朝臣ではなく道嶋宿禰嶋足であった。

言い換えれば、東国六腹の朝臣―上毛野君関係氏族は、陸奥に対する、そして結果的には東国そのものに対する影響力を大きく後退させたのである。神護景雲三年（七六九）三月十三日を中心とする陸奥の人々の改氏姓の持つ意味は大きい。

改氏姓の方向性

その改氏姓は、大きく三類型に分けることができる。

第一の類型は、丈部（直）から阿倍＋地名＋臣への型（④～⑧、㉔）で、丈部は阿倍氏の部民と考えられている。

第二の類型は、大伴部から大伴＋地名＋臣あるいは連への型（⑬～⑮）で、靫大伴部を靫大伴連としたのも（⑫）この類型に含まれる。靫《ゆげひ》とは矢羽を入れた靫《ゆぎ》を背負う意で、軍事的色彩の強い部民である。

第三の類型は、吉弥侯部から上（下）毛野＋地名＋公への型（③、⑯〜㉒）で、朝臣姓まで昇った⑱（上毛野名取朝臣）・㉓（下毛野朝臣）は、その最も進んだ形であろう。なお、⑲から㉒までの地名、鍬山・中村・静戸・俯見は郡名ではなく郷名である。

三類型とも中央貴族の氏《うぢ》の名《な》＋地名＋姓《かばね》という形式をとっている。（一）まず自らがいかなる中央貴族と関係が深いかの出自を述べ、（二）次に自らの勢力圏を示し、（三）部姓に対する貴姓の獲得を明示するという構造である。

しかし、すでに見てきたように、改氏姓をなしえた人々は、部民の立場から離れ、東国の農民から陸奥の有力な家になった人々である。自らの出自を中央貴族に関連づけて主張するとしても、その本質は陸奥の有力な家としての自らの勢力圏の誇示と部姓に対する貴姓つまり臣・連・公などの主張にあったと考えられる。

したがって、彼らの主張は、やがてより高い貴姓、朝臣や宿禰の獲得へと進み、中央貴族と関連づけて自らの出自を主張するのではなく、自らの勢力圏の地名を氏の名とする形に進んで行くこととなる。名取朝臣や道嶋宿禰はその表われと言えよう。あるいは自らの出自を関連づけた中央貴族の没落に伴って中央貴族の氏の名そのものを自らの氏の名としていった場合も考えられる。下毛野公から下毛野朝臣へと賜姓されていった例（㉓）などはそのはしりであろう。

上毛野君と朝鮮

五つの視点

「諸蕃」と「夷狄」の上に立つ小中華の国日本意識とのかかわり、律令国家の国家・国土政策との関係で問題となる二つめの大きな問題は、「諸蕃」と意識された朝鮮からの渡来系集団との関係である。やや問題を大きくとらえて、上毛野君関係氏族と朝鮮との関係を考えるために、五つの視点を提出しておこう。

第一の視点は、上毛野君関係氏族のなかに渡来系氏族が含まれている問題である。この点は第四章で詳しく検討したい。

第二の視点は、渡来系集団の定住政策との関係である。この点では、和銅四年（七一一）上野国に多胡郡が設けられたことと、和銅六年（七一三）上毛野朝臣堅身《かたみ》が備前介として、備前守百済王南典《くだらのこにきしなむてん》とともに備前六郡を割いて美作国を置くことを上申し初代美作守になったことがとくに問題になると思う。

これらの問題については次節で検討を深めたいが、多胡郡・美作国はともにすでにその地に定住していた渡来系集団のための国・郡新設例の典型であり、和銅・霊亀・養老年間の国・郡新設政策前半期の一つの画期を形作る。その両者と浅からぬ関係を持っていたことは上毛野君関係氏族の全体像を考える上で軽視できない。

第三の視点は、古代最大の対外戦役である白村江《はくすきのえ》の戦い（六六三年）に、いわば忽然と「前将軍《まえのいくさのきみ》上毛野君稚子《わくご》」が登場してくる問題である。本節ではこの問題に焦点をあてて考えていきたい。

第四の視点は、上毛野君関係氏族の始祖とみなされる人物の持つ朝鮮派遣伝承の虚実の検討である。その問題については第五章で考えてみたい。

第五の視点は、律令や修史と深くかかわり、内部に渡来系氏族を含み、稚子のような人格を出しながら、七世紀中葉以降、朝鮮・中国への遣使とほとんど関係をもたなかったという問題である。その問題に対する明確な答えを今のところ私は持ち合わせていないが、そのことは、上毛野君関係氏族の基本的資質がいわば伝承の時代に形成されたことを示唆しているように思われる。

まずは、第三の視点から問題としてみよう。

白村江への出兵

『日本書紀』天智天皇二年（六六三）条は、次のように記している三月に、前将軍上毛野君稚子・間人連大蓋《はしひとのむらじおほふた》、中《そひ》将軍巨勢神前《かむさき》臣訳語《をさ》・三輪君根麻呂、後《しりえ》将軍阿倍引田《ひけた》臣比邏夫《ひらぶ》・大宅臣鎌柄を遣して、二万七千人を率て、新羅を打たしむ。六月に、前将軍上毛野君稚子ら、新羅の沙鼻岐奴江《さびきぬえ》、二つの城《さし》を取る。

稚子に関する直接的叙述は上記の通りだが、周知のように、百済は、六六〇年、新羅・唐連合軍の攻撃の前に滅亡の危機に瀕した。百済王城は陥落し、義慈王以下は唐土に連れ去られた。ここに鬼室福信《きしつふくしん》らの百済の遺臣は、倭国に対して救援軍の派遣と倭国にあった百済王子豊璋の召還、即位を要請する。これを受けて倭国軍が派遣される。新羅・唐連合軍による百済の滅亡は倭国そのものをも存亡の危機にさらしていたのである。『日本書紀』によれば、百済救援を目的とした倭国軍は三陣にわたって派遣されたという。

前将軍に大花下《だいかげ》（従四位相当）阿曇《あづみ》比邏夫連らを、後将軍に大花下阿倍引田比邏夫臣らを任命して「兵杖《つはもの》・五穀を送りたまふ」と記される六六一年八月の第一陣、「大将軍大錦中（正四位下あるいは従四位上相当）阿曇比邏夫連ら船師《ふないくさ》百七十艘を率て」と記される六六二年五月の第二陣、そして稚子らの第三陣である。

しかし、これらの記事の間には重複があり、はたして第一陣・第二陣が本当に派遣されたのかどうかは疑問とされている。もっとも第一陣については「或本に、この末に続ぎて云はく、別に、大山下（従六位相当）佐井連檳榔《あじまさ》・小山下（従七位相当）秦造《はたのみやつこ》田来津《たくつ》を使はして、百済（豊璋のこと）を守護《まも》らしむといふ」とあるから、六六一年八月以降、豊璋を擁して檳榔や田来津が百済に渡ったことは認められると思う。大がかりな派兵が三陣に及んだかはともかく、六六〇年前後から新羅・唐連合軍との戦いを目的とした軍事行動、戦闘準備が次々ととられていたのである。

かくして豊璋は百済最後の王として即位し、倭・百済連合軍の軍事行動が本格的にはじまる。しかし豊璋と鬼室福信との間に不和が生じ、福信は斬られ、百済の内部分裂は急速に進んだ。ここに新羅・唐連合軍は総攻撃を開始する。その総攻撃軍に対したのが稚子らの第三陣であった。

六六三年八月、両軍は白村江（白江、大韓民国錦江河口）で衝突し、倭・百済連合軍は新羅・唐連合軍の前に敗れ去る。『旧唐書《くとうじょ》』劉仁軌《りゅうじんき》伝は戦闘のありさまを次のように描写している。

仁軌、倭兵と白江の口に遇《あ》ふ。四戦に捷《か》つ。その舟四百艘を焚《や》く。煙燄天に漲《みなぎ》り、海水皆赤し。賊兵（倭・百済連合軍）大いに潰す。余豊（豊璋）身を脱して走《に》ぐ。

倭・百済連合軍は文字通り潰敗し、船はことごとく焚かれ、白村江は倭兵の血で染まったというのである。そして九月、百済最後の砦、州柔城《つぬさし》（周留城《するさし》・豆率城《つるさし》）は陥落した。

稚子もその後の事が記されていないから、新羅の二つの城（沙鼻岐奴江をどう二つの城に読むかについての定説はない）を取った後、白村江の藻屑と消え去ったのであろうか。

稚子派遣の要因

当然問題となるのは、倭国の興廃に直結する古代最大の対外戦役の前将軍に上毛野君稚子が任命された理由である。『日本書紀』には稚子の冠位は記されていないが、後将軍阿倍引田臣比邏夫と並ぶ最高位の将軍で、すでに有力な中央官人の列に加わっていたと推定される。原島礼二氏の言われるように、当時の稚子の冠位は小花上（正五位相当）か大花下（従四位相当）とみるのが妥当である（前掲「上毛野『伝承』採用の条件―七世紀後半の上毛野君の地位から」）。

そのような高い冠位をもって稚子が倭・百済連合軍の最前線の指揮を取った理由は何か。

一般に当時の軍制は組織された国軍としては完成しておらず、豪族連合軍の体制を脱却していなかったと言われる。そして白村江の戦いに派遣された兵士の中に明らかに陸奥出身と考えられる兵士がいることから、稚子は豪族連合軍の一つの旗頭として東国・陸奥の兵士を動員するために派遣されたという考え方が出されている。今のところそうした考え方が主流を占めているように思われる。

しかしすでに上毛野君は中央の貴族官人の列に加わっていた可能性が高いし、後にも述べるように上毛野君関係氏族は五世紀の頃から朝鮮と浅からぬ関係を持っていた氏族グループである。序章でご紹介した上毛野君形名の冠位と彼の妻の語りを思い出していただいてもよいだろう。東国・陸奥の豪族連合軍の動員・指揮という観点は否定できないが、同時に上毛野君の中央貴族官人としての待遇、上毛野君関係氏族の朝鮮との歴史的かかわりも稚子派遣の一要因として考え直してみる必要があるように思われる。

考え直すための一つの方法として、倭・百済連合軍の将軍に任命された人々のプロフィールを眺めてみよう。

稚子と共に前将軍とされた間人連大蓋は生還し、天武天皇四年（六七五）四月十日、大忌神《おほいみ》を広瀬の河曲《かはわ》に祭るために派遣された。時に小錦中（正五位下ないし従五位上相当）。間人連は、天武天皇十三年（六八四）宿禰の姓を得、万葉歌人も出している。奈良時代の活躍の様子や氏族系譜はよくわからないが、『日本書紀』によれば、斉明天皇三年（六五七）、拒否されたものの、新羅に付して唐への派遣を目論まれた三名のうちに間人連御厩が見え、新羅・唐との交渉に関与しうる資質を有していた可能性がある。

中将軍・巨勢神前臣訳語は巨勢臣関係氏族の一員で、当時の氏の上、巨勢徳太（徳陀古）臣は孝徳朝の左大臣、大紫位の極位に昇った人物である。神前の地名にも注目させられる。神前つまり近江国神前郡は、百済滅亡後、数多くの亡命百済人が住み着いた所だからである。「訳語《をさ》」という名も興味深い。

三輪君根麻呂については他に記す所がないが、三輪君は大神朝臣《おほみわ》と呼ばれて高い待遇を得ることになる氏族である。敏達天皇の寵臣で用明天皇元年（五八六）穴穂部《あなほべ》皇子と物部大連守屋《もりや》に殺された逆《さかし》や慶雲三年（七〇六）左京大夫従四位上で卒し従三位を贈られた壬申の乱の功臣・高市麻呂などを輩出している。

後将軍・阿倍引田臣比邏夫は、『日本書紀』によれば、斉明天皇四年（六五八）越国守となり五年・六年と粛慎《みしはせ》と戦い、その後筑紫大宰帥《だざいそつ》（『続日本紀』養老四年正月条）となった人物である。原島礼二氏の研究（前掲論文）によれば、大宰帥の在任期間は斉明天皇六年（六六〇）五月以降天智天皇七年（六六八）七月までの間と考えられている。比邏夫は日本海沿岸地帯の経営の経験を持つ大宰帥として倭・百済連合軍の「後将軍」となったのである。新羅・唐連合軍に対して北九州での防備を指揮し、そこから朝鮮半島に出兵することが目論まれていた。彼について、越地方との関係が深いところから、出身地を越前国敦賀郡匹田《ひきた》あたりとする説もあるが、彼の本貫は大和国城上《しきのかみ》郡辟田《ひきた》郷である可能性の方が高い。そして比邏夫の最終冠位は大錦上（正四位相当）であり、阿倍引田臣は阿倍臣の一支流、一つの家で、後に朝臣姓を獲得していく氏族である。比邏夫は有力貴族である阿倍臣関係氏族の一員として、中央貴族として、倭・百済連合軍の「後将軍」に任命されたと考えるのが妥当だろう。

大宅臣鎌柄は他に記す所がないが、同族大宅臣軍《いくさ》は推古天皇三十一年（六二三）七月、小徳（従四位相当）という高位で「任那復興」軍の副将軍となっている。大宅氏は大春日臣関係氏族の一員であり、天武天皇十三年（六八四）大春日臣と並んで朝臣の姓を得ている。そして天平九年（七三七）に没した大宅朝臣大国は従四位下にまで昇った中級貴族官人であった。

このように見てくると、いわゆる第三陣の将軍たちは、いずれも、当時の倭国王廷において重きをなした中級貴族グループの中から、朝鮮交渉や軍事にかかわりの深い人々が選ばれたと考えてよいと思う。稚子もまたそうした資格において選ばれたとみるのが理にかなっている。東国・陸奥兵士の動員ということも大きな戦略目標であったに違いないが、稚子の任官には七世紀中葉における倭国王廷での上毛野君関係氏族の地位が反映していたと考えるべきあろう。

次に第二の視点、つまり渡来系住民のための国・郡新設「定住」政策の典型例である美作国新設・上野国多胡郡新設と上毛野君関係氏族との関係を見ておこう。

美作国と多胡郡の新設

「諸蕃」定住型の典型

美作国は、和銅六年（七一三）備前守・百済王南典と同国の介・上毛野朝臣堅身の上申によって新設された国である。今日の岡山県北東部、津山市を中心とする地域だが、その初代国守に新設を上申した上毛野朝臣堅身が就任している。

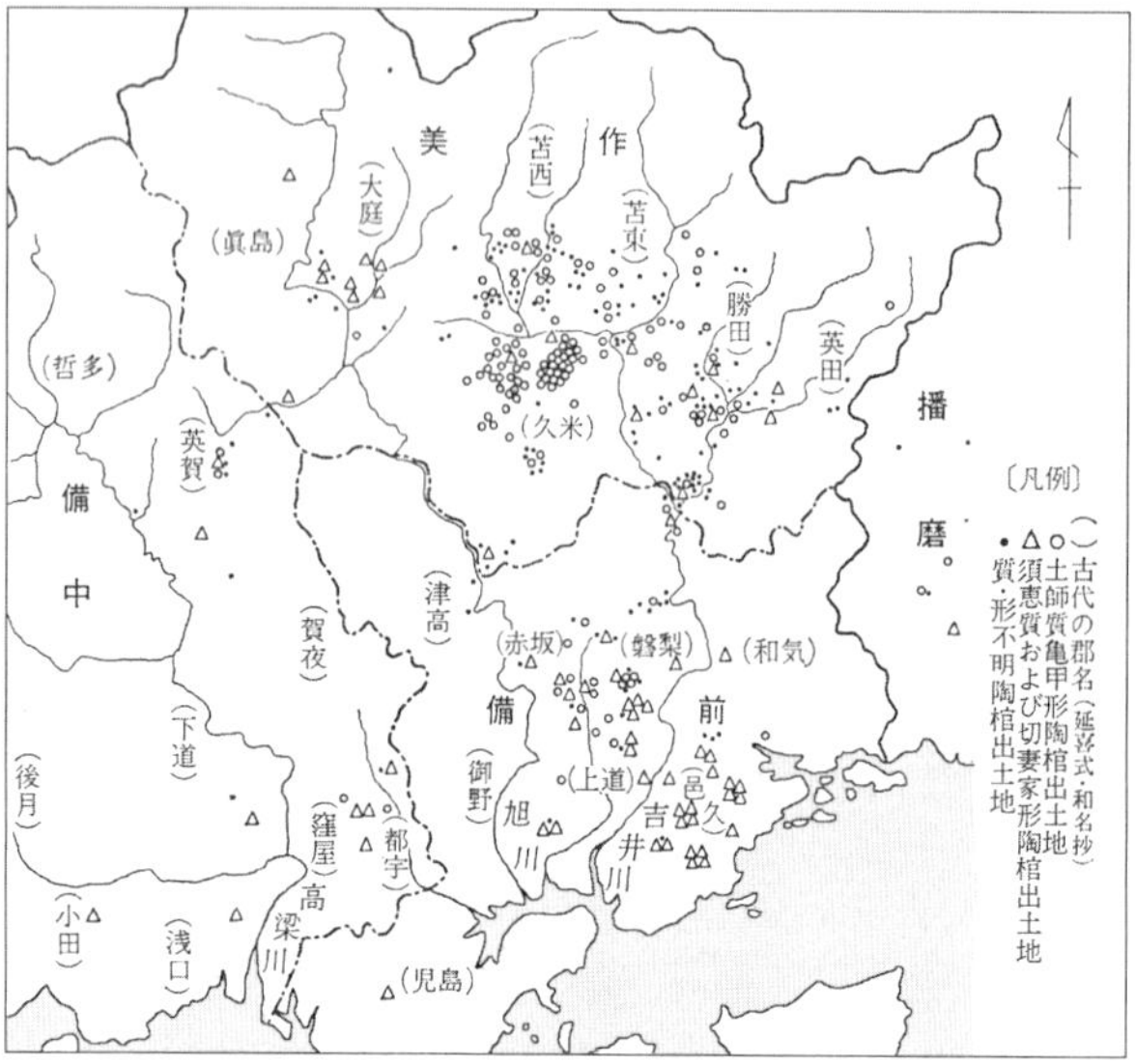

図6　岡山県陶棺分布図

図7　土師質亀甲形陶棺（津山市寺山古墳出土）

その経過から判断すると、この新設は上毛野朝臣堅身を主動力として進められたと考えてよいであろう。もちろん中央から派遣された国司としての活動であるが、上毛野朝臣堅身が主体的にかかわった理由はどこに見出せるであろうか。

美作国の前身は、『日本書紀』が欽明天皇十六年（五五五）に置かれたと記す白猪屯倉《しらゐのみやけ》である可能性が高い。鉄生産という特殊な役割を負っていたらしい。考古学的知見によれば、美作・備前北部の六世紀の古墳には製鉄によってできた「かなくず」が発見された例がいくつか知られており、六世紀には確実に製鉄が行なわれていたとされている。その本格化を白猪屯倉設置に求めることは妥当なことと思われる。

また、六〜七世紀に爆発的に増える美作地方の横穴式石室からは、陶棺と呼ばれる焼物の棺が集中的に発見されており、その特異性は注目に価する。とくに土師《はじ》質陶棺に限ってその分布を全国的に見ると、美作国に集中しており、突如爆発的にもたらされたとしか考えようがない（図6・7）。土師質陶棺をうけつぐ須恵《すえ》質陶棺の場合も、美作国の集中性は否定できず、陶棺盛行の伝統は古墳築造が終わった後も生き続け、陶棺のミニチュアと言われる火葬蔵骨器が作られている。

陶棺が示すこうした考古学的な事実は、渡来系氏族集団、おそらくは白猪屯倉の管理にたずさわった百済系渡来人白猪史《しらゐのふひと》膽津《いつ》の一族の美作地方への移住によってもたらされたものと考えられる。

と言うのは、金井塚良一先生のご指摘によれば、武蔵国横渟《よこぬ》屯倉設置に際して、その管理にたずさわったと考えられている渡来系氏族壬生吉志《みぶきし》が同地に定着したのにともなって特異な墓制である横穴墓と胴張りのある横穴式石室が突如爆発的に作られ始め（図8・9）、その伝統が八世紀まで継承されているからである（「渡来系氏族壬生吉志氏の北武蔵移住」『古代東国史の研究』埼玉新聞社、一九八〇年）。

当時大量の鉄生産に関与しえた者の中心は渡来系氏族集団と考えるのが自然であり、渡来系氏族集団のもたらした焼物の技術、須恵器製作の技術と大規模な製鉄技術との関係性も示唆されているところである。

また屯倉の管理にたずさわった者には渡来系氏族が多く、彼らはその地に定着する傾向が強い。現に美作国の中心部、大庭《おほば》郡の郡司相当者として、この膽津につながると考えられる白猪臣が現われている（『続日本紀』天平神護二年条・同神護景雲二年条）。

美作国の新設は、その地に「定住」していた百済系渡来氏族集団を中心とする人々とその定住の地を国家意志にしたがって確定する政策と考えられるのである。百済王族の流れをくむ百済王南典がその新設に関与したのはそれなりの理由があるとしてよいだろう。同様のゆかりが上毛野朝臣堅身、さらには上毛野君関係氏族にも感じられる。その点にさらに踏み込むためにも上野国多胡郡の新設事情を考えてみる必要がある。

図８　「吉見百穴」(埼玉県吉見町) の横穴墓

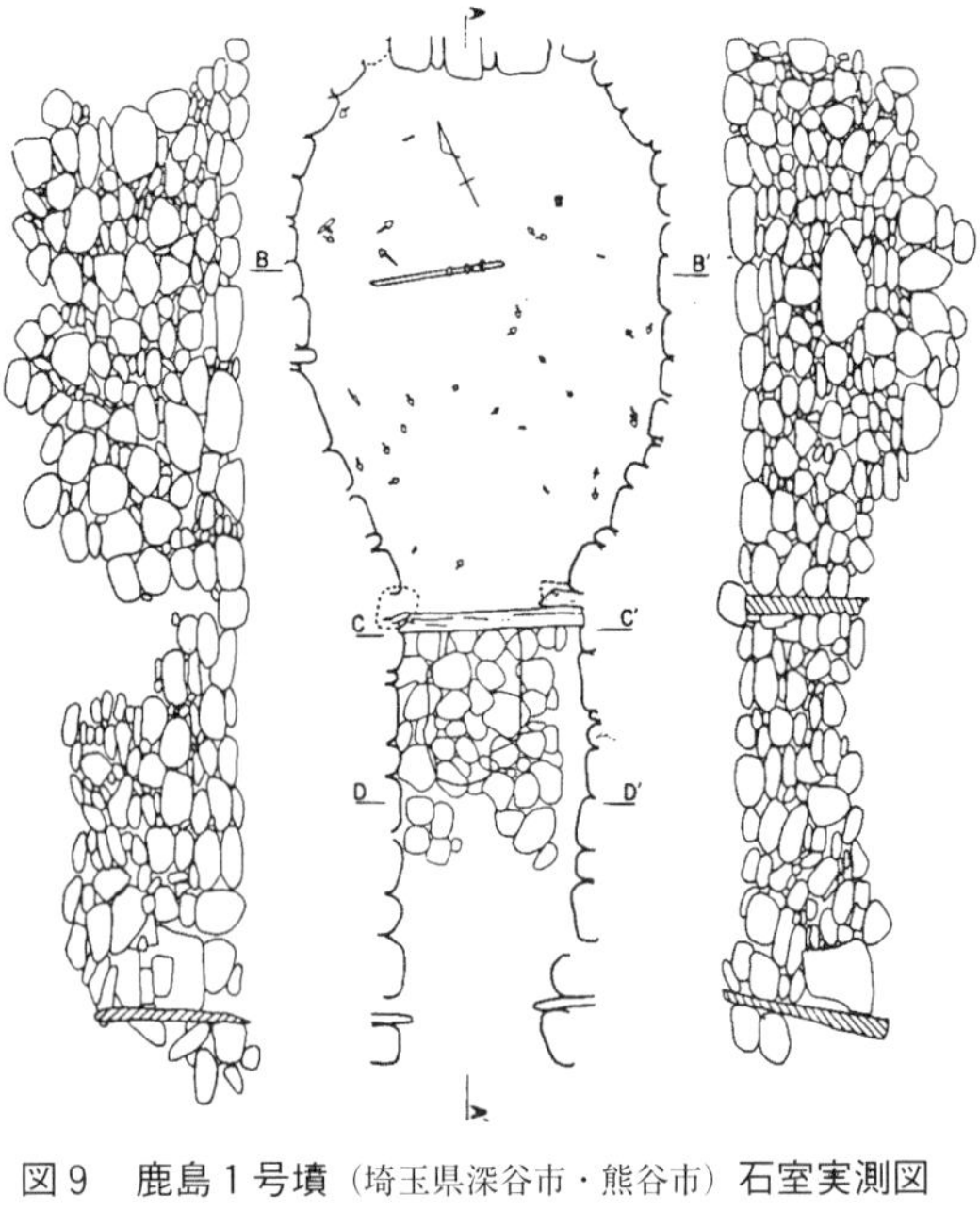

図９　鹿島１号墳 (埼玉県深谷市・熊谷市) 石室実測図

多胡郡新設の在地事情

上毛野君関係氏族が一つの地盤とした上野国に新設された多胡郡は、その地が今日の多野郡吉井町《よしいまち》を中心とする地域であることから、『続日本紀』天平神護二年（七六六）五月八日条に「上野国にある新羅人子午足《ねうまたり》ら一百九十三人に姓、吉井連を賜ふ」と見える吉井連らの定住の地と考えられている。百九十三人というのは戸主の数だろうから、多胡郡全戸三百戸の三分の二にあたる人々が一族の観念を持った新羅人だったことになる。

もともと多胡郡のうちの四郷、韓級《からしな》（辛科）、織裳《おりも》（折茂）・矢田・大家《おほやけ》が属していた甘良《かむら》（甘楽）郡とは「韓郡」、韓級郷とは「韓種《からしな》郷」のことであり、そこからも韓《から》つまり朝鮮半島南部からの渡来人との関係の深さがうかがわれる。

尾崎喜左雄先生によれば、甘良郡鎮座の上野一の宮貫前《ぬきさき》神社の祭神は本来加羅系もしくは新羅系の女神であり（「貫前抜鉾両神社の研究」『上野国の信仰と文化』尾崎先生著書刊行会、一九七〇年）、韓級郷鎮座の多胡郡総鎮守辛科神社懸仏《かけぼとけ》は新羅系渡来氏族秦《はた》氏によって奉納されている。また辛科神社鎮座の地一帯は古来百済荘と呼ばれていたらしい。織裳郷の郷名も渡来人と関係の深い養蚕・機織に基づくものであろう。矢田郷については、その本来の所属郡との関係で考えると「韓郡矢田郷」となり、『新撰姓氏録』摂津国皇別に上毛野朝臣同祖と記されて朝鮮交渉伝承を持つ韓矢田部造《からやたべのみやつこ》とのかかわりを想起させる。

また、片岡郡から多胡郡に割かれた山等郷は山奈（那）郷、山部郷と記される郷と同一の郷と考えられるが、正倉院御物の屏風袋の墨書銘によれば、その地には新羅系渡来氏族秦氏が住んでいたことが知られる。

一方、古墳のありようなどから、多胡郡地域は、甘良郡などから押し出されて来た新羅系渡来人を主とする人々によって、七世紀代に開かれた新開地とする考え方が一般的であり、貫前神社の祭祀圏をめぐる問題から、多胡郡地域への新羅系渡来人の展開は、碓氷郡に本拠を持つ石上部《いそのかみべ》系集団の南下、甘良郡への展開によって引き起こされたと推論されている（尾崎喜左雄先生前掲論文）。現に、子午足らが吉井連を賜姓された同じ七六六年五月に、石上部系集団の一員である礒部《いそべ》牛麻呂ら四人は甘良郡の人、おそらくは郡司として物部公《もののべのきみ》を与えられている。石上部君は上毛野君関係氏族の一員としてやがて上毛野坂本朝臣を得る氏族である。

こうした事情が、国家に多胡郡の新設を決意させる大きな要因になったことはたしかである。

しかし和銅・霊亀・養老年間の国・郡新設政策の全般的性格や、多胡郡新設を定めた符（行政命令書）を下敷きにした多胡碑碑文が本来符には署名しない議政官《ぎじょうかん》（政府中枢官僚）の名、（知《ち》）太政官《だいじょうかん》（事《じ》）二品穂積親王、左大臣正二位石上尊《いそのかみのみこと》（麻呂）、右大臣正二位藤原尊（不比等）の名を刻み込んでいる背後にさらに大きな国家意志が横たわると見られる。

その問題に触れることも上毛野君関係氏族と渡来系氏族の定住、国・郡新設政策との関係を考える上での一つのヒントになるであろう。

多胡郡新設と国家意志

国家意志を探る糸口は多胡碑碑文に刻まれた「左中弁正五位下多治比真人《たじひのまひと》」の動向にある。

この「左中弁正五位下多治比真人」は、茜史朗名の拙稿「多胡郡新設と帰化人史観」（『日本のなかの朝鮮文化』四二号、一九七九年）で論じたように、位階などから多治比真人三宅麻呂《みやけまろ》と考えられる。『続日本紀』によるかぎり、和銅四年（七一一）の時点で正五位下の位階にあって左中弁たりうる人物は三宅麻呂だけだからである。

三宅麻呂は、『続日本紀』の記載によれば、天皇・議政官から最も信頼された行政官僚のひとりであり、技術者の把握にも精通していた形跡がうかがわれる。しかも彼は、左中弁就任の直前に東山道巡察使を経験した人物として上野国の動向には詳しく、七〇八年には武蔵国秩父郡から産出されて和銅改元の瑞祥となった「和銅《にぎあかがね》（和銅の表記からわが国最初の銅の産出とする見解もあるが、ヤマトに大和を当てる最初は天平宝字元年（七五七）の養老令施行と考えられるので、和銅とは自然銅の産出と見られる）」をもって日本最初の貨幣、和同開珎を鋳造することを指揮する官職、催鋳銭司《さいずぜんし》に任じられている。三宅麻呂自身が和銅発見に関与した可能性も否定できない。

彼は上野西南部、秩父あたりの動向を肌身に感じながら、そうした在地事情を国家意志の貫徹のために生かそうとしたのではなかろうか。

そう推定する理由は多胡碑碑文、そしておそらくは符の原文に左大弁（左弁官一等官）ではなく左中弁（二等官）の彼の名が刻まれているからである。

では、なぜ時の左大弁、巨勢朝臣万呂は署名しなかったのだろうか。

万呂には、国家意志を体現したもう一つの重要な任務があったからである。蝦夷つまり「夷狄」に対する政策である。万呂は和銅二年（七〇九）左大弁のまま陸奥鎮東大将軍となって以来一貫して対「夷狄」政策の陣頭に立っていたのである。

したがって、対「諸蕃」政策を含めて、左弁官の他の主たる仕事は、三宅麻呂に任されていたと見られる。だとすれば、ますます三宅麻呂と多胡郡新設とのかかわりは深かったと言わなければならない。

結論的に記そう。

多胡郡新設の背後には、新羅系を中心とする渡来系集団が多胡郡地域に押し出されて、そこで定住していたという在地事情を踏まえて、彼らが秩父和銅発見、東国統治などに支払った努力を論功行賞的に厚遇するとともに、それを踏み台に彼らを「帰化」させ「中華」の国としての体裁を築こうとした国家意志が横たわる可能性が高い。

そうであれば、当然、多胡郡の人々、渡来系住民の主体性と国家意志の間には齟齬が生じてくる。自らの定住の地を「郡」という行政区画として国家に認めさせ、やがて「連」という貴姓を得たことは一つの前進だったとしても、それが彼らの自治権、共同体的主体性の完全承認ではなく、むしろ小中華の国たらんとした国家意志がそこに介在していたとすれば、そこには、埋めがたい裂け目が拡がる。

しかも、その裂け目は、古代国家（古代貴族）と共同体（在地首長層つまり郡司層を人格的表現とする地域共同体）との対立一般に解消できる問題ではなさそうである。なぜなら、そこには渡来系住民を「諸蕃」ととらえる倒錯した国家意志が存在するからである。したがって、多胡郡住民と国家中央との間に生じる葛藤は、日本古代国家成立過程の特殊な歴史性に基づく矛盾を最も先鋭な形で爆発させる可能性さえはらんでいた。

その爆発をいわば想像力の世界で描ききった伝承の一つに緑野《みどの》郡（多胡郡の隣接郡で、のち多胡郡とともに多野郡を形成する）の七輿山古墳と隣り合う七輿山宗永寺（藤岡市上落合《かみおちあい》）にまつわる「羊太夫《ひつじだゆう》伝承」がある。

「羊太夫伝承」そのものは、南北朝期の『神道集』編纂時代にまでしか遡りえないし、当時の伝承の形もよくわかっていない。私たちが利用できるのは江戸時代も後半にまとめられた『羊太夫栄枯記』などだけである。古代以来の伝承と言うよりも、戦国期を通して地域の再編成が不可避となったなかで作り出されたアイデンティティ神話の様相が強い。江戸時代の多胡郡周辺の人々による地域古代史の解釈である。したがって以下の展開を古代の史実とするわけにはいかないが、歴史解釈としては興味深いものがある。「羊太夫伝承」は語る。おおよそ次のような話である。

羊太夫伝承の語り

上野国多胡郡八束山《やつかやま》城主八束羊太夫宗勝《むねかつ》は、六人の良臣と駿馬権田栗毛《ごんだのくりげ》を持ち、小脛《こはぎ》という疾足の者を供に南都内裏に日参していた。

ところがある日、羊は、小脛疾足の秘密、脇の下の鴟《とび》の羽を抜いてしまった。ために南都内裏に日参できず、羊と不和だった石上大納言《いそのかみのだいなごん》の讒言によって朝敵の汚名を着せられ征討軍を向けられた。智計をもってさんざんに官軍を打ち破ったが、衆寡敵せず、養老五年（七二一）十一月二十三日、羊太夫一族郎党は八束山城内に取り巻かれた。勝算なきを知った羊は、中尾源太宗永を召して妻子らを立ち退かせ、一族郎党皆討ち死にしたのち、金色の蝶と化して雨曳山《あまびきやま》の方へ舞い行き、鴟と変じて池村さして飛び去った。小脛もまた鴟となり続いた。

一方、源太は、御台《みだい》（奥方）、若君のお供をして落合村まで落ちのび、小院の老僧に若君を預け、御台、六人の女房

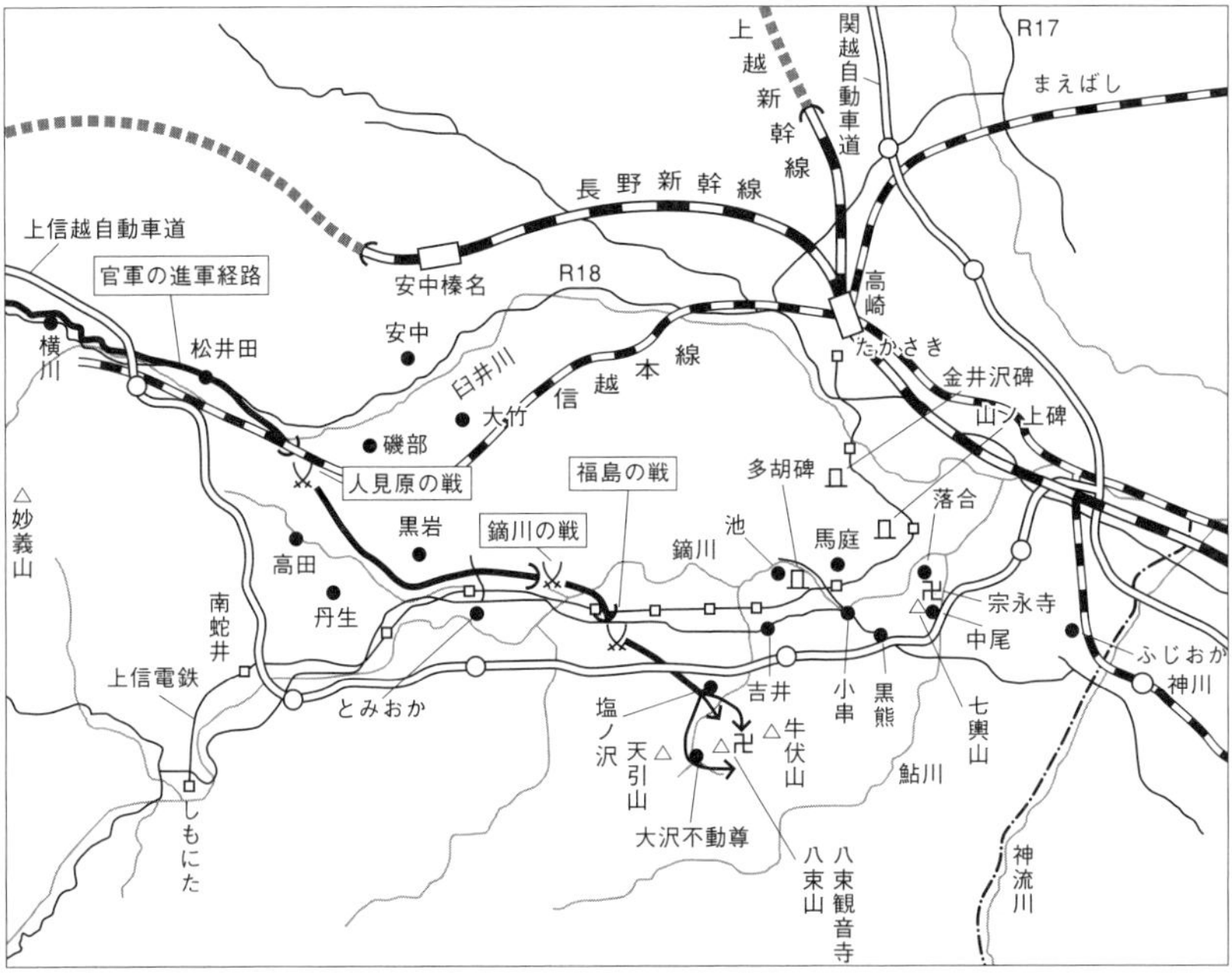

図10　羊太夫伝承関係地名図

の遺骸を七つの輿に入れて引導焼香し、溜池のほとりの小山に大きな穴を掘り葬った。これよりのち、この山は七輿山《ななこしやま》と名づけられ、源太も傍らに埋められた。この人々のために営まれた寺を七輿山宗永寺と言う。

七つの輿を納めた「小山」が七輿山古墳である。伝承の筆録された当時においてはすでに「小山」とみなされていたのであろうが、そこに奈良時代の人物が葬られたというのは面白い。ちなみに七輿山古墳は墳丘長一四五メートルを誇る大古墳で、未発掘だが横穴式石室を持つ六世紀前半の古墳と考えられている。六世紀前半の古墳としては全国的に見ても屈指の巨大さを誇る。「溜池」と記された周濠は今も満々と水をたたえ、桜の季節は大変美しい。毛野国白石《けのくにしろいし》丘陵公園の一角として整備され、七輿山古墳出土の七条凸帯の円筒埴輪などが公園内の藤岡歴史館に収蔵されている。

この他にも、「羊太夫伝承」に現われる地名は興味深く、「羊太夫」が城を構えたという八束山（城山、吉井町塩）には中世以来の山城が確認され、「羊太夫」が蝶に化して飛び去った雨曳山（天引山《あまびきやま》、甘楽町）は多胡碑の材質である牛伏砂岩《うしぶせさがん》（天引石、多胡石）の産地である。そして「羊太夫」

と「小脛」が飛び去った池村の地は多胡碑の建つ所であり、古代多胡郡の一つの中心地域と考えられている（図10）。また、この七輿山古墳周辺は一大古墳地域で、宗永寺にも近くの古墳から出土した舟形石棺が残されている。

宗永寺に伝わる『七輿山宗永寺略記』は、さらに次のように記す。

羊太夫は、ここから秩父山中に逃れ、夫人や家臣の菩提のためと、十六の地で十六人の僧の助けを得て『大般若経』を写経、寺を立てて納めたのち、仙と化し去った。

話は秩父へと拡がっていくのである。秩父と言えば和銅発見の地である。

秩父市の西、秩父郡小鹿野《おがの》町十六部落には、「羊太夫屋敷跡」や「羊太夫墓」が存在し、新羅系渡来氏族秦氏との関係が考えられる「はたがみ様」が鎮座する。そして秩父三十二番札所般若山法性寺が『大般若経』埋納の地と伝わっている。その他、秩父には、「羊太夫」に関する伝承が少なくない。

以上は、あくまでも伝承にすぎない。しかも江戸時代後半の筆録である。

しかし養老五年（七二一）十一月二十三日という日付は妙に生々しい。多胡郡設置後、おおよそ十年の時期である。また尾崎喜左雄先生の一連の詳しい研究でほぼ定説となった多胡碑碑文の「羊」を人名と見る見方ともつながり、渡来系集団と石上部系集団との関係を象徴する「羊と不和だった石上大納言」なる人物の登場も興味深い。伝承が多胡と和銅発見の地、秩父とを結んでいることも示唆的である。

伝承という形をとった一つの歴史解釈、多胡郡設置問題の持つ矛盾に肉迫した一つの歴史書と言えるのではなかろうか。結局は国家に裏切られて羊一族が滅亡したという伝承の悲劇は古代国家と地域、古代国家と渡来人との関係を示唆してやまない。

第二章　東国六腹の朝臣

——東国が生んだ貴族たち

居地による氏と姓

池原公綱主の奏言

『続日本紀』によれば、延暦十年（七九一）、池原公綱主《いけはらのきみつなぬし》らは、次のように奏言して許されたという。

池原、上毛野（田辺史の改氏姓）二氏の先は、豊城入彦命より出たり。その入彦の子孫、東国六腹の朝臣は各《おのおの》居地によって姓《かばね》を賜ひ氏《うぢ》を命ず。それ古今の同じき所にして百王不易なり。伏して望むらくは、居地の名によって住吉《すみのえ》朝臣を蒙り賜はんと。

現代語訳をせずとも意味は明瞭だが、奏言の主張は三つの段階から成り立っている。

第一の段階は、池原公、上毛野公（田辺史）は豊城入彦命を始祖とする、つまり上毛野君（朝臣）と祖を同じくする上毛野君関係氏族の一員であるという主張。

第二の段階は、同じ上毛野君関係氏族のうち「東国六腹の朝臣」は居地すなわち東国のなかの主たる勢力地盤によって姓（この場合は朝臣）と氏の名を得ているが、居地によって氏姓が決められるのは不易の原理であるという主張。

第三の段階は、したがって、同じ上毛野君関係氏族の一員である我々つまり池原公にも、朝臣の姓と、住吉《すみのえ》という地名に基づく氏の名を与えて欲しいという主張。

以上の結果として、池原公綱主らは、大阪市住之江《すみのえ》区・住吉《すみよし》区を遺称地とする、住吉大社《すみよしたいしゃ》鎮座地一帯の地名である「住吉」プラス貴姓「朝臣」を得ている。

したがって、この奏言によって、第二のグループである多奇波世君後裔グループは、第一のグループである東国六腹の朝臣グループと同格の地位を獲得する階梯を昇ったわけだが、彼らが目標とした東国六腹の朝臣とはどのようなグループなのか。それが本章の課題である。

「君」姓から「居地の名プラス朝臣」へ

六腹の朝臣の特質を考えていく上で前提となるのは、六腹の朝臣が一つのグループとして、しかも「東国六腹」つまり東国に一つの地盤を持ち、各々の地盤の地名をもって「氏を命」じられたと考えられていたことである。

また六氏は、「朝臣」という貴姓を早々と獲得し中級貴族官人として遇されていたのであるが、先の池原公綱主の奏言によれば、「朝臣」という貴姓の獲得も彼らの「居地」と無縁ではなさそうである。実際、上毛野朝臣が主たる勢力基盤とした上野国《かみつけのくに》（大宝律令施行と共に上毛野国は上野国と表記を変更されたと見られる）出自の氏族の中からは「朝臣」の姓を得る者が多く、また上毛野朝臣の旧姓である「君（公）」の姓を得た氏族が上毛野君関係氏族の中には少なくない。そして多くの場合、君（公）から居地の名プラス朝臣へという動きを示している。こうした傾向は、他の地域ではあまり見られない。

その一例を示せば次のようである。

①碓氷郡・甘楽郡・群馬郡・吾妻郡に勢力を張った石上部君→上毛野坂本君→上毛野坂本朝臣（『続日本紀』天平勝宝五年七月十九日条）

②佐位郡に勢力を張った檜前部《ひのくま》→檜前君→上毛野佐位朝臣（『続日本紀』天平神護二年十二月十二日条・神護景雲元年三月六日条）

③甘楽郡・群馬郡に勢力を張った壬生公→壬生朝臣（『日本後紀』弘仁四年二月十四日条・『日本三代実録』貞観十二年八月十五日条・富岡市小野の仁治の碑）

壬生公の存在は下野国でも知られ、第三代天台座主円仁《ざす》は多くの文献に「姓壬生公、下野国都賀郡の人」とある。壬生を氏の名とする氏族は多いが、公（君）姓・朝臣姓を帯びる者が検出されるのは上野国・下野国だけである。

④甘楽郡に勢力を張った礒部→物部公（『続日本紀』天平神護二年五月二十日条）

物部を氏の名とする氏族は多いが多くは「連」を姓としている。いまのところ「公（君）」姓は上野国だけである。

⑤陸奥の改賜姓の例（前述）

吉弥侯部《きみこうべ》→上（下）毛野＋地名＋公（朝臣）→上（下）毛野公（朝臣）

阿倍氏、大伴氏にかかわる者が臣あるいは連の姓を得ていくのと対照的である。

君（公）姓をおびる氏族の存在は上野国・下野国で確認されるばかりでなく、東国六腹の朝臣の旧姓や池原公・上毛野公（田辺公の存在も『続日本紀』天平神護元年正月七日条に確認される）をはじめ、大網公《おほよさみのきみ》・桑原公・川合公・垂水公《たるみのきみ》・佐自努《きじのの》公《きみ》・下養公《しもかひのきみ》・我孫公《あびこのきみ》・広来津公《ひろきつのきみ》・佐代公《さしろのきみ》・軽部君と、上毛野君関係氏族全般において検出される。従来とかく無視されがちであった和泉グループ（第三のグループ）においても集中的に見いだせることに注目しておきたい。君（公）姓、朝臣姓に昇りうる君（公）姓は、上毛野君関係氏族にとってかなり重要な特質と言ってよい。

「君」というカバネ

そこで「君」というカバネについて論じたいが、『日本書紀』を見ると、「君」には氏の格を定めるカバネというよりも個人に対する尊称と見られる例がある。

尊称と見られる「君」の代表的な用例は二ケースある。

第一のケースは王族を中心とする百済人に対する場合で、雄略天皇五年四月・六月条の「加須利君《かすりきし》」「軍君《こにきし》」「嶋君《せまきし》」、武烈天皇六年十月・七年四月条の「麻那君《まなきし》」「斯我君《しがきし》」「法師君《ほふしきし》」が挙げられる。『日本書紀』は加須利君に蓋鹵《かふろ》王の注（『三国史記』百済本紀の表記も蓋鹵王）、嶋君に武寧《むねい》王の注（『三国史記』の表記も武寧王）、軍君に蓋鹵王弟・昆支《こにき》王の注（『三国史記』の表記も昆支王だが蓋鹵王の子の文周王の弟とする）を付けている。

他方、麻那君・斯我君は使節の個人名で、斯我君の子が法師君、その後裔が「倭君《やまとのきみ》」であると『日本書紀』は記している。倭君の「君」はカバネと見られるが、「倭」をウヂとすれば、倭国の倭をウヂの名とする氏族が明らかに百済系渡来人であるというのは実に興味深い。この倭君は桓武天皇の外戚となる和朝臣《やまとのあそみ》に連なる存在と見られる。ちなみに、ヤマトの音に「和」の字を最初にあてたのは、この和朝臣グループである（西史朗名の拙論「和氏と大和国」『日本のなかの朝鮮文化』三十三号、一九七七年、朝鮮文化社）。

このケースで注目すべき点が二つある。

一つは、「君」を「きし」とよんでいることである。『日本書紀』が百済王を一貫して「百済王《くだらのこにきし》」とよんでいることに繋がり、やがて滅亡後の百済王族は百済王《くだらのこきし》を氏姓としていく。

二つは、他の外国人や渡来系氏族には「君」は付けられていないことである。渡来の伝承に関わって「君」を帯びる人名は、斯我君・法師君父子以外では、応神天皇十四年是歳条などに見える「弓月君《ゆつきのきみ》」と仁徳天皇四十一年条などに見える「酒君《さけのきみ》」の二例だけで、「弓月君、百済より来帰《まうけ》り」「百済の王の族《やから》、酒君」と百済との関係を明記している。

第二のケースは欽明天皇十七年正月条の「筑紫火君《つくしひのきみ》」で、「百済新撰に云はく、筑紫君《つくしのきみ》の児、火中君《ひのなかのきみ》の弟なりといふ」と注記されている。『百済新撰』の記載によれば、筑紫君と火中君・筑紫火君は親子で、個人に君が付けられている。斯我君・法師君の場合と同様である。

筑紫君石井《つくしのきみいはゐ》の用例が『古事記』継体天皇段にあり、『日本書紀』も継体天皇二十二年条で磐井《いはゐ》の子を筑紫君葛子《くずこ》と記していることから、筑紫君なる氏姓は早くから成り立っていたと考えがちだが、『日本書紀』は筑紫君磐井という表記はいっさい行なわず、筑紫国造磐井、筑紫磐井と書き続けている。『日本書紀』の編年によれば継体天皇二十二年は五二八年、欽明天皇十七年は五五六年である。このまま信じられるかはともかく、一世代は異なっている。『百済新撰』の記載と合わせて筑紫君の氏姓の成立は六世紀の半ば以降に下らせるべきではなかろうか。また、筑紫火君の注記が『百済新撰』であることも留意したい。

この二つのケースは「君」という姓の成立に多くの示唆を与える。

（一）「君」は、当初個人に付けられた可能性が高いこと。
（二）「君」は、百済あるいは百済との交流の中で生まれた可能性が高いこと。
（三）「君」が姓となるのは、六世紀半ば以降である可能性が高いこと。

上毛野君と並ぶ二つの君姓グループ

現われ方が単発的で実態を見極めにくい例と蝦夷・隼人に与えられた例を除くと、氏族としてカバネ「君」を有する有力なグループは、（一）上毛野君関係氏族、（二）大物主命《おほものぬしのみこと》（あるいはその子孫大田田根子命《おほたたねこのみこと》）を祖とする三輪君（大神朝臣《おほみわのあそみ》）・賀茂《かも》君・宗像《むなかた》君のグループ、（三）日本武尊《やまとたけるのみこと》（小碓尊《をうす》）を祖とする犬上《いぬかみ》君（朝臣）・武部《たけるべ》君・讃岐綾《さぬきあや》君・伊予別《いよわけ》君グループに集約される。小碓尊の兄・大碓尊《おほうす》を祖とする守《もり》君・牟義《むげ》君（身毛君・牟義都君）は第三グループに準ずると見られ、大きく三つのグループに集約されることは注目される。それだけに、上毛野君関係氏族にとってカバネ「君」の持つ意味は重い。

カバネ「君」を真正面から議論できる力はないので、他の二つのグループのありようを概観して、上毛野君関係氏族にとってのカバネ「君」の持つ意味を考える準備としたい。

遣隋使（推古天皇二十二年条）・遣唐使（舒明天皇二年条）として名高い犬上君御田鍬《みたすき》（三田耜）を出した犬上君関係氏族からは、孝徳天皇即位に際して大伴長徳連《おほとものながとこのむらじ》と共に金の靫を帯びて即位壇の左に立った犬上建部《たけるべ》君（七世紀末に整序された氏姓の書き方に従えば犬上君建部。孝徳天皇即位前紀）、遣高麗《こま》大判官となった犬上君白麻呂《しろまろ》（斉明天皇二年九月条）などが見られ、天武天皇十三年（六八四）の八色の姓制定に伴い上毛野君関係氏族同様朝臣の姓を得ているが、以後の活躍ぶりは史書にはほとんど記載されず、活動の時期は七世紀の第Ⅰ四半期から第Ⅲ四半期に集中している。

犬上君関係氏族の主たる地盤としては、犬上君＝近江国犬上郡（現・滋賀県犬上郡）、讃岐綾君＝讃岐国阿野《あや》郡（現・香川県綾歌郡・坂出市・高松市）、牟義君＝美濃国武《む》義《げ》郡（武芸郡、現・岐阜県美濃市・関市）が挙げられ、畿外を基盤とするが、分散的である。ヤマトタケルに連なる王族将軍派遣伝承や軍事に関わる建部との関係を考慮すべきだろう。こうした性格は、上毛野君関係氏族の性格と重なり合うものがある。終章でヤマトタケル伝承と上毛野君始祖伝承の一角をなす東国派遣伝承との関係を対比・考察しておきたい。

大神朝臣は三輪山の祭祀、賀茂朝臣は葛城の鴨の祭祀、宗像朝臣は宗像三女神の祭祀を行なうというように、三輪君関係氏族は国家的祭祀と深い関わりを持つ氏族として知られている。氏族同士が同祖関係にあるばかりか、祭る神同士が姻戚関係にあるという構造を示している。その発端は崇神天皇七年条などに記される大物主の祭祀問題に遡る。崇神天皇条は、天照大神《あまてらすおほみかみ》、倭大国魂神《やまとおほくにたまのかみ》、大物主大神の三神を対象とした祭祀改革が集約的に載せられており、天照大神は豊城入彦命の妹・豊鍬入姫命《とよすきいりひめのみこと》により宮中から倭《やまと》の笠縫邑《かさぬいのむら》に出されて首尾よく祭られたが、倭大国魂と大物主の祭祀改革は順調に進まず、神がかりの託宣を受けて、倭大国魂は倭直《やまとのあたひ》の祖・市磯長尾市《いちしのながをち》を、大物主はその子・大田田根子を祭主とすることで祭ることができたと記され、大田田根子を始祖とするのが三輪君関係氏族である。

上毛野君関係氏族との関係で注目されるのは、大田田根子が「茅渟県《ちぬのあがた》の陶邑《すえむら》」に居たと記されることであり、その母を「陶津耳《すえつみみ》の女《むすめ》　活玉依媛《いくたまよりひめ》」とし、「陶津耳」には「奇日方天日方武茅渟祇《くしひかたあまひかたたけちぬつみ》」の異称・異伝があったと記していることである。「茅渟県の陶邑」を『古事記』は「河内の美努村《みのむら》」と記しているが、「陶邑」は和泉国大鳥郡陶器荘《すえきのしょう》を中心とする地域である。今日の堺市・泉北ニュータウンから和泉市・岸和田市・大阪狭山市にかけての泉北丘陵一帯を指す。そこからは「陶邑古窯跡群」と名づけられた膨大な須恵器生産遺構が発見されており、地域内の堺市中区上之《うえの》には陶荒田《すえあらた》神社が鎮座する。

第一章において私は、上毛野君関係氏族は東国六腹の朝臣グループ、多奇波世君後裔グループ、和泉グループの三つに分けられると述べたが、三輪君関係氏族の始祖伝承は和泉グループのありようと重なり合う部分が多い。大田田根子が居た茅渟県（珍県）の名を負う珍県主《ちぬのあがたぬし》は上毛野君関係氏族であり、奇日方天日方武茅渟祇は、上毛野君が二代目の始祖とする「倭日向武日向彦八綱田命《やまとひむかたけひむかひこやつなだのみこと》」を髣髴とさせる。陶荒田神社の存在も、上毛野君始祖伝承の五代目に位置し朝鮮派遣・東国派遣伝承の核的存在である荒田別《あらたわけ》を想起させる。

偶然とは片付けがたい。何よりも茅渟県、後の和泉国に根を持つ点において二つの氏族グループは底が通じている。第六章「もう一つの故郷」でその是非を検討したい。

賀茂朝臣と上毛野君関係氏族との重なり合いは今のところ見えないが、宗像朝臣が奉じる宗像の神と上毛野君関係氏族との関係については、履中天皇五年条に興味深い伝えが収録されている。本章の後節で詳述することとする。

表舞台への登場

七世紀における地位

六朝臣の確実な初見を、『日本書紀』『続日本紀』に拾うと、白村江の戦い（六六三年、上毛野君稚子）、壬申の乱（六七二年、佐味君宿那麻呂・大野君果安《はたやす》）、朝臣賜姓（六八四年、六朝臣）で、続いて、持統天皇三年（六八九）に下毛野朝臣古麻呂、和銅三年（七一〇）に車持朝臣益、和銅四年（七一一）に池田朝臣子首《こびと》が見えている。

『日本書紀』安閑天皇元年（五三四）条の上毛野君小熊《おぐま》と舒明天皇九年（六三七）条の上毛野君形名を除いたのは、史実と確定するにはなお議論が必要だからだが、小熊はともかく、大仁《だいにん》（推古天皇十一年つまり六〇三年に制定されたという冠位制の第三階、後の正五位に相当する）という高い冠位を得ていた形名は、六三七年ごろ実在していたと考えてよいと思う。また大仁という高い冠位を得ていたことは、すでに七世紀前半に上毛野君が中央政府から貴族としての待遇と評価を得ていたことを意味する。

ちなみに大仁の地位を得た人物は、『日本書紀』によれば他に五名が知られているにすぎない。鞍作鳥《くらつくりのとり》（推古天皇十四年

条)、犬上君御田鍬・薬師恵日《くすしえにち》(舒明天皇二年条)、阿曇連比邏夫《あづみひらぶ》(皇極天皇元年条)、土師娑婆《はじさば》連猪手《ゐて》(皇極天皇二年条)の五名である。

鳥は法隆寺「造仏の工」として史上名高い人物であり、御田鍬・恵日は最初の遣唐使となった人物である。比邏夫は大仁の冠位で遣百済使、百済救援軍将軍となり(第一陣・第二陣とも、その名が見える)、冠位は大花下もしくは大錦中(従四位上から正四位下相当)に昇ったという。猪手は聖徳太子の実弟・来目皇子《くめのみこ》と皇極天皇の母・吉備嶋祖母命《きびしまのみおやのみこと》の喪を視、皇極天皇二年(六四三)蘇我大臣入鹿の命を受けて、聖徳太子の息子・山背大兄王《やましろのおほえのみこ》一族(上宮王家)を斑鳩に襲い、矢に当たって戦死したと記される人物である。

いずれも、当時の王権や蘇我大臣家から重視された人物であり、そのような冠位大仁を得ていた上毛野君形名の倭国内における地位には十分考慮を払う必要がある。

また、形名から小足(男足)に至る上毛野君(朝臣)の冠位・位階が大仁(正五位相当・形名・六三七年)、推定小花上もしくは大花下(正五位から従四位相当・稚子・六六三年)、大錦下(従四位相当・三千・六八一年)、従四位下(小足・七〇九年)とほぼ一定していることは、上毛野君(朝臣)の地位が七世紀を通して一定していたことを表わしていると考えられる。

推古天皇十一年(六〇三)に決められた冠位制、いわゆる冠位十二階の対象からは皇親や蘇我大臣家は除外されているが、大仁より上の大徳・小徳の冠位を得た人物は、『日本書紀』に記載されているかぎりでは、大徳一人(蘇我大臣家の同族境部臣雄摩侶《さかひべをまろ》)、小徳十二人(中臣連国、河辺臣禰受《ねねず》、物部依網連乙等《よさみおと》、波多臣広庭《はたひろには》、近江脚身臣飯蓋《あなむいひふた》、平群臣宇志《へぐりうし》、大伴連囓《くひ》、大宅臣軍《いくさ》、百済の質《むかわり》・達率《だちそつ》長福、巨勢臣徳太、粟田臣細目《あわたほそめ》、大伴連馬飼)である。

したがって大仁位をあわせて十九人となる。

このうち、特別な事情を持つ鳥、恵日、百済の質(同盟関係を保障するために派遣され相手国の監視下に置かれた人物)達率(百済の官位で第二位)長福を除く十六人の出身氏族のグループは、次のように分かれる。

（一）蘇我系　五名（境部臣・河辺臣・波多臣・近江脚身臣・巨勢臣）
（二）和爾《わに》系　二名（大宅臣・粟田臣）
（三）大伴連　二名
（四）物部連系　一名（物部依網連）
（五）平群臣　一名
（六）中臣連　一名
（七）犬上君　一名
（八）阿曇連　一名
（九）土師連　一名
（十）上毛野君　一名

近江脚身臣を除いて、すべて天武天皇十三年（六八四）に朝臣あるいは宿禰という貴姓を得た氏族である。当時の権力中枢である蘇我系を除いては、各グループからほぼ一名というのも興味深く、この一〇グループが当時の中核的貴族集団を構成していたと見られる。名があげられた個人は、氏（グループ）を代表して冠位を得ていたものと見るべきだろう。そのなかで、畿外出身が明瞭で、六八四年までその勢威を持ち続けたのは、犬上君と上毛野君だけである。君姓も両氏だけである。稚子、御田鍬は、それぞれ、上毛野君（グループ）、犬上君（グループ）の氏《うぢ》の上《かみ》と見てよいのではなかろうか。

したがって、七世紀前半以降、上毛野君（朝臣）は、中央政府を構成する有力な貴族の家とみなされていたと言ってよいであろう。そうした地位をもって上毛野君（朝臣）―東国六腹の朝臣は、東国に君臨していたのである。

鎌足の妻・不比等の母

目を東国六腹の朝臣にひろげれば、七世紀の彼らの地位を示唆する興味深い伝えがある。『尊卑分脈《そんぴぶんみゃく》』『公卿補任《くぎょうぶにん》』という書物に載る伝えである。両書ともに古代貴族の系譜や地位を知らせてくれる書物だが、両書によれば、藤原朝臣鎌足の息子、貞慧（定恵）・不比等兄弟の母を車持国子《くにこ》君の娘、与志古娘《よしこのいらつめ》と記している。

鎌足については説明が不要だろうが、貞慧は本名を真人《まひと》と言い皇極天皇元年（六四二）に生まれた。鎌足の長男であるにもかかわらず白雉四年（六五三）十一歳の若さで出家、学問僧として入唐し、天智称制四年（六六五）唐土から帰国直後夭折した人物である。その出家の若さなどから出生に秘密があるとも言われているが、上田正昭先生が論証されたように、当時唐土に渡ることは決して疎外の道ではなく栄進のコースであった。同じ遣唐使の一行には上毛野君関係氏族の一員であり中臣氏とゆかりの深い田辺史鳥も加わっていた（上田正昭『藤原不比等』朝日新聞社、一九七六年）。

貞慧が夭折したことによって鎌足の後継者となった不比等は斉明天皇五年（六五九）の生まれと考えられており、養老四年（七二〇）贈正一位太政大臣の極位で亡くなったが、律令国家の基礎を築き藤原氏の礎を作り上げた日本古代国家史上最も偉大な人物のひとりである。その二人の母が車持君の娘というのは、はなはだ興味深い伝えである。

その伝えが正しいとすれば、貞慧の生年は六四二年と考えられているから、六四二年ごろまでには与志古娘は鎌足に嫁していたことになる。いわゆる大化の改新の前夜である。当時の中臣氏の地位にはなお検討の余地があると言われているが、遅くとも六世紀にはそれなりの地位を宮廷内に持っていた氏族であり、「大化の改新」を準備していた鎌足が妻として車持君の女を選んだとすれば、その持つ意味は重いと言わなくてはならない。

付け加えれば、不比等と賀茂朝臣比売《ひめ》との間の娘・宮子《みやこ》は文武天皇の夫人《ぶにん》となり首皇子《おびとのみこ》、後の聖武天皇を生んでいる。その聖武天皇の皇后が不比等と県犬養三千代《あがたいぬかいのみちよ》（橘《たちばな》三千代）の間の娘・安宿媛《あすかべひめ》、光明子だから、藤原氏ばかりでなく上毛野君関係氏族と三輪君関係氏族のいずれもが天皇家の中に血脈を持つことになる。今のところこれらの伝えを積極的に否定する論拠は見出しえない（ただし文武・聖武の流れは次の孝謙＝称徳天皇で絶える）。

『尊卑分脈』は、不比等と上毛野君関係氏族との関係について、さらに注目すべき伝えを載せている。

公（鎌足）避く所の事あり。すなわち（不比等を）山科の田辺史大隅《おほすみ》らの家に養ふ。それ以て史《ふひと》と名づくなり。

という伝えである。

たしかに不比等がはっきりと史上に登場した時の氏姓は、上田先生が指摘されたように「藤原朝臣史」と書かれており、本来の諱《いみな》である「史《ふひと》」は田辺史大隅らの家に養われたことに由来すると考えられる。上田先生はさらに「公」つまり鎌足が「避く所の事あり」とした中身が問題であるとされるが、近江大津宮への遷都によって鎌足、田辺史ともに山科に居宅を持ち、その地において藤原氏と田辺史とは深いかかわりを持っていたと考えてよいであろう。

上田先生も述べられたように、貞慧の入唐に際して田辺史鳥も入唐していたこと、あるいは、この大隅が壬申の乱において近江朝廷側を支援した近江の別将田辺小隅と同族と考えられていることも注目に価することである。「不比等の教養に田辺史らの渡来系氏族の知識が与えたであろう影響は、後年の彼の事蹟などから推察されもする。実際に不比等と田辺史氏との結びつきはかなり深い」（上田正昭『藤原不比等』）という指摘は示唆に富むものである。その示唆を上毛野君関係氏族という視点にひろげていく必要があるだろう。

現に不比等が主宰した大宝律令撰定作業の実務統括者は下毛野朝臣古麻呂であったし、その作業には田辺史が深く関与している。そのことに先の車持君の娘の問題を加えれば、藤原氏と上毛野君関係氏族との関係には新たな視角が開かれるのではなかろうか。中臣氏（藤原氏）と上毛野君関係氏族との関係は、従来考えられてきた以上に深そうである。前章で見たように、上毛野君関係氏族が不比等主導下での律令国家基本政策推進の諸側面に現われる一つの理由は、この辺にもあるのかもしれない。

小隅のことが出たので、壬申の乱（六七二年）に対する上毛野君関係氏族のかかわりを見ておこう。

壬申の乱と六腹の朝臣

壬申の乱は、大海人皇子（後の天武天皇）軍と大友皇子（近江朝廷）軍との間で戦われた古代最大の内戦である。それは、たんなる皇位継承の争いではなく、少なくとも近江・山城・大和・河内・伊賀・美濃・尾張の農民を巻き込んだ文字通りの内乱であった。農民を兵士として徴発した二つの軍事政権の間で戦われた内戦である（北山茂夫『壬申の内乱』岩波書店、一九七八年）。唐帝国の成立、新羅による朝鮮の統一という東アジア世界の壮大な流れの中で、我が国をどのような国家として完成させるかを賭けた古代貴族階級最大の内乱であった。

古代貴族階級の一角を形作る上毛野君関係氏族も無論、無縁ではなかった。『日本書紀』では上毛野君のかかわりは不明だが、上毛野君関係氏族の中から三人の人物が「将《いくさのきみ》」として現われている。佐味君宿那麻呂、大野君果安、田辺史小隅である。

両軍に別れた理由は詳らかではないが、果安、小隅が大友皇子軍に参加したからと言って大野君、田辺史は没落したわけではないから、当時の貴族階級も農民も、近江朝との関係の濃淡によって、どちらかの陣営に属さなければならなかったのであろう。現に果安などは、具体的な活躍こそ知られていないが、息子である大野朝臣東人の薨伝（『続日本紀』天平十四年十一月二日条）に「飛鳥朝廷（天武朝ないし持統朝）糺職大夫直広肆（従五位下相当）」であったとある。そして田辺史が大宝律令撰定に活躍したことは、すでに何度も強調した。

壬申の乱について記す『日本書紀』巻二十八に従って、三人の動きを見ておこう。

まずは、果安と小隅である。

北山茂夫氏によれば、大友皇子軍は大きく三軍に別れていた（北山茂夫『壬申の内乱』）。第一軍は山部王、蘇我臣果安、巨勢臣人らが将軍として前線の総指揮を取る近江路方面の正面軍で、その別働隊の部将として田辺小隅（『日本書紀』では、小隅のことを田辺史小隅ではなく、田辺小隅と記している）がその任に就いていた。第二軍は奈良山を越えて倭古京《やまと》をめざす大軍で、その部将が大野君果安である。第三軍は壱岐史韓国を将軍とし、河内国から国境を突破して南大和入りを目指した。小隅と果安の諸軍内での位置が、これで理解できよう。大友皇子軍としては、頼む所、非常に大きな部将だった。

大野君果安の軍は七月四日、乃楽山（奈良山）で大海人皇子軍の将軍大伴連吹負率いる軍と戦った。『日本書紀』は、次のように書いている。

将軍吹負、近江の将大野君果安と乃楽山に戦ふ。果安がために破られて、軍卒悉《ふつく》に走《に》ぐ。将軍吹負僅かに身を脱《まぬか》ることを得つ。是に、果安、追ひて八口《やくち》に至りて、登りて京を視るに、街毎《ちまた》に楯を竪つ。伏兵有らむことを疑ひて、すなはち稍《ようやく》に引きて還る。

果安は、その戦闘に勝ちながら、倭古京防衛線の堅固さを見て戦線を離脱してしまう。果安の戦線離脱は大海人皇子軍にとっては好機となったであろう。以後、果安の名は壬申の乱の渦中から消える。中立を保ったのだろうか。少なくとも彼のこうした判断が無用な流血を最小限に止めたことだけは評価できることではなかろうか。その子・東人が、田辺史難波の言を入れて雄勝村征討軍を引き揚げさせたように、観念や面子ではなく、現実を直視することによって戦闘行為を進める優れた軍人としての資質がここに見られるように思う。

次に小隅は、七月五日、近江国甲賀郡の鹿深山《かふか》を越えて近江・伊賀国境の倉歴《くらふ》で田中臣足摩侶《たりまろ》の営にひそかに侵入し、足摩侶軍を大いに攪乱する。進軍中の談話や馬のいななきを防ぐために「梅を銜《くちきくく》み」、「己《おの》が卒《いきひと》と足摩侶が衆と別ち難きことを畏りて、人毎に『金《かね》』と言はしむ。よりて刀を抜きて殴ち、『金』と言ふにあらざるを斬る」と『日本書紀』に記される彼の戦闘方法は、優れたゲリラ戦法である。知略に優れた軍人だったのだろうが、翌六日莿萩野《たらの》の多臣品治《おほほむぢ》の営を襲ったが遮られて追撃をうけ、「小隅、独り免れて走げぬ。以後、遂に復来ず」と、戦線離脱したことが記されている。

このように見てくると、果安、小隅は、その扱いは異なるものの、優れた将軍として近江朝廷軍の軍人とされたと見られる。対蝦夷戦や白村江海戦への参加と考え合わせれば、上毛野君関係氏族の一つの資質は「軍事・兵法への習熟」であったと考えられよう。

他方、佐味君宿那麻呂の大海人皇子軍への参加は、大伴連馬来田《まくた》・吹負兄弟の誘いによってである。宿那麻呂の、したがって佐味君の一つの拠点が、大伴連の南大和での拠点に近かったためと考えられる。馬来田・吹負が、「一二《ひとりふたり》の族《やから》および諸《もろもろ》の豪傑《いさをし》を招きて僅かに数十人を得」たに過ぎない「諸豪傑」のひとりとして彼は参戦したのである。そして彼は、やがて大坂（奈良県香芝市、逢坂・穴虫峠越え）で、河内より大和に入ろうとした近江朝廷軍と対峙することになるが、その活躍の様子はよく分かっていない。後、天武天皇十四年（六八五）に山陽使者として国郡百姓を巡察し、持統天皇三年（六八九）、撰善言司に選ばれたことは、先に見たとおりである。

佐味朝臣の本拠地

注目すべき三つの地域

佐味君（朝臣）の本拠地としてはどこが考えられるだろうか。佐味君を含む六朝臣の本拠地は、「東国六腹の朝臣」の名が示すように「東国」にあったと考えられるが、「東国」を上毛野から今日の関東地方に限定してよいかはなお検討を要すように思う。

現に佐味朝臣の場合、注目すべき地域が少なくとも三つある。

第一の地域は、上野国緑野《みどの》郡佐味郷と同国那波《なは》郡佐味郷である。両郷を中心として佐味朝臣が上毛野に関係を持っていたことは、「佐味」という名の特異性から考えて認めてよいことだと思う。しかし今のところ、八世紀以降、佐味朝臣が上野国に有力な在地勢力を形成し続けた明証はない。郷域の比定、古墳群との対比などについては、他の五朝臣の場合と合わせて、次章で考え直していきたい。

第二の地域は、南大和である。前節で見たように、壬申の乱に際して、佐味君宿那麻呂は、大伴連馬来田・吹負兄弟に率いられた南大和の「諸豪傑」のひとりとして参戦したのである。「一二《ひとりふたり》の族《やから》および諸《もろもろ》の豪傑《いさをし》」の「僅か数十人」の同調者しか得られなかった馬来田・吹負兄弟が、奈良県北葛城郡広陵町百済の「百済の家」から出陣していることは、宿那麻呂の出撃拠点を暗示する。曽我川を挟んで「百済」の地と対面する「佐味」（奈良県磯城《しき》郡田原本町《たわらもとまち》佐味）の地は候補地となるだろう。両地の距離はわずか一キロ足らずである。

その佐味の地は現在磯城郡に属しているが、もとは十市《とほち》郡であり、宝亀七年（七七六）官職から退き散事《さんじ》従四位下で没した女性官人、佐味朝臣宮の位田（位階によって与えられる田）が十市郡にあった（『大日本古文書』）。女性官人、佐味朝臣宮が位田として得た地は、佐味朝臣の南大和での本拠地の一つと考えるのが自然であろう。全く無縁の土地を得たというよりも、既得権を公認されたとするほうが実情に近いと考えられるからである。

遅くとも七世紀半ばには、十市郡の一角、今日の田原本町佐味のあたりに、佐味朝臣は、一つの拠点を侍っていたと考えてよいのではなかろうか。

第三の地域は、丹生《にふ》郡を中心とする越前国である。残存する史料によるかぎり、佐味姓を帯びている人々は、越前国丹生郡・足羽《あすは》郡に集中しているからである。

史料が天平神護二年（七六六）十月二十日付の東大寺領検田に関する『越前国司解』に偏っているという問題性はあるが、その解文《げぶみ》（行政報告書）には、国司三等官として「正六位上行掾佐味朝臣吉備麻呂」が自署しており、丹生郡芹川郷に佐味磯成・入麻呂、賀茂郷に大長・磯守、酒井郷に敷浪・玉敷女、足羽郡伊濃郷に智麻呂・浄虫女・広足が見え、その集中度は高い。そして丹生郡司として、佐味君浪麻呂が天平三年（七三一・『越前国正税帳』・少領正八位下勲十二等）、同五年（七三三・『越前国郡稲帳』・大領外従七位下勲十二等）と見えている。

『越前国司解』の記載

天平神護二年（七六六）の『越前国司解』をもう少し詳細に見てみよう。その史料は、この時点で東大寺領（荘園）となった地域が、もとは誰の占有になっていたかを知らせてくれる史料である。

まず丹生郡椿原村（荘）分は、改正つまり没収、相替つまり交換、合わせて一七町九六歩で、その内訳は次のようになる。一町は約一ヘクタール、一段は約一〇アールで、三六〇歩をもって一段となし、公民（一般農民）に与えられた口分田は、男子二段、女子一段一二〇歩である。

改正　一六町二段二一六歩
　内　佐味入麻呂関係　九町一段三三六歩
　〃　玉敷女関係　二町八段　七二歩
　〃　磯守関係　五段　七二歩
相替　七段二四〇歩
　内　佐味大長関係　六段二四〇歩

つまり、改正田のうち七七パーセント、相替田のうち八七パーセント、総じて全椿原村（荘）分の七七・五パーセントが、もと佐味氏に関係するものだったのである。その数値はきわめて高い。

そして、入麻呂関係分については、

国分金光明寺田所注今改正漆《七》町弐《二》伯《百》陸《六》拾《十》肆《四》歩
芹川郷人佐味入麻呂後訴給時将進寺乃開功力申田者
佐味入麻呂更奪取寺田弐町壱段漆拾弐歩

と記されている。

越前国分寺建立のためと称して入麻呂は七町二六四歩の土地を開墾し、さらに国分寺の田二町一段七二歩を奪ったというのである。したがって、入麻呂占有の土地、計九町一段三三六歩は、没収して東大寺の荘園とするというのが、この解文の決定であった。

解文の決定、つまり天平神護二年の改正（没収）が、藤原朝臣仲麻呂勢力を倒した称徳天皇（孝謙天皇の重祚）と道鏡の政策として強力に進められたことを考えれば、入麻呂は、仲麻呂の権力を背に、このような大規模な開墾をやってのけたのであろうか。越前国分寺の経営基盤を左右するほどの力を持っていたのである。

さらに、この解文は、入麻呂関係分について、次のような注記を行なっている。

天平三年（七三一）、丹生郡岡本郷の戸主佐味公入麻呂らに田を班給したが、墾田をなさなかった。その後、土地の所有権ははっきりしなかったが、天平感宝元年（七四九）の国分寺建立の詔の後、天平宝字元年（七五七）、「偏に前の公験《くげん》（所有権の公認書）に随って、復《また》」、入麻呂らに判給した。それを受けた入麻呂が言うには、越前国分寺のために開墾に力を尽くして稲一〇二二束を上進すると。しかるに、上進をせずに、越前国分寺に売っている。そればかりか、寺田二町一段七二歩を、おのれの田だと言って、寺による耕作を妨害している。入麻呂の所業は許しがたい。今、ここに、東大寺の田に改正すると。

称徳政権の前に、入麻呂は、その墾田を没収されたわけだが、ここで注目したいのは、天平三年（七三一）の時点で、入麻呂が「公（君）」の姓をもって呼ばれ、七町二六四歩（七ヘクタール余）を開墾できる力を持つ人物と考えられていたことである。七町余と言えば、公民男子三五人分以上の土地である。入麻呂の、在地での勢力のほどが推測されよう。また、「公（君）」の姓と言えば、同年、丹生郡郡司として、佐味君浪麻呂の存在が確認できることは、先に述べたとおりである。

遅くとも天平初年には、君姓を有する郡司階層として、佐味君は越前国丹生郡に勢力を張っていたのである。丹生郡が、越路の入り口として、越前国府が置かれ、越前国分寺が建てられた地域であることに、さらに注目すべきであろう。

次に足羽郡分はどうか。問題となるのは、糞置《くそおき》村（荘）分と道守《ちもり》村（荘）分である。

糞置荘は、開田図二枚が正倉院文書の中に残っていて、その開発経過が具体化できる好個の史料とされているが、天平神護二年の時点で東大寺領とされたのは、三町七段一五五歩である。内訳は次のとおりである。

改正　二町八段一五五歩
　内　伊濃郷戸主佐味広足口分田　六段
買　五段　一二〇束
　内　伊濃郷戸主佐味智麻呂戸同浄虫女墾　五段　一二〇束
相替　四段

椿原荘ほどには、佐味氏の関係は色濃くない。しかし、全三町七段一五五歩のうち、二九・四パーセントにあたる一町一段が佐味氏にかかわることを無視してはならないだろう。佐味氏が、丹生郡から進んで足羽郡にも勢力を伸ばしていた一つの証左となるだろう。

道守荘も、最大の開田図を正倉院文書の中に残しており、改正田一四町八段一八六歩の七七・四パーセントが、田辺来女《くめ》の没《もつ》官田《かんでん》（官に没収された田）である。来女は、その注記によれば、右京四条一坊戸主従七位上上毛野公奥麻呂の戸口であり、有罪人つまり藤原朝臣仲麻呂の「支党」であったため、その田を官に没収されたという。奥麻呂は在京の官人で、仲麻呂が越前に派遣した検田使造寺司判官上毛野公真人（旧姓田辺史）の一族と考えられるから、来女が、はたして越前在地にその基盤を持っていたかは不明だが、一一町一九歩という膨大な土地を所有していたことは、佐味氏の存在とあいまって、上毛野君関係氏族と越前との関係の深さを物語る。

解文から読み取れることは、大枠、以上のとおりだが、坂井郡田宮村（荘）分の改正乗田二段一三六歩のうち、田の名として「上毛野田」と記されるものが一段七五歩（五〇・八パーセント）、相替田一三町九段九九歩のうち、「上毛野田」と記されるものが一町六段二一〇歩（二一・九パーセント）あることも興味深い。

佐味氏にポイントをおいて、上毛野君関係氏族と越との関係を、いま一つ掘り込んでおこう。

佐味朝臣と越前国丹生郡

まず問題にしたいのは、中央高官関係者が数多く派遣されている越前守に、天平十七年（七四五）虫麻呂、神護景雲二年（七六八）宮守の二度にわたって佐味朝臣が起用されていることである。

とくに宮守の場合、橘諸兄の「反状」を密告した功により、天平宝字二年（七五八）十二階の特進と越前介任命を得、十年後の七六八年越前守とされている。宮守の越前介任命は破格な論功行賞であり、自らと関係の深い地域の監督権を与えられたということではなかろうか。この年、入麻呂が、七町余の墾田を「偏に前の公験に随って」判給されていることも注目される。宮守は、いわば故郷に錦を飾ったのである。その背後には、藤原仲麻呂の存在が考えられるが、仲麻呂の乱後の七六八年、さらに越前守に栄転していることを考えると、仲麻呂派とは一線を画していたのであろうか。あるいは、七六八年の任官は、仲麻呂の乱による越前在地の混乱、東大寺領管掌権の混乱を、称徳天皇の側から掌握し直すための人事だったかもしれない。入麻呂をはじめ、佐味姓を帯びる人々や、田辺来女の土地が強引に没収されて東大寺領とされたことは、そうした推測を支持していると思う。

越前の中では、郡司佐味君浪麻呂を出し、佐味君入麻呂が九町を越える土地を持ち、佐味姓が最も集中的に検出される丹生郡との関係が一番深かったと思われる。足羽《あすは》郡と足羽臣（阿須波臣）・生江《いくえ》臣、坂井郡と品遅部《ほむぢべ》君の関係が考えられることも、この想定を支持しよう。

その丹生郡とは、越前国府の地である。浪麻呂や入麻呂が勢力を張った地に、国府が開かれ、国分寺が立てられ、虫麻呂、宮守、吉備麻呂らが国司として赴任したのである。越前の氏族と言えば、私たちは、継体天皇との関係を主張する氏族や、東大寺領の経営に深くかかわる生江臣などをすぐに思い浮かべるが、国府開設の地、丹生郡に強大な勢力を張っていた佐味君に、もっと注目してよいのではなかろうか。丹生郡は、今日の越前市・鯖江市を中心とする地域で、南越地方とよばれ、越路の入り口として古くから開けていた地域である。

不勉強にして、私は、この地域を実地踏査したことがないが、福井県郷土誌懇談会編『福井県の歴史散歩』によれば、丹生郡は、「縄文以前の遺跡はすくないが、弥生時代の遺物は鯖江市の山麓地帯を中心に多く出土し、村落の存在をしめし、やがて王山・長泉寺山古墳群をはじめ多くの古墳がいとなまれ、豪族の成長をものがたる。大化以後、南越の地はひろく丹生郡とよばれ、武生に国府がおかれ、国分寺も建てられた。叔羅川《しくら》（日野川）・味真野《あじまの》などが万葉の歌枕となり、大虫・野々宮・深草などの寺の堂塔がそびえ、越の大徳泰澄《たいちょう》によって大谷寺・長泉寺・大滝寺などがひらかれたという」。とくに一九八七年の調査で「佐味」「佐家」「佐印」「佐」の墨書土器が検出された村国遺跡（越前市村国三丁目）は注目され（図11）、「「佐味」は奈良時代の丹生郡の豪族のウジ名であり、（中略）佐味氏の館がこの近辺にあったことを推定することもできよう」（『福井県史』通史篇1原始・古代 http://www.archives.pref.fukui.jp/fukui/07/kenshi）。

また、後のことではあるが、天長七年（八三〇）越前国百姓上毛野陸奥公山が木ノ芽峠（南条郡南越前町内）越えの新道（西近江路）を開いていることも興味深い。

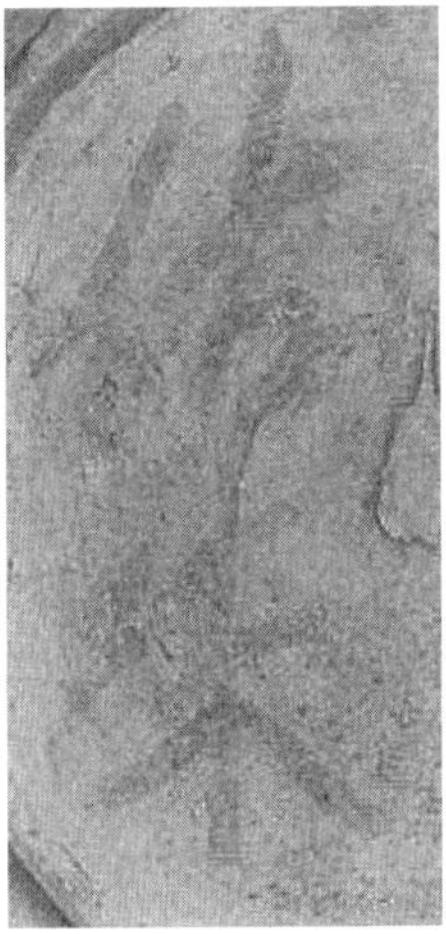
図11　村国遺跡出土墨書土器「佐味」

そして隣国越中国新川《にひかは》郡と越後国頸城《くびき》郡に佐味郷（駅）が見えている。新川郡と頸城郡は隣接し、もともと頸城郡は越中国に属していたから二つの佐味郷（駅）は一つの郷域を示すとも考えられるが、佐味駅は北陸道の中でも特筆に価する軍事・交通の要衝である。『延喜式』によれば加賀・能登・越中各駅の駅馬の数は五疋と定められていたが、とくに佐味駅だけは八疋を備えさせたと記されている。富山県下新川《しもにいがわ》

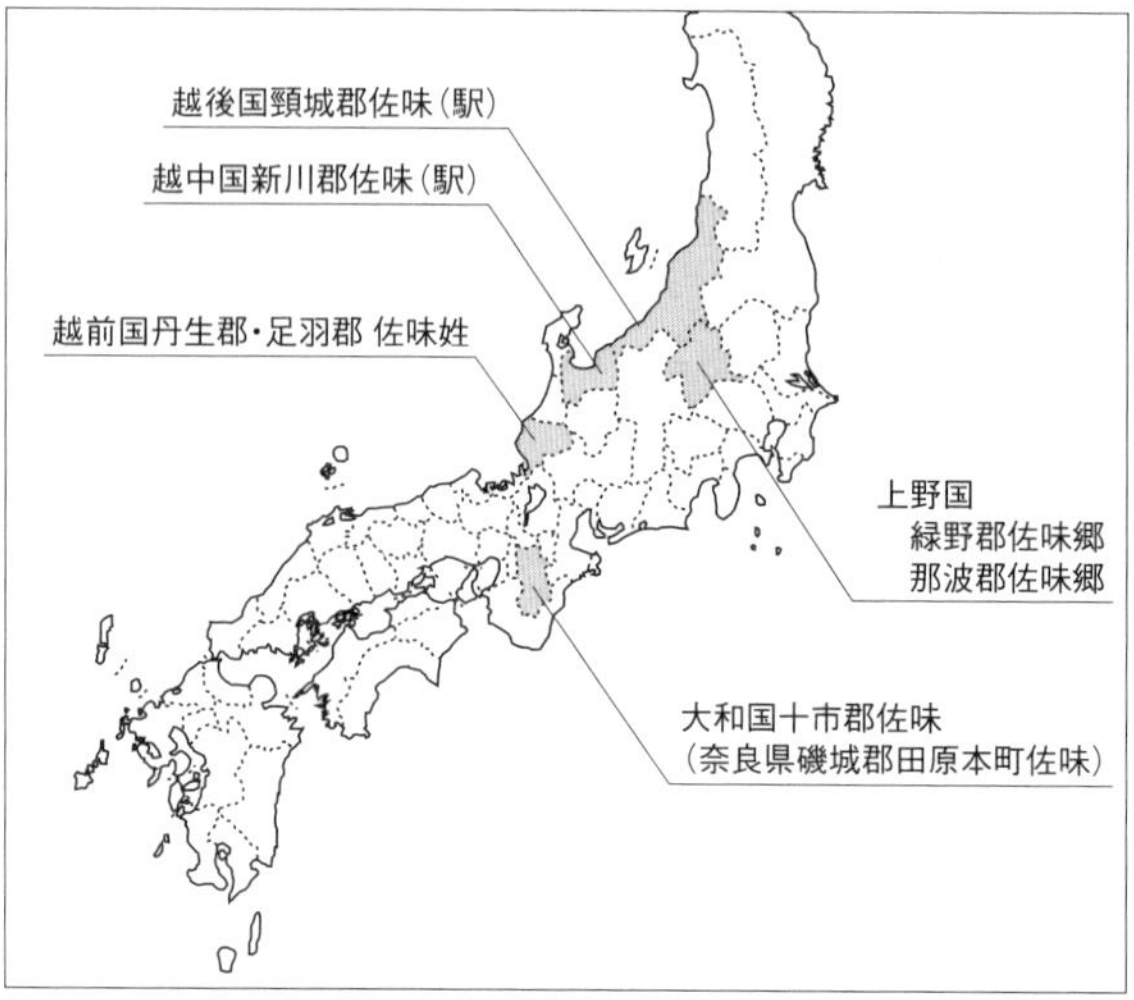

図12　佐味朝臣関連地域

郡朝日町内が佐味駅推定地である。その近くには有力な硬玉原産地があり、古墳時代に硬玉の生産が国内で行なわれていたことを初めて立証した浜山玉つくり遺跡が新川郡佐味郷比定地内の朝日町宮崎で見つかっていることも見過ごせない。

越《こし》にひろがる視角

上毛野君関係氏族と越前・越中・越後、ひろく越《こし》の地域との関係には、さらに次の諸点が付け加えられる。

（一）造東大寺司判官として、上毛野公（田辺史）真人がたびたび越前に派遣されている。

（二）先の『越前国司解』によれば、足羽郡草原《くさはら》郷に車持石床、坂井郡海部《あまべ》郷に葛原《ふじはら》部石持ら葛原部三名、同郡高屋《たかおく》郷に吾孫《あびこ》石村の田が見え、その面積はさして広くないが、いずれも東大寺寺田に改正（没収）、相替（交換）されている。また、『越前国司解』と同年（七六六）同月二十日付の足羽郡少領阿須波《あすは》臣東麻呂の解文によれば、東大寺領粟川《あはかは》庄の境界をめぐって、足羽郡野田郷百姓車持姉売の田八段が問題となっている。

（三）越中国新川郡に、佐味郷（駅）と並んで車持郷が見える。

こうした状況から考えて、佐味君を中心に越前を中心とする越の地にはかなりの数の上毛野君関係氏族が在地勢力を形成していたことがわかる。そして、上毛野君関係氏族は、称徳天皇による東大寺領の設置によって甚大な打撃を受けたと見られ、以後、越の地では上毛野君関係氏族の活躍はほとんど知られていない。しかし八世紀半ば以前においては、従来考えられていた以上に、上毛野君関係氏族は越の地と深い関係を持っていたと言えよう。

越は、東国《あづまのくに》とともに愛発《あらち》（福井県）・不破（岐阜県）・鈴鹿（三重県）の「三関《さんげん》」の東、古代人の意識にいう「関東」の大国である。その両地域が上毛野君関係氏族を介して密接に結びついていることは実に興味深い。上毛野君関係氏族に即して言えば、東国六腹の朝臣の「東国」の意味は、広く三関の東、「関東」に問う必要がある。そうした観点から、本拠地問題を他の朝臣たちにひろげてみよう。

車持朝臣の職掌と分布

特異な氏《うじ》の名《な》のいわれ

車持朝臣の氏の名「車持」はきわめて特異である。それは、宮廷内での任務分掌にもとづくものと考えられる。

養老令の注釈書である『令集解《りょうのしゅうげ》』職員令《しきいん》主殿寮《とのもり》の項に次のようにある。いささか煩瑣だが、項目に分けて引用してみよう。

①主殿頭の職掌

輿輦《よれん》、蓋笠《がいりゅう》、繖扇《さんせん》、帷帳《いちょう》、湯沐《ゆもく》、殿庭《でんてい》の洒掃《さいそう》、及び燈燭《とうしょく》、松柴《しょうさい》、炭燎《たんりょう》らの事の供御《くご》を掌る。

②輿輦の註釈

挙《かか》げて行くを輿《よ》といい、輓《ひ》きて行くを輦《れん》という。古記に云う。輿は無輪な

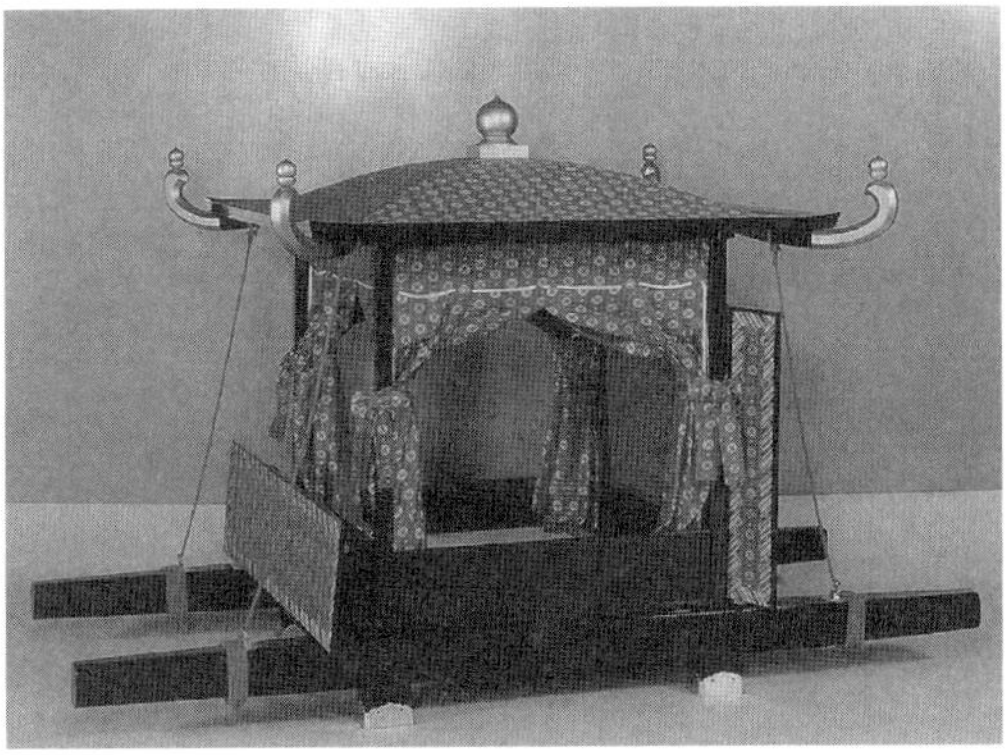

図13　輿輦の例（斎宮の葱華輦〈模造〉）

り。輦は有輪なり。漢語に輿というは「もちこし」、腰輿というは「たごし」なり。跡に云う。輦は「こしくるま」なり。

つまり、天皇（大王）に近侍し、その日常儀礼や即位儀礼に供奉した主殿の任務分掌の一つである「輿輦」の供御とは、「輿（もちこし）」をかかげ「輦（こしくるま）」をひいて天皇（大王）に奉仕することにある（図13）。「輿輦」の製作ではなく、天皇（大王）をそれに乗せてかかげ、あるいはひくことである。

字面だけを見ても、この職掌と「車持」とを結びつけることはたやすいが、『日本三代実録』元慶六年（八八二）十二月二十五日条に「職員令を検すに、殿部《とのもり》四十人は日置《へき》・子部《こべ》・車持・笠取・鴨、五姓の人をもって、これとなす」という注目すべき記事がある。①の職掌が、それぞれこの五姓の人に対応するとすれば、「輿輦の供御」こそ車持にもっともふさわしい。他の四姓の人との対応関係はどうか。

蓋笠・繖扇・帷帳の供御とは大笠・さしば・団扇《うちわ》・とばりの奉仕である。神聖視された人や神を覆い隠して神聖性を保とうとする行為である。笠取氏を充てることができよう。

湯沐の供御とは儀礼や神事にむかう際の湯浴み・沐浴の奉仕である。御生《みあ》れの神事に関連するためか、湯沐は皇子女の養育にあたる壬生氏との関係が指摘されているから、子部氏をこれに充てることができる。

殿庭の洒掃の供御とは場所を洗い清め掃き清めて神聖にすることである。天孫降臨神話において川雁をもって持帚者《ははきもち》とする（『日本書紀』）、あるいは鷺をもって掃持《ははきもち》とする（『古事記』）という記載があり、その行為は場所の神格化につながるので、同じ鳥の名をおびる鴨氏をこれに充ててよいのではなかろうか。

燈燭・松柴・炭燎の供御とは神事や儀式に用いる燈明・たいまつ・かがり火の奉仕である。火と日とでは音価に違いがあるといわれているが、五姓の人の中で求めれば日置氏の職掌ということになろう。

このように見てくれば、車持とは、天皇（大王）に近侍し、その日常儀礼や即位儀礼、とくに輿輦の供御にあたる職掌、あるいはその職掌をうけもつ氏族の名を指すものと考えることができる。なお、車は、いわゆる有輪の輦（こしくるま）に限定せず、無輪の輿（もちこし）をもその対象にいれておくべきだと思う。

したがって車持氏は、本来、物部氏や大伴氏に代表される負名《なおひ》の氏、伴造《とものみやつこ》であった可能性が高い。しかも大王（天皇）に近侍し、その日常儀礼や即位儀礼にかかわった主殿の負名の氏であったとすれば、かなり古くから王権中枢と深く結びついていたと考えることができる。『続日本紀』天平十三年（七四一）八月九日条に主殿頭に車持朝臣が就任した例が見えることも、長い長いゆかりにもとづくものであろうか。

姓を異にする車持氏とその分布

このように、車持君（朝臣）には負名の氏の前史が考えられるが、氏の名としては「車持」を共有しながら姓を異にするいくつかの氏族があることにも注目しておかなければならない。他の五腹の朝臣とは、いささか状況を異にしているのである。そして、姓を異にする「車持」氏をすべて同一の系列あるいは一つのピラミッドとして考えられるのかにも注意を要する。そのなかで車持君（朝臣）の主たる勢力圏を比定し、姓を異にする他の車持氏との関係を復元していく必要がある。

残存する資料を姓ごとに整理することから検討をはじめよう。

（一）朝臣姓

朝臣姓の者は、中央の貴族官人あるいは京戸つまり平城京「市民」として現われる。

①『続日本紀』には益・国人・塩清・諸成・長谷が、②『大日本古文書』には若足・仲智が、③『万葉集』には千年《ちとせ》が見えている。

千年は、万葉歌人として名高い山部宿禰赤人、笠朝臣金村とともに、元正天皇・聖武天皇の吉野宮・難波宮行幸に随行した宮廷歌人である。天皇に近侍した宮廷歌人という性格は、車持氏の本来の職掌と関連するものであろうか。千年は次のような歌を残している。長歌に付された反歌である。大意を日本古典文学大系『萬葉集二』によって引用しておこう。

瀧の上《へ》の三船の山は畏《かしこ》けど思ひ忘るる時も日も無し

（吉野宮滝の激流のほとりの三船山を見ると、畏敬の念に身も慎まれるが、しかし、大和に残して来た妻を忘れる時は一日片時もない。）

白波の千重に来寄する住吉《すみのえ》の岸の黄土《はにふ》ににほひて行かな

（白波が千重に打ち寄せてくる住吉の岸の赤土で美しい色に染まって行きましょう。）

なお、向日市教育委員会による発掘調査によれば、長岡京左京二条三坊一町推定地から「車宅」墨書土器の出土が認められる建物跡が発見され、車持朝臣諸成《もろなり》と関係が深い遺構と考えられている。この事実は、在野の小林秀雄研究家として知られる故・高島英雄氏のご教示による。記して感謝の意を表したい。

（二）君姓

君姓の者としては、①大宝二年（七〇二）『豊前国仲津郡丁里戸籍』に狭度勝《さどのすぐり》の寄口として車持君泥麻呂など三名（泥麻呂は、物故者である狭度勝某の妻の父である可能性が高い）、②神亀元年（七二四）・同二年の『近江国志何郡計帳』に古市郷の人大友但波《たには》史族《やから》吉備麻呂の妻として車持君支麻《し（き）ます》須売《め》が見えている。

どちらの史料も八世紀初めの記録で、ここに現われる人々は、それぞれの土地に七世紀代から定住していたと見られる。しかし、いずれも戸主ではなく、姻戚関係によって現われており、その地域との関係はよくわからない。

（三）連姓

『日本古代人名辞典』によれば、①天平六年（七三四）の播磨国賀茂郡既多寺大智度論知識のなかに車持連員善、②天平九年（七三七）河内国戸主に車持連籠麻呂が見えている。

この連姓が君姓あるいは朝臣姓とどうつながるのか、いまの私にはわからない。次の首姓も同じである。

（四）首《おびと》姓

①天平勝宝三年（七五一）『伊賀国阿拝《あべ》郡司解』に阿拝郡柘殖《つみゑ》郷戸主車持首牛麻呂が見える。

その史料によれば、牛麻呂は、墾田四段一八〇歩を二貫二五〇文で東大寺に売却したと記されているが、時の伊賀守は池田朝臣足床であった。足床は、天平二十年（七四八）にも左京三条四坊の戸主小治田《をはりだ》朝臣藤麻呂の柘殖郷の家一区（二町）と墾田七町二六六歩を七〇貫で東大寺に売却することを認めているが、この舎宅墾田売買券には藤麻呂の祖母として池田朝臣宅持売《やかもちめ》が連署しており、藤麻呂の家と田は本来池田朝臣宅持売のものであったと考えられる。

池田朝臣が柘殖郷に一つの勢力を持ち、池田朝臣が伊賀守として赴任している間に、首姓とはいえ、車持の氏の名を持つ者が自らの墾田を東大寺田に売却したことを全くの偶然とみなしてよいものだろうか。

ちなみに、伊賀国阿拝郡は、鈴鹿の関の内側とはいえ、畿外の地であり、鈴鹿の関にほど近い伊賀国府開設の地である。佐味氏が一つの在地勢力を形成した越前国丹生郡に非常によく似た性格の土地である。第一章で見た田辺小隅がゲリラ戦を挑んだ倉歴《くらふ》・莿萩野《たらの》はその郡域に含まれる可能性が高い。阿拝郡の在地首長阿閇《あべ》臣（朝臣）が上毛野君関係氏族と並んで東国や越地方に深いかかわりを持つ阿倍朝臣の同族であることも興味深い。

（五）部姓

①『大日本古文書』によれば、左勇士衛火頭として車持部黒万呂が見えている。

（六）車持姓

①前述のとおり、越前国足羽郡の人として車持姉売ほか一名が見えている。

（五）（六）は、車持君（朝臣）の部の民であろう。

なお、『大日本古文書』のなかには、造東大寺司日傭夫として車以抹麻呂なる人物も見えている。

図14　藤原宮跡出土木簡（「上毛野国車評桃井里大贄鮎」）

注目すべき四地域

以上のような状況ではあるが、伊賀国阿拝郡以外で、車持君（朝臣）と関係が深いと考えられる四つの地域に対して多少の考察を加えておきたい。

第一の地域は越である。

前述の『越前国司解』の記載および越中国新川郡車持郷の存在のほか、『続日本紀』延暦二年（七八三）七月十八日条に「越前国の秦人部武志麻呂に本姓車持を賜ふ」とある。また『大日本地名辞書』によれば、若狭国大飯郡木津郷にも車持の名を負う地域がある。『大日本地名辞書』は、その地を和田村内（今日の大飯郡高浜町和田）とし、『神祇志料』は、下車持村の名を残している。史料も少なく、関連地域もとびとびだが、越地方と車持氏との関係は認められることだと思う。

第二の地域は上野国群馬郡である。

『和名類聚抄』は群馬を「久留末《くるま》」と訓じている。藤原宮（六九四〜七一〇）出土木簡でも群馬郡の前身を「車評《くるまのこほり》」と書いており（図14）、後のことではあるが、群馬郡内に鎮座する延喜式内社上野六の宮榛名《はるな》神社の元亨《げんこう》三年（一三二三）の紀銘を持つ鉄燈籠には「車馬郡」とある。

「くるま」の地という感覚は近代にまで持ちこされ、明治の大合併において群馬郡の高浜村・本郷村・神戸《ごうど》村・三ツ子《みつこ》沢《ざわ》村・白岩村・十文字村・宮沢村は久留馬《くるま》村を構成し、富岡村・和田山村・白川村・善地《ぜんじ》村は車郷《くるまさと》村を構成した。昭和の大合併で前者は榛名町の一部となり後者は箕郷町の一部となったが、平成の大合併で両地区共に高崎市となっている。

群馬に関して、漢字表現に惹かれ、上野国に牧があったことから、「馬が群れている」地域などと解釈する旨があるが、歴史離れもはなはだしい。群馬は「くるま」に当てられた漢字表現の一つにすぎない。

その群馬郡内に車持郷も車持姓も検出できないが、平安時代中期の成立と考えられる『上野国神名帳』群馬西郡《くるまにしのこほり》（制度上、西群馬郡と東群馬郡に正式に分かれたのは明治十一年と近代のことだが、群馬郡は面積も広く人口も多かったため早くも平安時代半ばには利根川を境として実質西郡と東郡に分けられていたとみられる）の条には従五位車持明神《みょうじん》、正五位車持若御子《わかみこ》明神が見えている。現在ある車持明神（旧久留馬村にあたる高崎市十文字町）は明治時代の比定なので、それを証とするには疑義もあるが、群馬西郡にあたる榛名山麓に車持の名を負う神社群が存在したことは注目に価する。

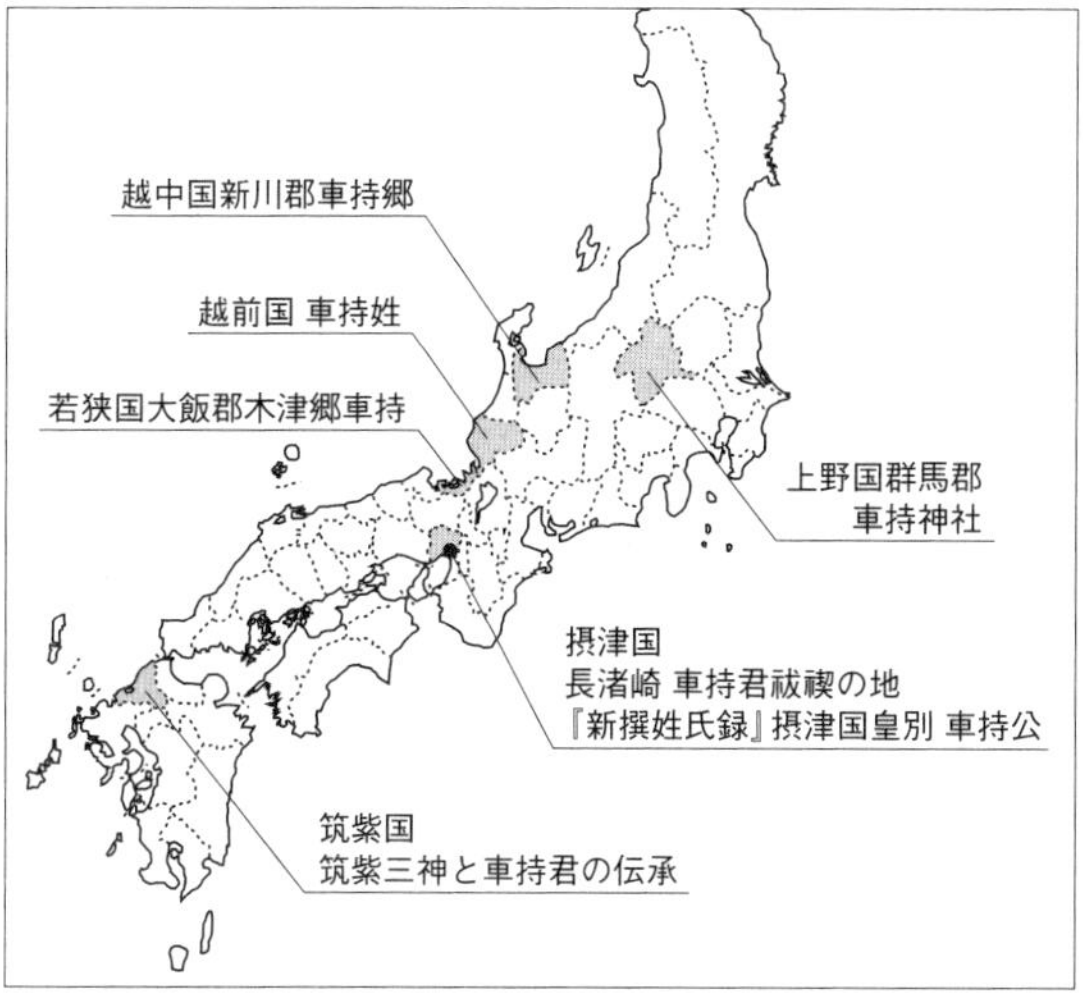

図15　車持朝臣関連地域

そして、これらの神社の神階が、平安時代中期という時代において低いことを車持郷・車持姓の未検出と考え合わせれば、八世紀以降車持朝臣がこの地に有力な在地勢力を形成しなかったことを意味するであろう。

なお、探索の範囲を「くるま」の名辞にまでひろげれば、淡路国津名郡来馬《くるま》郷とそこに祀られる伊勢久留麻神社（式内社・兵庫県淡路市）や、伊勢国奄芸《あむき》郡車間《くるま》荘（栗真荘）とそこに祀られる久留真神社（三重県津市）も検討の対象となる可能性がある。

第三の地域は筑紫である。

『日本書紀』履中天皇五年条によれば、車持君は「筑紫国にまかりて悉に車持部を校《かと》り、かねて充神者《かむべらのたみ》を取れり」と記され、車持君のこの行為が筑紫に居す三神の祟りをもたらしたので、「筑紫の車持部を悉に取りて、さらに分りて三神に奉る」とある。「校る」とは検校すること、つまり人民を査察し貢納物を徴発することといわれ、「筑紫に居す三神」とは宗像三女神を指すと考えられる。とすれば、上毛野君関係氏族と並ぶ有力な君（朝臣）姓グループ、三輪君関係氏族の一員である宗像君との関わりが想定される。その意味でも興味深い伝承である

しかし『日本書紀』の記載にしたがえば、王権の中枢から車持君は筑紫に向かったとあるから、筑紫をもって車持君の主たる勢力圏とみなすことはむずかしい。むしろ、次に述べるように、第四の地域である摂津により注目すべきかと思う。また、ここに言う筑紫とは北九州一帯を指す言葉と考えられるから、『豊前国仲津郡丁里戸籍』に見える車持君泥麻呂らは、この車持部の後裔であろうか。

第四の地域は摂津を中心とする大阪湾沿岸地域である。

車持氏が摂津とかかわりを持っていることは、『新撰姓氏録』摂津皇別に車持公が見えることからも予想されるが、いまあげた『日本書紀』の伝承によれば、「車持君といへども、縦《ほしきまま》に天子《みかど》の百姓《おほみたから》を検校《かと》れり。罪一つなり。すでに神祇《かみ》に分り寄せまつる車持部をかねて奪取せり。罪二つなり」として、「悪解除《あしきはらへ》・善解除《よしきはらへ》」を負った車持君が、贖罪の供え物を出して「祓禊《みそぎ》」させられたのは、摂津の武庫《むこ》水門に面する長渚崎《ながさ》（兵庫県尼ケ崎市長渚崎付近）であった。

筑紫での事件の処理に長渚崎が選ばれたのは、その地がかねて車持君と関係の深い土地であったがためではなかろうか。先に指摘したように、播磨国賀茂郡に車持連員善、河内国に車持連籠麻呂が見えるから、車持氏の一員が摂津を中心とする大阪湾沿岸一帯に住んでいたことは疑いえないことだと思う。播磨・河内の車持氏が「連」の姓を持っていることは本来主殿《とのもり》に関する負名《なおひ》の氏、伴造《とものみやつこ》であったことと繋がってくると思われる。伴造氏族、負名の氏の代表格である物部朝臣・大伴宿禰は元々「連」姓であった。

後述するように、多奇波世君後裔グループは摂津・河内に、和泉グループは和泉・紀伊に深いかかわりを持っていたグループである。こうした傾向や車持氏の職掌を考えると、車持氏が、かなり古い時代から「血沼《ちぬ》の海」つまり大阪湾沿岸

地帯に住んで倭王権中枢との関連を持っていたと推定することができるのではなかろうか。三輪君関係氏族や神祭りとの関わりを含めて、第六章でさらに検討を加えたい。

池田・大野、両朝臣の場合はどうだろうか。

池田朝臣・大野朝臣の場合

池田朝臣の場合

池田朝臣・大野朝臣の場合は、文献史料に残る人物のほとんどが中央貴族官人で、そこから本拠地を求めることはむずかしい。

先に池田朝臣が伊賀国阿拝郡にある程度の勢力基盤を持っていた可能性を示唆しておいたが、「池田」の名を負う郡・郷は、『和名類聚抄』によれば一郡一一郷を数える。検出数は多いと言ってよい。だが、これだけの数を数えながら、伊賀国阿拝郡周辺には池田郷が見えない。一つの謎と言ってよい。

「池田」の名をおびた郡・郷をあげれば、左のとおりになる。

畿　内　①河内国茨田《まんだ》郡池田郷
　　　　②和泉国和泉郡池田郷
東海道　③尾張国春部《かすがべ》郡池田郷
　　　　④下総国千葉郡池田郷
東山道　⑤美濃国池田郡池田郷
　　　　⑥美濃国可児《かに》郡池田郷

⑦上野国那波《なは》郡池田郷
⑧上野国邑楽《あはらき》郡池田郷
南海道　⑨讃岐国山田郡池田郷
⑩伊予国周敷《すふ》郡池田郷
西海道　⑪筑前国糟屋《かすや》郡池田郷

美濃に一郡二郷、上野に二郷が確認され、全国的に見ても、東海・東山、両道に半数以上が分布するが、このことだけから池田氏のありようを推測することは危険である。たしかに、延暦十年四月の池原公綱主らの上奏文に「東国六腹の朝臣は、おのおの居地によって姓を賜ひ氏を命ず」とあるから、「池田」の名をおびた地域のどこかに本拠地を持つ可能性が高いが、「佐味」「車持」とは異なり「池田」という地名はかなりありふれたものだからである。だからといって、安易に郡・郷名以外の現存地名に議論の枠をひろげることは恣意になりかねないから、ともかくは、郡・郷名について考察を加えていくこととしよう。

まず郡名に池田を負う⑤は、その一郷である春部郷が、もともと安八（味蜂間《あはちま》）郡に属していたことから（大宝二年「御野《みの》国味蜂間郡春部里戸籍」『寧楽遺文』経済編所収）、安八郡からの分郡と考えられている地域である。その地は、東に大野郡、西南に不破関を有する不破郡を配す興味深い地域であり、西美濃古墳群の一角を形作る。だが、池田郡の一郷である春部郷について記す大宝二年（七〇二）の「御野国味蜂間郡春部里戸籍」の記載からは、池田の氏の名を直接に負う人はひとりとして見いだせない。ただ、そこに確認される「石部」なる氏の名が、『日本古代人名辞典』の読みのように「いそべ」と読まれ、池田朝臣と同一の始祖伝承を持つ石上部君《いそのかみべ》（上毛野坂本朝臣）あるいはその同族礒部《いそべ》とつながるものであれば、注意が必要であろう。

しかし、今のところ、このあたりを池田氏の主たる根拠地とすることはむずかしいと思う。なお、『寧楽遺文』経済編所収の天平元年「伊賀国阿拝郡柘殖郷長解」にも「石部」が見えていることは注目させられる。その地も池田氏との関係が予想される地だからである。

⑨・⑩はいずれも瀬戸内航路の要衝にあたることで注目されるが、池田氏の存在は確認されない。③・④・⑤については、その実態・性格を議論する準備が私にはない。

残された四郷のうち、①と⑪は、それぞれ茨田《まんだ》のミヤケ・糟屋《かすや》のミヤケとのかかわりを持つ地域である。糟屋のミヤケは筑紫国造磐井の乱の事後処理として設けられたと記されるミヤケであり、茨田のミヤケは、その地の茨田池（堤）とともに倭王権が多大な関心を寄せたミヤケである。また茨田郡内には、池田郷とならんで佐太郷が見えるが、「佐太」の名は、『新撰姓氏録』左京皇別下の記載、「池田朝臣。上毛野朝臣同祖。豊城入彦命十世孫佐太公の後なり」を思い起こさせる。郡・郷名に関するかぎり「佐太」の名が検出されたのはここだけである。これを単なる偶然と片付けてよいのか。なお問題の残る地域である。

上野（⑦・⑧）と和泉（②）はどちらも、上毛野君関係氏族と縁故の深い土地である。

上野については後述するとして、和泉国和泉郡を見ると、池田郷と並んで軽部郷・坂本郷が見える。軽部郷が上毛野君関係氏族の一員である軽部（君）の本拠地であることは動かせず、また坂本郷は、紀臣の同族坂本朝臣の本拠地と考えられているが、第六章で検討するように、坂本朝臣と、上毛野君関係氏族の一つの母胎となった集団が、このあたりで勢力を争っていた可能性はきわめて高い。そして池田朝臣とまったく同一の始祖伝承を『新撰姓氏録』に載せる氏族に上毛野坂本朝臣（石上部君）という氏族が存在することは注目しておいてよいと思う。

従来、この上毛野坂本朝臣の氏の名は、上野国碓氷郡坂本郷に由来するとして何の疑問も持たれていないが、上毛野君関係氏族の一つの母胎となった集団は、かなり早い時代から、紀伊・和泉、ひろく大阪湾沿岸地帯に勢力を張り、倭王権と深く結びついていたと考えられる。その一端は車持朝臣（君）をめぐって垣間見たとおりである。上毛野君関係氏族の一つの母胎となった集団は、その地にあって、蘇我氏との同祖性を主張する紀臣関係氏族と緊張関係にあったと考えられる。改めて和泉郡池田郷・坂本郷と上毛野君関係氏族、なかでも池田朝臣・上毛野坂本朝臣との関係を問題にしてみる必要があろう。

大野朝臣の場合

他方、「大野」の名をおびる郡・郷は四郡三〇郷三駅を数える。その検出は全国におよび、分布の偏りは見られない。上野国山田郡や下野国那須郡に大野郷が見えるが、地名大野を負う他の地域に比べてとくに本拠地としてふさわしい条件があるとは言えない。大野朝臣の本拠地は今のところ不明としておき、次章で考察を加えていきたい。

「東国腹」の内実

以上はほんの概観だが、佐味・車持・池田・大野、四朝臣が東国と何らかのかかわりを持つことが確認されるとともに、「東国腹」の呼称や上毛野君との同族性の主張だけから、安易にその本拠地を東国と考えてはならないことを明らかにできたと思う。全国的な視野を確保しつつ、そのなかでの東国の特異性を吟味していかなくてはならない。その際、何度も繰り返したように、東国六腹の朝臣が全体として中央の中級貴族官人として遇されていたことを忘れてはならない。

彼らの勢力を、国造層あるいは郡司階層的な在地首長とみなしていては、その実像に迫ることはできない。奈良時代以降、中央貴族化して東国での在地勢力の形成をさらに進めた明証が見られないことも、六朝臣の本拠地を考える上で無視できない。私たちが問題にしなければならないのは、東国腹を主張しつつも中央の貴族官人となっていった六朝臣の成立と変貌の実像なのである。

全国的な視野で考えれば、六朝臣は、東国と並んで、とくに越の地や大阪湾沿岸地帯とかなり古い時代から密接な関係を持っていたと考えられる。このことを過小評価してはならない。大阪湾沿岸地帯については第六章でさらに考察を加えるとして、ここでは、彼らが、いわゆる東国の地と並んで越の地と強いかかわりを持っていたことを強調しておきたい。

そうした観点から、あらためて「東国腹」の内実を問えば、東国六腹の朝臣の「東国」とは、古代人の意識にいう三関《さんげん》(伊賀国鈴鹿関・美濃国不破関・越前国愛発《あらち》関)の東、いわゆる「関東」のひろがりをもった言葉と考えられるのではなかろうか。越の地もまた「関東」である。あるいは、主たる勢力圏ではないにしても池田朝臣の一つの勢力圏が伊賀国阿拝郡にあり、池田郡・大野郡が美濃国に見え、伊勢に久留間神社が存在することも単なる偶然ではないのかもしれない。それらの地は、三関のすぐ外に位置するからである。

上毛野国への道

このように、私はあえて東国六腹の朝臣の本拠地を全国に問うてきた。はじめから問題を上毛野国に限定してしまう安易さを排したかったからである。それでもなお東国六腹の朝臣につきまとう上毛野国の影は色濃い。

だが、上毛野国内のここが本拠地だと断定できるような史料は今のところ見いだせない。そこでいきおい残存郡・郷名と古墳群との対比が問題となるが、私は、考古学にはまったくの素人である。しかも、群馬の古墳群は、五世紀の第Ⅲ四半期を一つの境目として、その様相を大きく変えると言われている。その変化を歴史学的に読み取れるかどうか。それは、私にとっては非常に大きな試練である。

その試練に対して、私は、五世紀と想定できる段階では、『日本書紀』などに登場する人物の表現がなお「上毛野君の祖某」であり、五世紀代に東国六腹の朝臣が成立していた確証はないということに着目して、六〜七世紀の古墳群のありようを基準として、東国六腹の朝臣の上毛野国内での拠点を求めるという方法論で答えていきたいと思う。

しかし、郡・郷名が確立してくる七世紀半ばともなると、東国六腹の朝臣は完全に中央貴族化しはじめ、上毛野国の有力な在地勢力は、上毛野坂本朝臣のような、東国六腹の朝臣の影に隠れていた氏族となる。こうした時代相の推移と史料残存状況の「断絶」は、古墳群との対比に困難な課題を投げかける。

史料残存状況、上毛野国内における有力氏族の推移、古墳群の時代的変貌の間には、こうした複雑な問題が横たわる。したがって、以下の私の展開は、着想・推測の域を出るものではないかもしれない。しかし、考古学の側からするより豊かな問題提起を活かすためにも、あえて私見を披歴しておきたい。

そこで、池田朝臣とまったく同一の始祖伝承をもつ上毛野坂本朝臣という氏族が、確かに上毛野国のなかに存在することを足がかりに、上毛野君関係氏族と上毛野国の関係を求めていくこととしよう。

第三章　古代東国の王者

——上毛野君と上毛野国

池田君と上毛野国

上毛野坂本朝臣という氏族

『新撰姓氏録』左京皇別下は、

池田朝臣。　上毛野朝臣同祖。豊城入彦命十世孫　佐太公《さたのきみ》の後なり。

上毛野坂本朝臣。上毛野朝臣同祖。豊城入彦命十世孫　佐太公の後なり。

という、まったく同一の始祖伝承を載せている。

一方、『寧楽遺文』宗教編に収録された「優婆塞《うばそく》（在家にあって仏法に従う男性）貢進解」には、左京七条一坊の戸主・池田朝臣夫子の戸口に「坂本君弥麻呂《みまろ》、年十三」と見えている。坂本君という氏姓から考えて、弥麻呂は、紀臣《きのおみ》関係氏族である坂本朝臣（臣）につながる人物ではなく、上毛野坂本君（朝臣）につながる人物と見られる。上毛野坂本朝臣は、石上部君《いそのかみべのきみ》、上毛野坂本君という「君」姓の氏姓を経て、上毛野坂本朝臣を獲得した氏族だからである。

いったい、上毛野坂本朝臣とはどういう氏族なのか。

上毛野坂本朝臣は、『続日本紀』に三つの記事を載せている。①天平勝宝元年（七四九）五月十五日条、②天平勝宝五年（七五三）七月十九日条、③神護景雲元年（七六七）三月六日条の三つである。

三つの記事からは、次の四点が浮かび上がる。

（一）上毛野坂本朝臣の旧の氏姓は石上部君であること。

（二）大宝元年（七〇一）、その一部が上毛野坂本君を賜姓され、神護景雲元年（七六七）、朝臣姓を得たこと。

（三）本貫は上野国碓氷《うすひ》郡で、八世紀半ば以降も在地勢力を形成して上野国分寺に知識物を献上する力を持っていたこと。

（四）在京の家の一つは左京にあったこと。

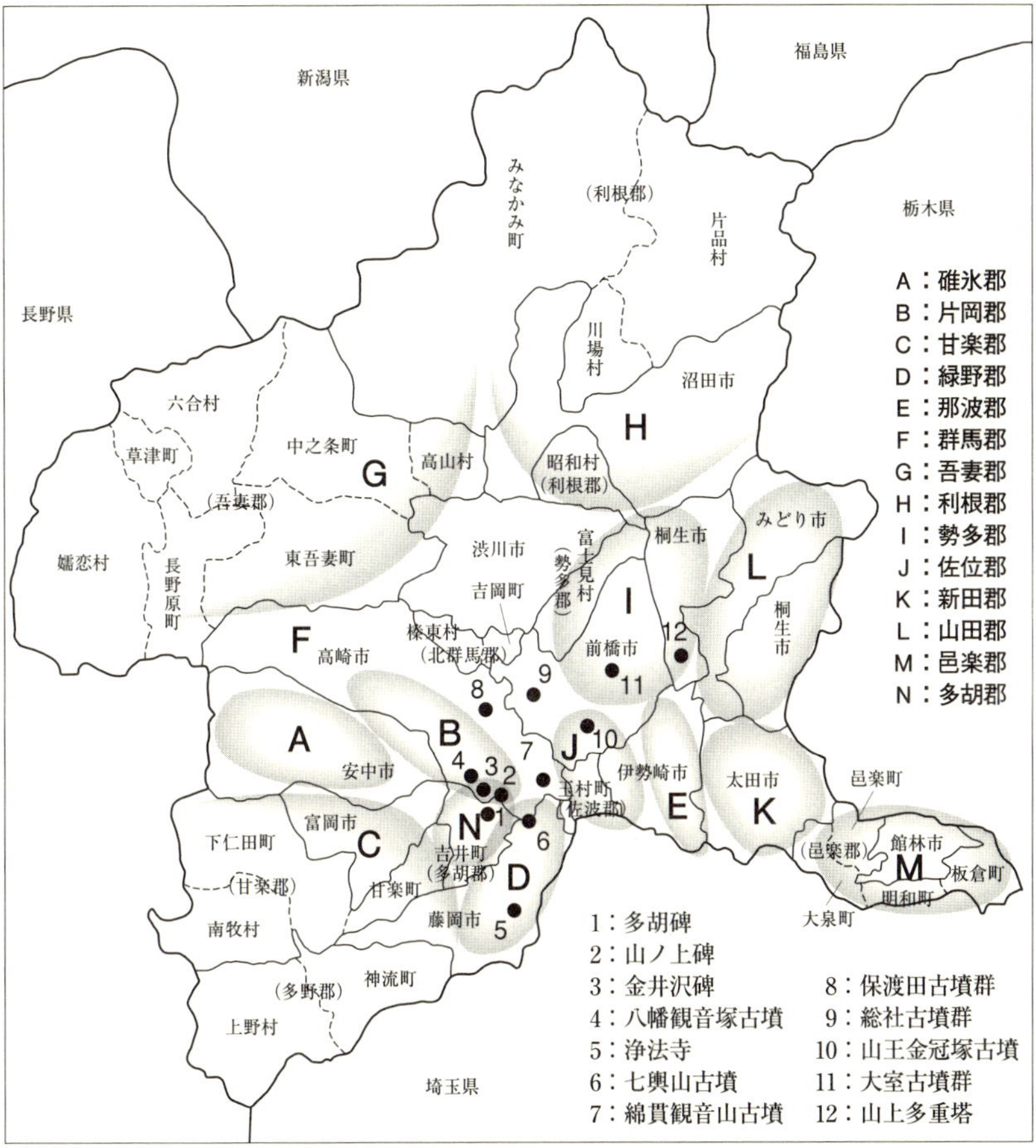

図16　上野国

在京の家の一つが左京にあったことは、『新撰姓氏録』が上毛野坂本朝臣を「左京皇別下」に分類していることからも推測されるが、『寧楽遺文』宗教編収録の天平年間「優婆塞貢進解」によれば、石上部君の居宅は左京四条二坊にあったことが知られる。

　このように、上毛野坂本朝臣（石上部君）は、上野国に有力な在地勢力を形成するとともに京戸でもあることが史料の上で確認できる数少ない上毛野君関係氏族だが、本貫と考えられる上野国碓氷郡に礒部《いそべ》郷が確認されることから、『続日本紀』天平神護二年（七六六）五月二十日条に「上野国甘楽《かむら》郡大《だい》初《そ》位《い》下礒部牛麻呂ら四人に姓物部公を賜ふ」とある礒部（君）や物部君（公）と同族的関係にあったと考えられている。甘楽郡と碓氷郡は隣接する郡であり、高崎市山名町に建つ神亀三年（七二六）銘の金井沢碑にも物部君と礒部君が相並んで現われている。上毛野坂本朝臣の影響は群馬県西南部に広がっていたと見られる。

石上部君という氏姓が示唆すること

石上部の氏名《うぢな》あるいは氏姓《うぢかばね》自体は広く分布しており、石上振《いそのかみふる》神宮（奈良県天理市）や、仁賢天皇（『日本書紀』の編年によれば五世紀末に在位、その実在性については問わない）の宮、石上広高宮に基づく石上部舎人《いそのかみべのとねり》との関わりが想定されるが、「君」姓を持つのは上野国在地の石上部君だけであり、カバネの持つ根の深さを思い知らされる。

石上振神宮との関係、あるいは物部朝臣が石上朝臣に改姓されていくことを踏まえれば、上野国内にも物部明神（多胡郡・群馬東郡）・布留《ふる》明神（那波郡）が存在すること（『上野国神名帳』）、烏川上流の高崎市倉渕町水沼《みずぬま》地区の水沼神社は古来布留社と呼ばれていたと推定され、対岸の倉渕町三ノ倉地区石上《いしがみ》には石上神社が存在することなどは興味深い。

尾崎喜左雄先生の一連の研究によれば、甘楽郡鎮座の上野国一の宮・貫前抜鉾《ぬきさきぬきほこ》両神社（富岡市）の一神、抜鉾神は石上部君系集団が祀ったと考えられるが（尾崎喜左雄「貫前抜鉾両神社の研究」『上野国の信仰と文化』尾崎先生著書刊行会　一九八〇年）、武具の神格化と見られる抜鉾神の神格は、石上振神宮の布留神の神格と相通じる。

ただし、甘楽郡は元々韓評《からのこほり》、渡来系集団を主体とした地域であり、貫前神社の神格も渡来系の女神と考えられているから、石上部系集団の甘楽郡への浸透は二次的なものと見られる。浸透・定着の時期としては七世紀代が想定される。

時代は下って戦国の世のことだが、群馬郡の箕輪の地（高崎市箕郷町）に城を構えた長野氏は、その城の鬼門に布留山《ふるさん》石上寺《せきじょうじ》を建立して菩提寺とし、その鎮守には布留明神を祀った。永正六年（一五〇九）に書かれた宗祇の弟子、連歌師・柴屋軒宗長の日記『宗長紀行（東路の津登）』によれば、群馬郡長野郷内に比定される「浜川並松の別当」は「俗に長野、姓は石上なり」とあり、長野氏が石上氏とも名のっていたことが認められる。「並松」は「並榎《なみえ》」の衍字で、並榎（高崎市並榎町周辺）には平安時代に遡ると見られる天竜護国寺が現存し、その付近には大きな古墳もあった。

他の長野氏関係史料の出自伝承でも、長野氏を在原業平の子孫としつつも、なお石上姓を名のっていたとしている（群馬県教育委員会編『箕輪城跡』一九八二年）。長野氏を直接石上部君に結びつけることはむずかしいとしても、群馬郡長野郷の名を負う長野氏が石上姓を名のっていたことは注意しておいてよい。現に長野氏の勢力圏には布留につながる御布呂なる地名が残り、そこからは見事な古墳時代水田が見つかっている（高崎市教育委員会編『御布呂遺跡』一九八〇年）。また、御布呂の北には上（下）布留の地名が現存する。

以上が上毛野坂本朝臣とその同族の上野での足跡である。碓氷郡から甘楽郡・群馬郡にその勢力をひろげていたことは認められよう。もっとも、石上部系集団（上毛野坂本朝臣の族）は「東国六腹の朝臣」に数えられていないから、彼らの勢力を過大視することは危険である。群馬郡への進出も、甘楽郡への場合と同じく、七世紀代以降ではなかろうか。

池田君（朝臣）との関係において、一つのまとめをしてみよう。

上毛野坂本朝臣と池田君

まず、上毛野坂本朝臣が、七世紀以降、主として奈良時代において、上野国に有力な在地勢力を形成し、上野国内に多くの同族を持ったことが注目される。そのことは、東国六腹の朝臣が上野での在地勢力の形成に重きをおかなくなったことと対照的である。

そうした歴史相の変化のなかにあって、上毛野坂本朝臣が池田君（朝臣）とまったく同一の系譜伝承を持つのは、この新興勢力が、東国六腹の朝臣の中央貴族化にともなって、池田朝臣の地盤を受け継いだからではなかろうか。言い換えれば、譲り渡せるような地盤を、池田君（朝臣）は上野国に持っていた可能性が高い。

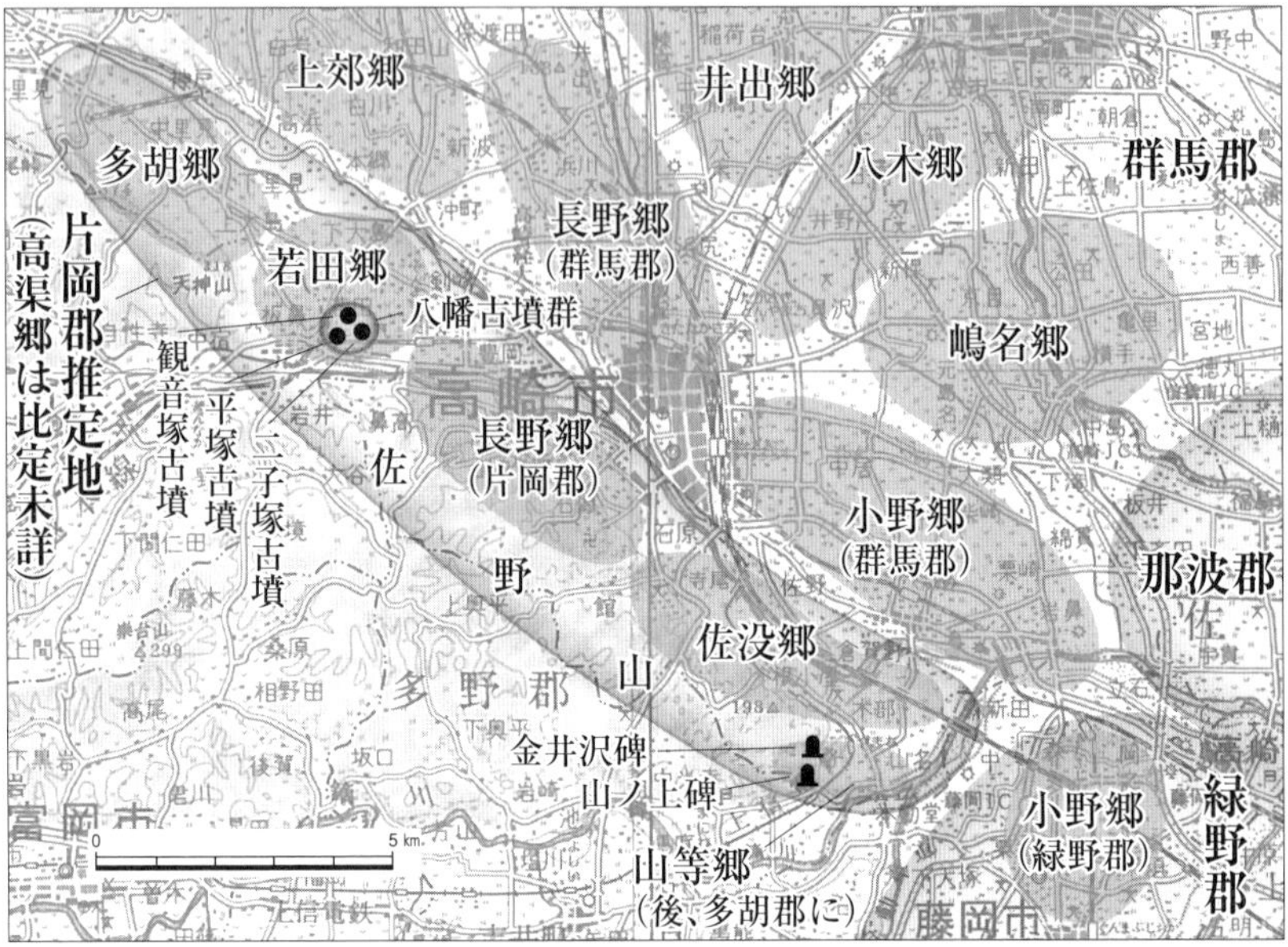

図17　池田朝臣ー上毛野坂本朝臣に関係すると思われる地域

そこから、いくつかの見通しが出てくる。

第一の見通しは、上毛野坂本朝臣が池田君（朝臣）の支族である可能性である。系譜伝承がまったく同一であることを理解するうえで最も妥当な見方であろう。池田朝臣がその戸口に坂本君を擁していたことも、こうした推測を支持する。

そのように考えられるとすれば、従来、石上部系集団（上毛野坂本朝臣の族）にかかわると考えられてきた高崎市の平塚古墳・二子塚古墳・八幡《やわた》観音塚古墳などからなる八幡古墳群は、池田君（朝臣）との関係であらためて吟味し直す必要が出て来ると思う。考古学研究者の方々のご意見を聞かなければならないことだが、三古墳を中心とする八幡古墳群の所在地が、もともとは碓氷郡ではなく片岡郡（若田郷）であることは、この憶測を支持する。

片岡郡は、烏川の右岸を主たる範囲とする郡であり、その南半には佐野三家が置かれたが、北半は八幡古墳群を造り上げた勢力の本拠地である。

八幡古墳群の再検討

平塚古墳は全長一〇五メートルで五世紀第Ⅳ四半期の築造と考え

られている。竪穴式の主体部は礫郭に覆われた二つの舟形石棺。二つとも埋め戻されているが、一号棺は長さ二・四五メートル、幅〇・九五メートル、高さ〇・八〇メートル、小口に二つずつの縄懸突起がついている。二号棺もほぼ同じ大きさである。主要遺物が盗掘されていたことはまことに残念なことである。

八幡観音塚古墳は全長九〇メートル、西方を向く前方部幅は九一メートル、前方部高一三メートル、後円部径七五メートル、前方部高一四メートルと測られている。道路となった周濠跡をめぐり歩くと大きさが身にしみる。航空写真などによれば、兆域は三町四方におよびそうである。六世紀第Ⅳ四半期から末のものとすれば、群を抜いた大古墳である。

図18　八幡観音塚石室（上）と出土品（下右：画文帯神獣鏡、下左：金銅透彫杏葉）

石室は、巨石巨室型の横穴式石室で、とにかく広く、石が大変大きい。最も大きいといわれる奥の天井石は畳六畳分をこえ、重さも数十トンに達する（図18上）。しかも素材となった輝石安山岩は、烏川にしろ、碓氷川にしろ、かなり上流にしか見当たらないものである。石室のプランは、蘇我大臣馬子（六二六年没）の墓との伝えを持つ石舞台古墳と酷似しており、石室、墳丘ともに三五センチを一尺とする高麗《こま》尺が使われたと考えられている。

幸いなことに、八幡観音塚古墳は盗掘を受けておらず、太平洋戦争も末期の一九四五年三月、防空壕を掘る必要にかられた人々の手ではじめて石室が開けられた。石室を閉じていた羨道部の塡塞《てんそく》石が除かれた時、一四〇〇年近い歳月の間、土砂の侵入さえ拒み続けた黄泉《よみ》の国が蘇り、副葬された品々が、ロウソクの光に輝いたという。

副葬品は三〇余種、三〇〇〇点以上にのぼった。

銅鏡は四面。うちの一面が、辛亥年銘鉄剣を出した埼玉《さきたま》稲荷山古墳出土鏡と同笵、つまり同じ鋳型で造られたとみられる画文帯神獣鏡である（図18下右）。五鈴鏡も一面出土している。

耳輪は七対、銀釧《くしろ》（ブレスレット）一点、托と蓋のついた銅杯二点、佐波理《さはり》鋺（銅鋺）二点、銀製鶏頭《とさか》状柄頭横刀一口・刀子《とうす》三口・鉄鉾一口・鉄製弓金具三点・桂甲小札《こざね》などの武具、轡《くつわ》・金銅透彫杏葉《すかしぼりぎょうよう》（図18下左）・雲珠《うず》・辻金具などの馬具類多数という状況で、木棺に使われたと考えられる銅製飾鋲や布帛の吊金具も見つかっている。吊金具には、絵の描かれた布帛が吊るされ、棺を覆ったのであろう。出土品は高崎市観音塚考古資料館で見ることができる。

托と蓋のついた銅杯、佐波理鋺、銀製鶏頭状柄頭横刀、金銅透彫杏葉などは、全国的に見ても優品で、きわめて薄手に作られた佐波理鋺は朝鮮からの将来品と考えられている。群馬県下では、同様な佐波理鋺が井野川・烏川流域を中心に、九世紀はじめまでの間に他に数点見つかっているが、単なる珍品ではなく、仏教信仰にもとづく可能性が高いと言われている。

池田君と上毛野国

第二の見通しは、上野の二つの池田郷、つまり那波郡池田郷・邑楽郡池田郷が池田君（朝臣）の上野における有力な地盤の一つである可能性が高まったことである。碓氷川・烏川から旧利根川にそって、その勢力が想定されるということである。

第三の見通しは、石上部君が上毛野坂本朝臣の氏姓を得た根拠である。碓氷郡坂本郷説が最も有力だが、池田君（朝臣）

との関係からは、和泉国和泉郡坂本郷の存在があらためて問題になると思う。あるいは、遠い故郷である和泉の坂本の名を坂東の玄関・碓氷坂の坂本に移し、その名をもって改姓を要求したのかもしれない。上毛野君関係氏族の全体の動向や歴程、池田君（朝臣）と上毛野坂本朝臣の関係を考えると、こうした推定もあながち牽強付会とは言いきれないであろう。

これらの見通しの上に、視点を、池田君（朝臣）・石上部系集団と佐野三家《さののみやけ》との関係に移していこう。

佐野三家と池田君

金井沢碑が描く構造

よく知られているように、佐野三家は、高崎市山名町地内に二つの石碑を残している。山ノ上碑と金井沢碑である。多野郡吉井町の多胡碑とあわせて上野三碑と呼ばれる。三碑の存在する範囲は比較的狭く、三碑ともに旧多胡郡域に含まれる。

金井沢碑は、神亀三年（七二六）建立の先祖供養・入信表白の碑である。語り伝えられる発見事情から、本来の建立位置は現所在地からやや離れていたと見られるが、九行一一二字を刻む（図19）。

上野国群馬郡下賛郷高田里
三家子孫為七世父母現在父母
現在侍家刀自池田君目頬刀自又児加
那刀自孫物部君午足次馸刀自次乙馸
刀自合六口又知識所結人三家毛人
次知万呂鍛師礒部君身麻呂合三口

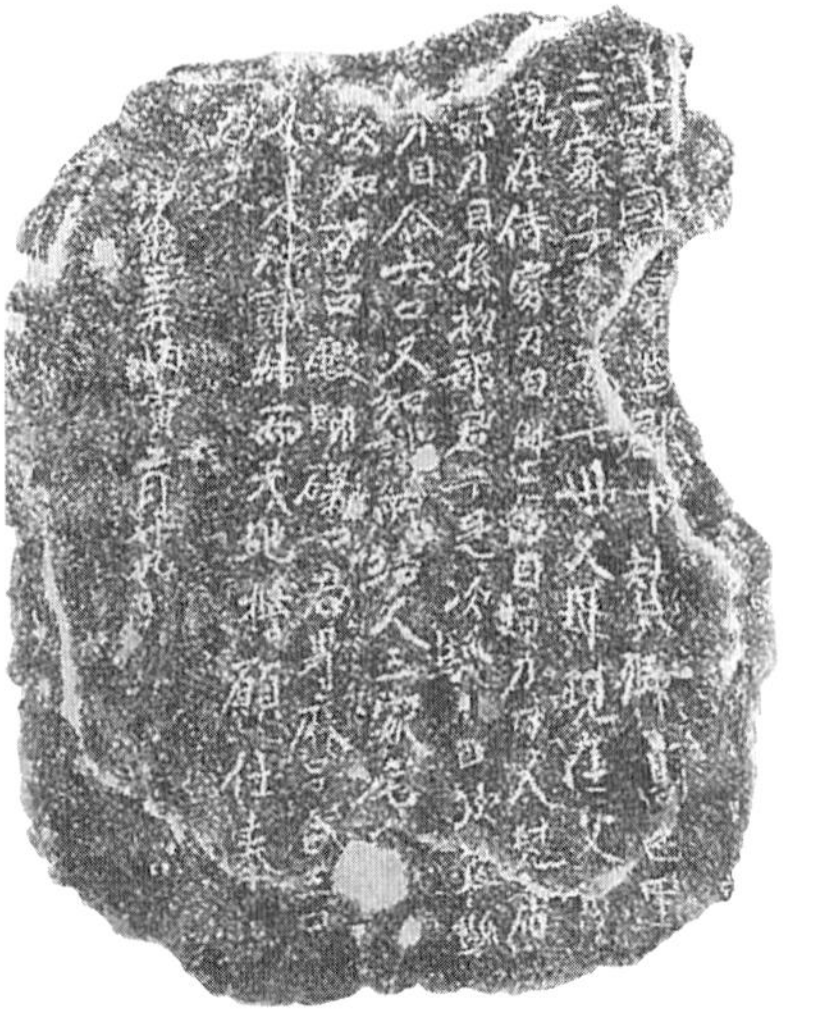

図19　金井沢碑（右下：冒頭部分）と碑文拓本

如是知識結而天地誓願仕奉
石文
　　神亀三年丙寅二月廿九日

尾崎喜左雄先生の読みに倣えば、次のように読み下すことができる。

上野国群馬郡下賛《しもさの》郷高田里の
三家の子孫（が）、七世の父母、現在の父母のために、
現在侍《はべ》る家刀自《やかとじ》、池田君目頬《めづら》刀自、また、児である加
那刀自、孫である物部君午足《うまたり》、次に馸《ひづめ》刀自、次に乙馸
刀自、合はせて六口《むたり》、また、知識に結べる人、三家毛人《えみし》、
次に知万呂、鍛師《かぬち》礒部君身麻呂、合はせて三口、
如是《かく》知識を結びて、天地に誓願し仕へ奉る
石文〔なり〕
　　神亀三年丙寅二月廿九日

ここに「池田君」が見えるわけだが、「池」については「他」と読む有力な異見があり、昨今では「他」説の方が優勢である。碑面の現状実見や拓本を見るかぎりでは、この部分は磨滅がはなはだしく、いずれとも断定できない。しかし、①他田君なる氏姓が他に見えないこと、②金井沢碑研究の第一人者である尾

崎喜左雄先生が永年の研究から池田君と読まれていること、③池田君（朝臣）の支族と見られ周辺に勢力を張った上毛野坂本朝臣の族に連なる物部君・磯部君が碑文に計四名も見えること、④佐野三家推定地を挟めば、上毛野坂本朝臣の上野国内の勢力圏と池田郷のある那波郡・邑楽郡が水系を通してつながりうること、などを拠り所として、尾崎先生の読みに強い魅力と説得力を感じている。

また近年では、この「三家」は山ノ上碑の「佐野三家」とは異なる存在で緑野屯倉《みどののみやけ》に連なる家であるという異見もあるが、私は、①群馬郡下賛郷と本貫を記していること、②金井沢碑の立碑地も山ノ上碑同様、『万葉集』東歌の佐野山《さのやま》であること、③同じ借訓用例の「三家」を採用していること、④両碑とも家の系譜・仏教信仰の表白・石碑の形式・史部《ふひとべ》流表記法の採用（第四章参照）という形と内容にこだわっていることから、同じ家と考える。

碑文には多くの問題があるが、ここでまず問題にしたいのは、「七世の父母、現在の父母」の供養のために「知識（講）」を結んだ人々の関係である。

「知識（講）」は、中心となって知識を作った人六人と、それに参加した人三人とに分けて記載されている。次の通りである（以下、無理をして読むことを避けて「□田君目頬刀自」として論を進めることとする）。

（A）中心となった人々

現在侍べる家刀自、□田君目頬刀自、児である加那刀自、孫である物部君午足・馸刀自・乙馸刀自

（B）参加した人々

三家毛人・知万呂、鍛師礒部君身麻呂

ここまでは明白なのだが、（A）内での系譜関係、（A）と（B）の関係は意外と分かりにくい。旧著でも悩んだのだが、どう考えたらよいだろうか。

まず考えられることは、中心となった（A）が「三家」の嫡系である可能性である。「三家子孫」と碑の冒頭で明記し

た上で「知識」を二つのグループに分けていることは、嫡系意識の強さを表わしていると思われる。現に大宝年間の戸籍の記載例を見ても、嫡系ということが強く意識されている。ただ不思議なのは、（B）の「三家毛人」の書法から見て、「三家」自体が氏姓と見られるが、（A）に三家の氏姓を負った表現がないことである。このことが系譜関係の復元を難しくしていることは確かだろう。

いわば戸主の不在である。嫡系意識と戸主の不在を前提とした場合、（A）グループの中核に位置する二人の女性、「現在侍べる家刀自」と「□田君目頬刀自」との関係をどう見るかが最大の問題点となる。ここでも最初に書かれる人物が「現在侍べる家刀自」と書かれていて、氏・姓・名を表立って書いていないことが系譜関係の復元をさらに難しくしている。

碑の内容から考えると、二人の父母にあたる世代より前の世代の菩提を弔うために、二人の世代から後の三世代が「知識」を結んだと解することができるから、二人は、同世代に属すとしてよいであろう。そこから三つの可能性がでてくる。

第一の可能性は、二人が実の姉妹（異母・同母は問わず）で、共に佐野三家の娘という可能性である。第二の可能性は、「現在侍べる家刀自」は佐野三家の娘、「□田君目頬刀自」は□田君から佐野三家に嫁いだ女性（戸籍上の問題として）という可能性である。第三の可能性は、二人が、碑面には見えない佐野三家嫡系の戸主Xの嫡妻と妾妻という可能性である。

そのなかで、二人の女性の間に「次」の文字のないことを考えると、「孫」三人の書き方からして姉妹とすることはむずかしい。また、二人を姉妹とすれば、古代社会にあっては、今日の中国や朝鮮のように、子（児）は父の氏姓を負い、女は結婚後も父の氏姓を負うから、□田君が佐野三家の氏姓となってしまって矛盾を生じる。

とすれば、第二あるいは第三の可能性が高くなる。そのどちらかと言えば、「現在侍べる家刀自」という表現が一家の主婦を表わすと思われるので、第三の可能性のほうが高いと思う。また、第二の可能性を選んだ場合、「現在侍る家刀自」を知識の核とし、「三家毛人」「三家知万呂」を知識参加者とする理屈が立ちにくい。議論の余地は多いが、第三の可能性を支持したい。さらに「加那刀自」はどちらの娘なのかという議論が生じるが、「現在侍る家刀自」の出生であるなら

「□田君目頬刀自」を書く必要はないと見られるので、「□田君目頬刀自」の出生と考えたい。そこで、今後の検討に資するための復元系譜案を提示しておきたい。

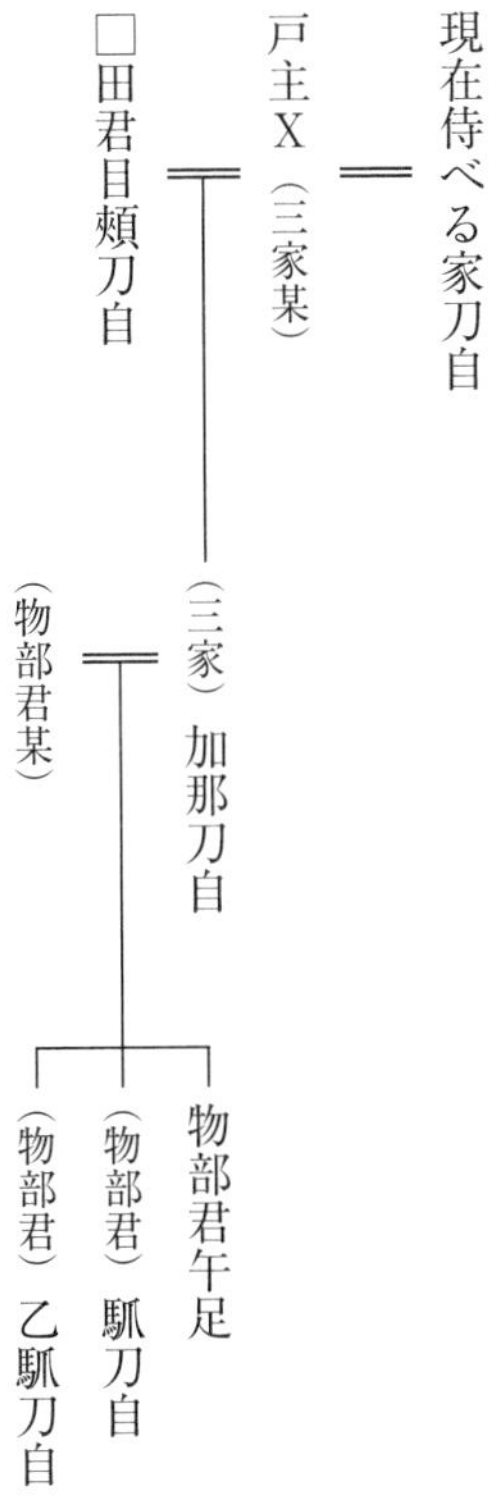

なお、加那刀自の夫、物部君某が（A）にも（B）にも見えていないのはどうしてかという問題が残る。単に亡くなっているためなのか。他の理由があるのか。興味深い謎である。

佐野三家と上毛野坂本朝臣の族

以上は、大宝年間の戸籍記載例などを参考とした可能性にすぎないが、「知識」の持つ嫡系意識から考えれば、もう一つのグループ、（B）グループの三家毛人、（三家）知万呂は、戸主Xの弟と見られる。鍛師礒部君身麻呂は碑文を刻んだ人物、あるいは碑面に現われない戸主妾妻につながる寄口であろうか。

このように、碑面に現われる九名の関係についてはなお議論のあるところだろうが、佐野三家は、上毛野坂本朝臣の族に連なる人々と婚姻や信仰の共有をはかって、その勢力を維持してきたと考えてよいのではなかろうか。

こうしたことから、佐野三家と上毛野坂本朝臣の族との勢力圏は近く、佐野三家が上毛野坂本朝臣の族、さらに言えば池田君（朝臣）に支えられていた可能性が推測される。ミヤケと言えば天皇に直結したヤマト政権の地方支配の要と考えられているが、上毛野は、上毛野君（朝臣）をはじめとして有力貴族となって国家の基本政策を強力に推し進めた東国六腹の朝臣と深くかかわった土地である。そうした地域に設けられたミヤケという性格を心に止めておく必要がある。私は、佐野三家の勢力を過大視して、彼らと上毛野君（朝臣）―東国六腹の朝臣との対立関係を想定することには疑問を感じる。
そうした推測の是非を考える一つの方法として、検討の対象を山ノ上碑にまでひろげてみよう。

佐野三家の性格と姓

山ノ上碑は、隣り合う山ノ上古墳に関わる墓碑と考えられ、次のように刻まれている（図20）（なお、山ノ上古墳の築造は、山ノ上碑建碑の一世代ほど前と見る説が有力で、墓碑としても、山ノ上古墳の最初の被葬者に対するものとは考えにくい）。

辛己歳集月三日記
佐野三家定賜健守命孫黒売刀自此
新川臣児斯多々弥足尼孫大児臣娶生児
長利僧母為記定文也　放光寺僧

「己」は「巳」の誤記と考えられ、辛巳歳を六八一年とみることが定説となっている。私もその考えに与したい。

辛己歳《かのとみのとし》集月三日記
佐野三家と定め賜へる健守命《たけもりのみこと》の孫、黒売刀自、此れを、
新川臣の児、斯多々弥足尼《したたみのすくね》の孫、大児臣、娶《めと》し生める児
長利僧《ながとしのほうし》、母の為に記し定むる文也　放光寺の僧

尾崎喜左雄先生の精緻な研究『上野三碑の研究』を下地に、多少の私見を入れての読みである。人名の読みについてはなお考えるべき余地があり、読み方の私見については本節でもふれたいが、おおまかな意味はおわかりいただけることであろう。一応、この読みにしたがって、上毛野の氏族構成、在地勢力のありようを考えるために、いくつかの問題を検討してみよう。

図20　山ノ上碑と碑文拓本

まず、佐野三家の設置時期はいつか。

黒売刀自と健守命の世代差を『日本書紀』推古天皇十五年（六〇七）是歳条の記載「国毎に屯倉《みやけ》を置く」に関連づける見方がある。しかし『日本書紀』のこの部分は「冬に倭国に藤原池・肩岡池・菅原池を作る。山背国に大溝《おほうなて》を栗隈に掘る。また河内国に戸苅池・依網《よさみ》池を作る。また国毎に屯倉を置く」と記されていて、「国毎」が上毛野国を含む七道諸国を指すとは断定できない。むしろ「倭国・山背国・河内国」を指すと考えることのほうが自然ではなかろうか。したがって、佐野三家の設置は、『日本書紀』の記載にかかわらず、黒売刀自と健守命の世代差から七世紀第Ⅰ四半期と考えておけばよいと思う。

次に、佐野三家の氏姓はいかなるものか。

佐野三家の氏姓は、山ノ上碑には明記されず、健守命が佐野三家に定賜されたとある。一方、金井沢碑には「三家子孫」とあり、三家毛人・（三家）知万呂という表記がみえている。三家毛人・（三家）知万呂は、嫡系に近い立場の佐野三家の子孫と考えられるから、「（佐野）三家」をもって佐野三家の氏姓としてよいのではなかろうか。（某）国造《くにのみやつこ》・（某）県主《あがたぬし》という氏姓、三宅連・三宅首という氏姓が他の地域で確認されているから、「（佐野）三家」を氏姓とみなして、そう無理はないと思う。

注意したいのは、佐野三家が、上毛野君関係氏族あるいは石上部系集団のような上毛野在地の有力な氏族が帯びた姓である君（朝臣）を負っていないことである。上毛野君関係氏族においては、元々が部姓の氏族でも、部＋君姓あるいは君姓になっていく例が多いから、佐野三家が君姓を帯びていないことは注目される。

佐野三家は、本来、上毛野君関係氏族とは関係の薄い、異なる氏族形成史を持つ氏族ではなかろうか。あるいは、山ノ上碑・金井沢碑建立地域一帯に渡来色が強いことを考えれば、佐野三家は、武蔵国横渟屯倉管掌者として派遣された壬生吉志のような渡来系氏族であろうか。両碑の建つ地域が、渡来系氏族のために新設された多胡郡に割かれていることも示唆的である。また、『新撰姓氏録』によれば三宅連は新羅系渡来氏族であり、美作国の前身である白猪屯倉管掌のために派遣されたのは百済系渡来氏族・白猪史であった。

このように考えてくれば、健守命―佐野三家は、倭王権中枢と上毛野国の生産力とを結びつけるために派遣され、上毛野君―東国六腹の朝臣、石上部系集団のような上毛野在地の有力な氏族の協力のもとに自らの任務を果たして上毛野国人になっていったと考えるのが、最も可能性の高いとらえ方だと思う。

佐野三家の性格と出自

次に、長利に至る系譜などを議論しつつ、佐野三家の性格と出自に迫っていこう。

第一の論点は、黒売刀自の結婚相手の系譜である。山ノ上碑によれば、黒売刀自は、「新川臣の児、斯多々弥足尼の孫、大児臣」に娶られたとある。「足尼《すくね》」は宿禰のことで、もともとは氏《うじ》にではなく、名《な》につく傾向があり、嫡系を表わす例が多いから、新川臣家の嫡系である斯多々弥足尼ということであろう。「斯多々弥」はしじみ貝のことといわれる。

尾崎喜左雄先生は、新川を「にひかわ」と読んで旧の勢多郡新里村新川《にっかわ》に、大児を「おほご」と読んで旧の勢多郡大胡《おおご》町に遺称地を求められた。その証左として、中塚古墳（桐生市新里町新川）と堀越古墳（前橋市大胡町）をあげられている。いずれも、山ノ上古墳とよく似た七世紀半ば築造の截石切組積石室を持つ円墳である。

この推定に対して有力な異論はなく、私もそれに従ってきたが、一つだけ気になることがある。それは、新川臣、大児臣のいずれもが「臣（おみ）」の姓を負っていることである。強調してきたように、上毛野君関係氏族の姓は君（朝臣）姓か部姓がほとんどで、臣姓が他に見いだせないことがいささか気になるのである。尾崎先生の言われるように、新川臣・大児臣が旧の勢多郡域の有力首長であるとすれば、上毛野国内に、上毛野君（朝臣）に連なる君姓・部姓の他に臣姓氏族がいることになり、上毛野の在地構造に重大な問題を投げかける。また、長利が、父方の系譜を、健守命の一世代前にあたる新川臣から始めていることも気になるところである。

第二の論点は、長利の僧と放光寺の関係である。放光寺については、前橋市教育委員会の発掘調査によって、前橋市元総社町の山王廃寺であることが確実となっているから、放光寺つまり山王廃寺として論を進めることができるが、そこから放光寺（山王廃寺）を佐野三家の氏寺とする考え方には疑問を感じている。

実は、この問題は、「長利」の読みと深くかかわる問題である。尾崎先生以来、放光寺を佐野三家の氏寺とみなし、「長利」を、寺の総括責任者とされる「長吏」の音通と考える意見があるからである。もっとも、尾崎先生ご存命中には、放光寺が山王廃寺であるとの確認はなされておらず、尾崎先生ご自身は、高崎市下佐野町あたりに放光寺を求めておられたようである。それはともかく、放光寺（山王廃寺）を佐野三家の氏寺とし、長利僧をその寺の総括責任者とすることは妥当だろうか。

「長利」への系譜関係が氏・名をもって記されていることや、今のところ「長吏」用例が奈良時代以前において確認されていないこと、『日本書紀』などでは、某僧ないしは僧某の「某」の位置には人名（法号）あるいは寺名が来ていることなどを考えると、「長利」はもっと直截に僧の名と考えてよいのではなかろうか。「ながとし」と読むべきだと思う。

したがって、山ノ上碑は、後に上野国府がおかれる土地に建てられた放光寺（山王廃寺）のひとりの僧・長利が、母・黒売刀自のために墓碑を建てたということが記されていると考えればよいのではないかと思う。

この二つの論点は、佐野三家の性格と出自、その勢力の実態に直結する問題である。言い換えれば、佐野という土地の問題でもある。

佐野は、山ノ上碑に「佐野三家」、金井沢碑に「群馬郡下賛郷」とあり、『万葉集』巻十四・東歌・上野国歌のなかにも、「可美都気野《かみつけの》　左野之九久多知《さののくくたち》」、「可美都毛努《かみつけの》　佐野田能奈倍能《さのたのなべの》」、「可美都毛努《かみつけの》　佐野乃布奈波之《さののふなはし》」と見えている。奈良時代までの上野人にとって親しみ深い土地であった。

しかし、『和名類聚抄』の段階では、上野国の郡・郷名に「佐野」は見えない。高崎市根小屋町・石原町付近と推定される片岡郡佐没郷をもって佐野郷の痕跡とみなす見方はきわめて興味深いが、確証はえられていない。

「佐野」地名のそうした現状に鋭いメスを入れられたのも尾崎喜左雄先生で、「佐野」の名義から「小野郷」に着目され、山ノ上碑・金井沢碑の建立位置、高崎市南部に現存する佐野地名と、ミヤケとの関連を推測させる倉賀野という地名の存在、片岡郡佐没郷という表現などから、佐野を、高崎市佐野・倉賀野・根小屋・山名から、藤岡市中・森新田にかけてとされた（「さぬ（佐野）」『上野三碑の研究』尾崎先生著書刊行会、一九八〇年）。この推定に、私自身も従いたいが、ただ、そのことから佐野三家の勢力を過大視してはならないし、この地域の前史として池田君の存在を考えていかなくてはならないと思う。

佐味君と上毛野国

緑野郡佐味郷の位置

佐味君（朝臣）が丹生郡を中心とする越前国と南大和に奈良時代以降も有力な在地勢力を形成していたことを指摘しておいたが、上毛野国内では緑野《みどの》郡（多野郡の前身）と那波《なは》郡（佐波郡の前身）に佐味郷が検出される。両佐味郷の検討のなかから上毛野国内での佐味朝臣の面影を求めたい。

『和名類聚抄』の記載順序に従えば、緑野郡は、林原、小野、升茂、高足《たかし》、佐味、大前《おおまえ》、山高（高山）、尾張、保美《ほみ》、土《はに》師《し》、俘因の十一郷を属している。多胡郡に割かれた武美《むみ》郷を加えた十二郷が本来の緑野郡の郡域である。郡域は、今日の藤岡市に吉井町東部をあわせた地域で、吉井町分が武美郷にあたる。つまびらかでない部分も少なくないが、おおよそ、『和名類聚抄』の記載順序は藤岡市街地を起点として反時計まわり（左まわり）になっており、各郷域の範囲は次のように考えられている。

①林原　藤岡市街地、小林・戸塚地区
②小野　中・森・栗須《くりす》地区
③升茂（加茂の誤記とする見方が一般的である）・高足　岡之郷《おかのごう》・立石地区
④佐味・大前　鮎川流域の落合・白石《しろいし》・平井地区
⑤山高（高山）　高山・金井・下日野地区
⑥尾張　鬼石《おにし》地区
⑦保美　浄法寺《じょうぼうじ》・美九里《みくり》地区
⑧土師　本郷地区、林原郷に南接

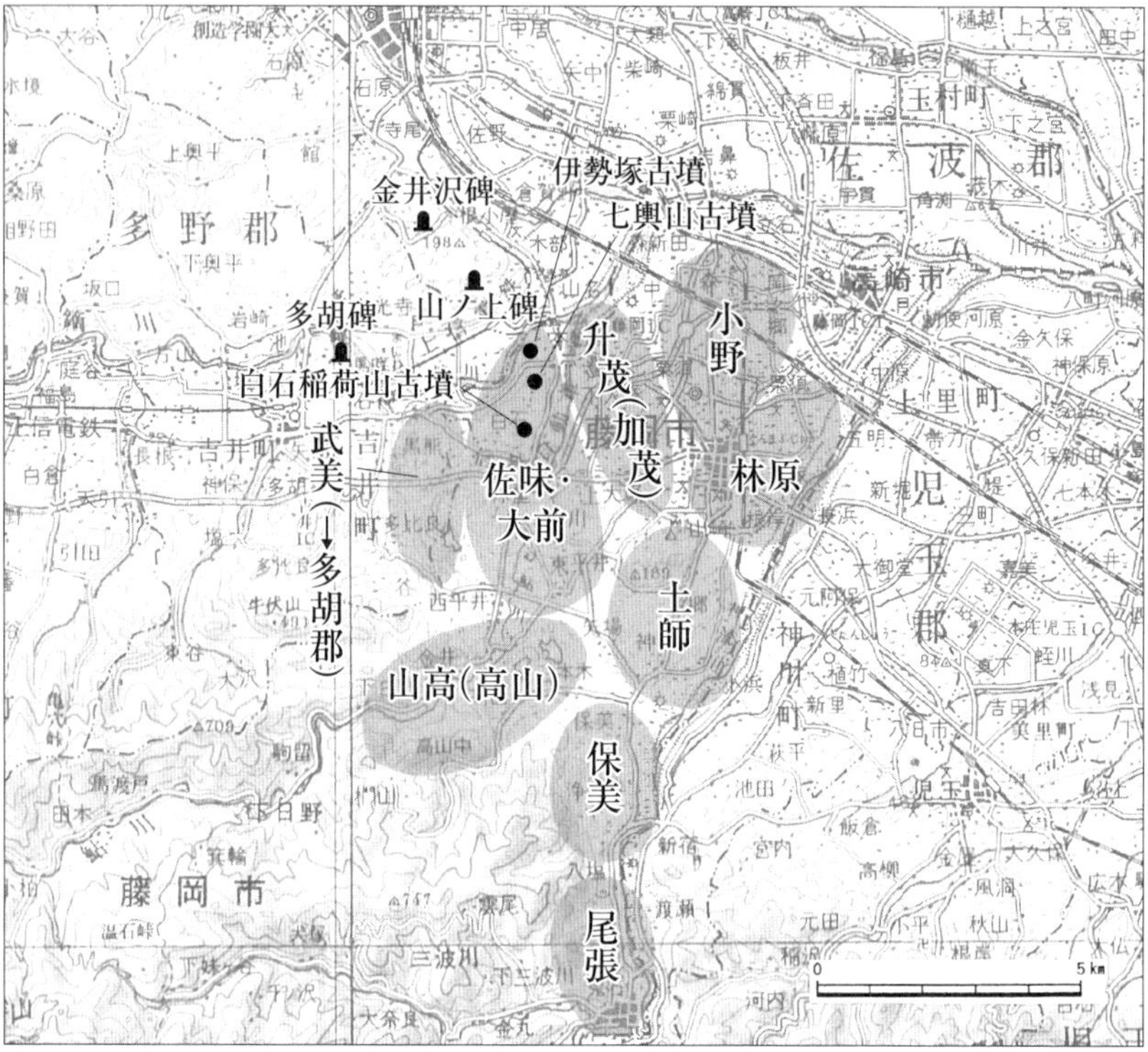

図21　緑野郡各郷域の範囲

記載順序から言えば、佐味郷が落合・白石地区に、大前郷が平井地区にあたるかと思われるが、「大前」が連想させる河岸べりの地形から、落合・白石地区を大前郷、平井地区を佐味郷とする意見のほうが有力である。断定できる根拠を私は持ち合わせていないが、佐味郷が鮎川流域に比定されることは動かせないと思う。

平井は、昭和十年（一九三五）の古墳調査で一村あたり最大多数の古墳が確認された地域であり、落合・白石地区には、白石稲荷山古墳、七輿山古墳、猿田古墳、伊勢塚古墳、皇塚古墳などの注目すべき古墳が集まっている。古代において、稲作・畑作ともに高い生産性を誇っていたと考えられる地域である。大前郷あるいは佐味郷の郷域内と推定される竹沼遺跡からは玉造工房跡が見つかり（藤岡市教育委員会編『竹沼遺跡』一九七八年）、今日、平井あたりを緑埜《みどの》と呼んでいることも興味深い。

そうした状況から推して、この佐味・大前郷

図22　七輿山古墳全景

図23　伊勢塚古墳石室

域は緑野屯倉（『日本書紀』安閑天皇二年条記載）の中心地域である可能性が高く、そう考える研究者も少なくない。緑野屯倉比定地には、他に、御倉《みくら》御子《みこ》神社のある保美郷があげられ、ここに有名な緑野《みどの》寺（浄法寺）が建つことに着目される方もおられるが、上毛野の生産力を倭王権中枢に結びつけるというミヤケの性格からすれば、高い生産性を持ち、舟運の上でもふさわしい佐味・大前郷域を中心に考えるほうがよいと思う。佐味・大前郷域と緑野屯倉とを関連づける考え方に私も与したい。

そう推定できれば、緑野屯倉と佐野三家は南北に繋がる形になる。

また、この佐味・大前郷域が、古墳の築造において、緑野郡域内最有力の地であることも忘れられない。家形埴輪の見つかった白石稲荷山古墳、終末期の複室石室を持つ皇塚古墳、主として七世紀と考えられる平井の大群集墳などがあるが、なかでも、特に注目させられるのは七輿山古墳と伊勢塚古墳である。

七輿山古墳と伊勢塚古墳

七輿山古墳の全長は一四五メートル。内部主体は未調査だが、考古学者の意見は、六世紀前葉に下る横穴式石室ということで一致しているようである（図22）。前・中期の古墳ならともかく、六世紀前葉で一四五メートルという大きさには驚かされる。当代東日本最大級の古墳である。

国の史跡指定を受けて整備され、春秋の墳丘への登りは楽しい。周濠の一部はなお満々と水をたたえ、実に勇壮である。後円部東側に並ぶ五百羅漢が、廃仏毀釈の影響だろうか一つ残らず首を打ち落とされているのは不気味だが（博打打ちが縁起担ぎに首を盗んだとも）、七輿山古墳の偉容は、私たちを古代史の謎解きに誘い込む。盗掘を受けていなければ、その横穴式石室からは、八幡観音塚古墳や綿貫観音山古墳に匹敵する副葬品が出土することはまずまちがいない。隣接する宗永寺保管の舟形石棺とともに、ぜひ見学していただきたい史跡である。

白石稲荷山古墳を含む一帯は毛野国白石丘陵公園として整備されており、七輿山古墳出土の七条凸帯の円筒埴輪などは、公園内の藤岡歴史館に陳列・保存されている。

見学となれば、七輿山古墳北方八〇〇メートルほどの所にひっそりとたたずむように見える伊勢塚古墳を絶対に忘れてはならない。小さな円墳だが、その石室にひとたび足を踏み入れれば、誰しもが感嘆の声を禁じえない。まさに芸術的としか言えない造りである。壁はドーム状に曲がり、しかも、その壁を形作るのは小礫と玉石のモザイクである（図23）。いったい、どのようにして小礫と玉石のモザイクでドームを造り上げたのか。こんな古墳だと思っていながら、訪れるたびに新鮮な驚きにうちのめされる。古墳築造技術の粋がそこにはある。構造力学が一つの美学となっているのである。その技術、美的センスは、我々現代人を凌駕する。筆舌に尽くしがたい美しさがそこにはある。渡来系氏族の関与が考えられるところだが、そうした古墳をも含んで、緑野郡佐味・大前郷は、私たちに佐味朝臣の謎を投げかけている。

那波郡佐味郷の性格

那波郡の方はどうか。『和名類聚抄』は、那波郡の各郷を、朝倉、鞘田《さやた》、田後《たじり》、佐味、委文《しどり》、池田、荒束（韮束）と記している。前橋市南部から、玉村町、伊勢崎市の広瀬川（旧利根川）右岸にかけての地域である。『和名類聚抄』の記載順序は、おおむね北西から東南へとなっており、各郷域を次のようにとらえる考え方が通説となっている。

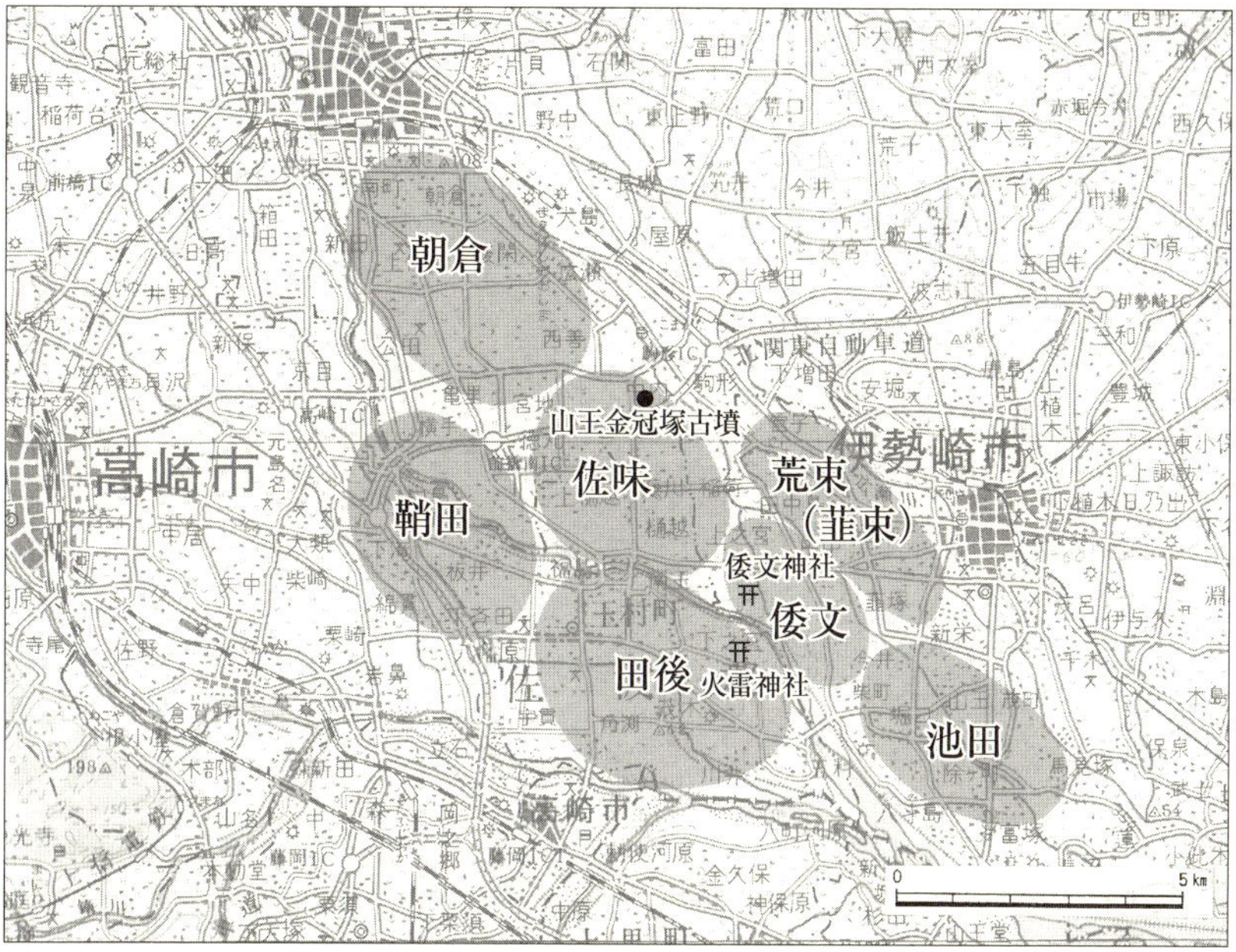

図24　那波郡各郷域の範囲

①　朝倉　　前橋市朝倉（上川淵）・下川淵地区
②　鞘田　　高崎市滝川・玉村町西部地区
③　田後　　玉村町東部地区
④　佐味　　前橋市山王・玉村町樋越《ひごし》地区
⑤　委文　　伊勢崎市宮川流域
⑥　池田　　伊勢崎市南端部
⑦　荒東（韮東）伊勢崎市連取《つなとり》・山王地区

　そのなかでの佐味郷の特色と言えば、郷域内の旧佐波郡上陽《じょうよう》村の山王金冠塚古墳（前橋市）から、新羅の金冠によく似た金銅冠（図1参照）が見つかっていることである。発掘調査による出土ではないが、冠の出土は珍しく、そのため、この古墳は金冠塚と呼ばれ、史跡整備が進んでいる。

　那波郡と言うと、朝倉郷の存在から、『日本書紀』孝徳天皇二年（六四六）条の「東国国司」の報告のなかに出てくる朝倉君のことが持ち出されることが多い。そして朝倉郷域あるいは佐味郷域に、東国最初の盟主墓である前橋天神山古墳（一二九メートル・前方後円墳）や前橋八幡山古墳（一三〇メートル・前方後方墳）があることなどから、朝倉君なる氏族が脈々と氏族形成を図ってきたと考える向きもある。

しかし、朝倉君はついに朝臣姓を獲得できなかった氏族である。東国六腹の朝臣にも数えられず、『新撰姓氏録』にも見えない氏族である。その勢力を過大視することは危険である。むしろ、佐味郷が検出され、その郷域が朝倉郷に南接していることに注意すべきであろう。朝倉君と佐味君（朝臣）との関係は、上毛野坂本朝臣の族（石上部系集団）と池田君（朝臣）との関係に似たものではなかっただろうか。

とりわけ、那波郡が、烏川を挟んで緑野郡と面していることは注意すべきである。大胆に言えば、佐味君（朝臣）が、烏川を挟んで、緑野郡と那波郡にその勢力をおよぼしていた可能性が高い。そして、そのような勢力圏の想定が許されるなら、佐味君（朝臣）と池田君（朝臣）は、烏川を挟んで直交する形で勢力圏を形作り（池田郷が、那波郡の南端部に見えることとは示唆的である）、佐野三家の背後に池田君（朝臣）が、緑野屯倉の背後に佐味君（朝臣）が存在したこととなり、すこぶる興味深い。

なお、那波郡には、延暦十五年（七九六）と貞観元年（八五九）にそれぞれ官社に列した式内社、火雷神社《ほいかづち》（田後郷・上野八の宮、玉村町下之宮）と倭文《しどり》神社（委文郷・上野九の宮、伊勢崎市上之宮）とがある。

車持君・大野君の面影

車持君に関する仮説

次に、車持君（朝臣）・大野君（朝臣）の面影を上毛野国内に求めてみたいが、この二氏の面影は、池田君（朝臣）・佐味君（朝臣）の場合ほどはっきりした形をとっていない。郡・郷名や神社の分布からは、車持君（朝臣）と群馬郡、大野君（朝臣）と山田郡大野郷との関係が推測されるばかりである。したがって、あくまでも一つの見方にすぎない。

まず、車持君（朝臣）については、前述したように、すでに五世紀代には成立していたと見られる倭王権内の職掌を氏の名とした氏名《うじな》の古さが注目される。こうした氏は負名《なおひ》の氏と言うが、そうした点から考えて、車持君は、早く五世紀代に王権の中枢部で活躍していたと思われる。

あるいは、上毛野君関係氏族が上毛野という地域の名を氏の名とする氏族を中心に関係氏族の構成を主張するようになるのは六世紀以降と見られるので、上毛野君関係氏族は、五世紀代には、車持君を中心にして関係氏族を構成していた可能性を否定できないと思う。大胆に推測すれば、五世紀から六世紀にかけて、畿内地方から上毛野地方に勢力の中心を移し、東国諸地域の諸氏族とのかかわりのなかから、上毛野朝臣以下、車持君（朝臣）を除く五朝臣が生まれていったと考えられる。

これは、大変大胆な仮説であるけれども、そのように考えれば、五世紀半ばすぎに見られる群馬の古墳群の「断絶」ないしは大きな変貌は理解しやすくなる。

そして、まさに群馬郡域に五世紀第Ⅲ四半期に、他を圧するような古墳群と城と言ってよいような居館址（三ツ寺Ⅰ遺跡）が一体のものとして姿を現わす根拠も求められる。一つの仮説として、私は、三ツ寺Ⅰ遺跡と保渡田《ほどた》の三古墳（高崎市保渡田・井出地区）を、畿内からその勢力の中心を移した車持君を中心とした人々に関わるものと考えてみたい。

特異な居館址――三ツ寺Ⅰ遺跡

旧著の段階では、発掘直後ということもあり、三ツ寺Ⅰ遺跡（図25）の概要は、群馬県埋蔵文化財調査事業団発行の現地説明会資料によるしかなかったが、一九八八年正式な報告書が刊行され、二〇〇四年には若狭徹氏の『古墳時代の地域社会復元　三ツ寺Ⅰ遺跡』（新泉社、シリーズ「遺跡を学ぶ」003）が出版されている。それらによって概要を整理しておこう。

①館の内部（若狭氏は「郭」と呼んでいる）はおよそ八六メートル四方の方形で、厚さ一メートルほどの盛り土がなされている。濠掘削の排土などを利用したものと見られる。

図25　三ツ寺Ｉ遺跡復元模型

②館の外側には濠がめぐらされ、少なくとも南と西の濠は人工的に掘削されたもので、幅三〇〜四〇メートル、深さ三メートルという「桁外れの規模を持つ」（若狭氏の表現）。

③館の外縁には大きな張出がいくつも設置され、内側の斜面には人頭大の川原石による石積みがされている（図2参照）。まったく個人的な感想だが、発掘直後現地で見た最初の印象は水上に浮かぶ石の城、『日本書紀』が描く崇神天皇の宮「磯城《しき》瑞籬宮《みづがきのみや》」（『古事記』では「師木水垣宮」）とはこんなイメージではないかと思ったほどである。

④館の外縁には堅牢な柵が多重にめぐらされ、内部はさらに柵により南北に二分される。

⑤南の区画には一三・五メートル×一一・七メートルの規模を持つ掘立柱建物をはじめとした建物群、井戸、二カ所の石敷施設があり、石敷施設には、館外部から水道橋で導いた水をかけ流す仕掛けが施されて、水の祭祀が行われていたと見られる。

⑥北の区画には竪穴住居が二棟以上存在するが、この竪穴住居は伏屋形であっても土を上げない屋根か、もしくは低い壁をともなう壁建ち建物であったと推定されている。

⑦館内からは、古い須恵器や子持勾玉《こもちまがたま》、滑石製模造品、直刀をま

図26　三ツ寺Ⅰ遺跡を中心とする5世紀社会の復元模型（手前：豪族居館　右奥：保渡田古墳群〈左；二子山古墳　右下；八幡塚古墳　右上；薬師塚古墳〉）

ねた木器などが出ていて祭祀の様相をうかがわせるが、金属加工が行なわれていた様子も見られる。

⑧居館は改造を繰り返しつつ、徐々に施設の充実が図られた様子が確認されたが、出土した土器の年代幅から、調査者の故・下城正氏は、三ツ寺Ⅰ遺跡の存続期間を五世紀の第Ⅲ四半期から六世紀初頭にかけての三〇〜四〇年間ほどと見ており、榛名山の噴火によって廃棄された。この期間は、若狭氏によれば、保渡田三古墳の築造年代と符合する。

若狭氏は、三ツ寺Ⅰ遺跡の発見以来、全国で次々と豪族居館（若狭氏は首長居館と呼んでいる）が発見され、多くの研究が積み重ねられるなかで、「三ツ寺Ⅰ遺跡はつねに階層の最上位に位置づけられ、首長居館の典型として扱われる傾向にある。しかしながら、発見から二〇年を経ても三ツ寺Ⅰ遺跡ほど周到に設計された居館の類例は見出されていない。だとすれば、典型とみられたこの遺跡の全体景観は逆に一般性に乏しく、首長居館にあるべき要素の一部を強調させた、特異な施設だったのではないかとも推測される」という注目すべき問題提起をされている（若狭前掲書、五四〜五五頁）。

若狭氏は、その解釈として、聖水祭祀を重視して「聖なる泉が三ツ寺Ⅰ遺跡の原点」「水祭祀施設の頂点としての三ツ寺Ⅰ遺跡」という説を出しておられる（若狭前掲書、六〇〜六二頁）。湧水・聖水の祭祀が重視されたことは確かだろうが、そのことが他の居館から突出する大きな根拠になるだろうか。

私は、三ツ寺Ⅰ遺跡が他の居館から突出している理由は、三ツ寺Ⅰ遺跡が保渡田三古墳と共に突如現われることと一体のこととして考えるべきだと思う。つまり、東国治定の恒常的な政・軍の拠点として、まさに二五〇年後の多賀城、鎮守府の原型として建設された建物、倭王権の国家意志を体現するものとして建てられたがゆえに、突出したのだと考えたい。東国を治める政治拠点であると共に蝦夷地に向かう軍事拠点である。

そのことを想起させる伝承的記載が『日本書紀』にある。景行天皇五十五年条の「彦狭嶋王を以て、東山道十五国の都督に拝したまふ」である。彦狭嶋王は赴任前に病死してしまったので、息子の御諸別王が同じ任務を負うことになるが、その際の天皇の詔として「汝が父、彦狭嶋王、任所に向ふことを得ずして早く薨りぬ。故、汝、専東国を領めよ」と記されていることである。

旧著でも私は、「都督」の用例が、本条以外では天智天皇六年（六六七）条の「熊津都督府（唐が旧百済領に設置した軍政府）」「筑紫都督府（大宰府の前身組織）」しかないことに着目して、三ツ寺Ⅰ遺跡の基本的性格は「都督府」と呼びうるものではないかと考えたが、その時点では、豪族居館が見つかり始めた段階であり、三ツ寺Ⅰ遺跡が、他の居館に比べて群を抜いた突出的存在であることを理解できていなかった。また、恥ずかしいことに、景行天皇条の記載に「任所」という特別の施設を示唆する表現があることに気づかなかった。

「東国都督府」とまでは言えないとしても、三ツ寺Ⅰ遺跡を豪族居館（首長居館）と呼ぶ呼び方は改める必要があるかもしれない。その将軍として「任所」に赴任した中心的氏族こそ車持君であり、ここから東国に軸足を移しきった「東国六腹の朝臣」の時代が開かれてゆくのではないかというのが私の仮説の骨子である。

瓜二つの遺跡—北谷遺跡の謎

そこで気になるのは、近年発見された北谷《きたやつ》遺跡である。若狭氏は、先の引用部分に続いて、「三ツ寺Ⅰ遺跡と瓜二つの遺跡がついに発見された。しかし類例は増えたものの、それらは三キロという至近の距離にあり、榛名山東南麓のエリアに収まっている。他地域や他県の発見例がない」（若狭前掲書、五五頁）「調査の結果、細部を除けば三ツ寺Ⅰ遺跡とほぼ同規模・同規格の構造であること、榛名山の噴火を下限としていることが判明した」（若狭前掲書、八五〜八六頁）とあり、「三ツ寺Ⅰ遺跡と同じ成立動機をもった政治・祭祀拠点であるといえよう。調査が継続中であるため詳細な検討は今後の課題であるが、三ツ寺Ⅰ遺跡の機能が移転したものであるか、別系統の首長が三ツ寺Ⅰ遺跡の設計理念を共有したのかが注目される」（若狭前掲書、八六〜八七頁）と記している。

榛名山の噴火を挟んで前後するなら理解しやすいが、わずか三キロの距離で同時期・同規模・同規格の並存というのは確かに理解が難しい。『日本書紀』の上毛野君始祖伝承が、荒田別・鹿我別、荒田別・巫別《かむなきわけ》、竹葉瀬・田道と、対の形で語られていることが何かを象徴しているのだろうか。上毛野君の本拠を考える後段でさらに考えてみたい。

保渡田三古墳の語るもの

保渡田三古墳は、三ツ寺Ⅰ遺跡から、北西へ一キロほどの所に所在する。

保渡田三古墳を形作るのは、井出《いで》二子山古墳（一〇八メートル）、保渡田八幡《はちまん》塚古墳（九六メートル）、保渡田薬師塚古墳（一〇五メートル）の三つで、この順序に五世紀第Ⅲ四半期から六世紀の初め頃にかけて造られたと考えられている。いずれも竪穴式の前方後円墳で、中からは、舟形石棺と呼ばれる凝灰岩製の石棺が見つかっている。また、周濠内には、中島が確認され、井出二

図27　保渡田八幡塚古墳全景と復元された埴輪列

子山古墳・保渡田八幡塚古墳では、その数がともに四つである（図27上）。こうした例は、大王陵と考えられているものにも少ない。

三古墳一帯は「上毛野はにわの里公園」として整備され、三ツ寺Ⅰ遺跡や下芝谷ツ古墳を含めて「かみつけの里博物館」で学ぶことができる。とくに保渡田八幡塚古墳の復元整備は見事で、地域の方々の市民参加によって六〇〇〇本の円筒埴輪の復元も進められている。井出二子山古墳も市民参加型の保存・整備が図られている。

今日までの研究成果によれば、舟形石棺は、西日本に比べて東日本では非常に少なく、しかも、東日本の検出例の大半は、この井野川流域周辺に集中していると言われている。六世紀に入ると、舟形石棺・竪穴式石室という組み合わせは横穴式石室に代わってゆくが、この井野川流域の舟形石棺は、畿内のものに比べて遜色がないといわれていることも、中島の存在とあわせて興味深い。

保渡田古墳群のもう一つの特徴は埴輪の充実で、若狭氏は「二子山古墳で採用された人物埴輪は関東でも比較的初期の段階に位置づけられることで知られる。二番目に築造された八幡塚古墳は、二重の周堀と一重の外堀がめぐる全長一九〇メートルの墓域を誇っているが、ここには約六〇〇〇本もの規格化された円筒埴輪が立て並べられて」おり、その「内堤《ないてい》の上には、五〇体以上の人物・動物埴輪のほとんどの種類を網羅しており、その後六世紀に関東で花開く人物埴輪文化を規定したのは、本古墳の埴輪様式であった」と記している（図27下）。

若狭氏はさらに、八幡塚古墳の埴輪配列区は「時間や空間を異にする複数の場面によって成り立っていることがわかった」とし、その場面を七つに分けた上で、「これらをみると、首長の機能にかかわった儀礼やアソビや財物をとりそろえて、生前の威勢を誇るかのように見える」と指摘されている。

若狭氏の指摘には、二つの重要なポイントがある。第一は、保渡田古墳群は、関東の人物埴輪登場期の古墳群であるという点。保渡田古墳群が、三ツ寺Ⅰ遺跡とともに、いわば唐突に現れることと一体的に考えた場合、「人物埴輪文化」を持った人々の動きを想定してもよいだろう。終章で検討を深めたい課題である。

第二は、慎重に言葉を選びながら、人物埴輪列を葬送列説や首長権継承儀礼表現説ではなく、被葬者の「生前の威勢」を現わしていると指摘している点。埴輪列を高句麗壁画古墳の壁画と比較して検討しうる視点を提供していると言ってよい。

綿貫観音山古墳の謎

保渡田三古墳から井野川を流れ下ると、岩鼻二子山古墳・不動山古墳・綿貫観音山古墳などからなる旧・群馬郡群南村（高崎市岩鼻・綿貫地区）の古墳群に面する。

この古墳群においては六世紀前半頃の古墳が見当たらず、いわば一つの「断絶」の後に、六世紀第Ⅲ四半期に、他に類例を見ないほどの副葬品を持った綿貫観音山古墳が築かれる。若狭氏などは、岩鼻二子山古墳・不動山古墳を保渡田三古墳の前に編年しており、両古墳と綿貫観音山古墳を一連の古墳群とみなすことは適切でないかもしれない。同様の傾向は、次節で述べる総社古墳群にもうかがえ、東国六腹の朝臣の成立を考える貴重な資料といえる。

綿貫観音山古墳は、群馬県立歴史博物館の館外展示として復元され、埴輪列のレプリカが墳丘上に並べられている。基段面まで完全に調査しての復元は、全国最初の例であった。博物館内にも石室が復元されており、八幡観音塚古墳よりちょっと大きめという感じである。ただし巨石巨室型ではない。

　出土遺物のなかで一番多かったのは馬具で、質・量ともに、今までの発掘例とは桁違いである。たとえば歩揺《ほよう》付雲珠《うず》といわれる飾り金具の出土数は八〇点におよぶ。同様な雲珠は、千葉県の芝山殿塚古墳・姫塚古墳など十数ケ所から出ているが、数の上で数段の開きがあり、匹敵するのは、藤ノ木古墳と海の正倉院・玄界灘の沖ノ島の出土例だけである。玄界灘の沖ノ島祭祀遺跡が、倭王権の国家的祭祀として、宗像君の手で行なわれた宗像三女神の祭りであり、伝承とはいえ車持君の関与が想定されることも示唆的である。それらの馬具には渡来文化の影響が色濃く、馬具に付けられた鈴は、発掘時には澄んだ乾いた音を響かせたという。

　鏡は二面出土したが、うち一面が、百済中興の祖・武寧王（在位五〇一～五二三）の頭部に安置されていた獣帯鏡と同笵と考えられるものである。また、銀装捩り環頭の大刀の柄には毛彫装飾があったが、その毛彫装飾の文様が、赤城の神の本性ともいわれ、道教の経典『抱朴子』で特記されるムカデであることも示唆深い（図36参照）。さらに、出土した冑も初めての形式で、北方アジア的色彩が色濃く、高句麗あるいは中国北朝に直結するものと考えられている。

　そして、この古墳からは、古墳出土例としては初めての銅製の瓶が見つかっている。法隆寺献納御物水瓶、いわゆる王子形水瓶に先立つ端正な作りであり、中国北朝・北斉《ほくせい》の貴族・庫狄迴洛《こてきかいらく》（五〇六～五六二。墓誌によれば、使持節都督定瀛済恒朔雲六州諸軍事定州刺史太尉公順陽郡王の高位で亡くなったことが分かる）墓出土の金銅瓶に類似している。興味深いことに、庫狄迴洛墓出土の金銅瓶の全高が一八・二センチなのに対し、綿貫観音山古墳出土の銅瓶の全高は三一・二センチを数える（図3参照）。

　庫狄迴洛墓（中華人民共和国山西省寿陽県）の全般的特質や庫狄迴洛墓出土品をはじめとする中国における王子形水瓶出現の様相とそれを支える宗教思想、王子形水瓶が東魏・北斉に集中し西魏・北周に見られない理由、朝鮮諸国における受容の様相、後述する東アジア的交流を支える中国側の主体の想定などについては、庫狄迴洛墓の発掘・調査者である王克林氏（山西省考古研究所所長・当時）のご教示（「北斉庫狄迴洛墓」『考古学報』一九七九年第三期、「山西考古工作的回顧和展望」『山西文物』一九八六年第一・二期、「五～六世紀の中日交流―中国・北斉時代の墓葬と日本・古墳文化の関連」『古代東国と東アジア』河出書房新社、一九九〇年）と矢部良明氏の一連の論考（「北朝陶磁の研究」『東京国立博物館紀要』第一六号、一九八一年、「古墳時代後期の器皿にみる中国六朝器皿の影響」『MUSEUM』四一二号、一九八五年）を先行研究として別にまとめた（「王子形水瓶、東国古墳出土の意義と背景―北朝・朝鮮・東国関係史への一視角」上田正昭編『古代の日本と東アジア』小学館、一九九一年）。参照いただければ幸いである。

これだけの古墳の主は、東国六腹の朝臣をおいて考えようがないと思う。正式な学術調査と完璧な復元・保存・公開がなされているだけに、上毛野国と上毛野君関係氏族の謎を解く最も有効な鍵となるものである。

中国北朝に起源する銅製容器の古墳埋納

序章でも述べたとおり、北魏末期・東魏・北斉代の銅製明器に起源を持つ銅製容器は、六世紀後半ばから西暦六〇〇年前後にかけての東国所在古墳に集中して分布している。

このことは、東国と上毛野君関係氏族との関係を考える上で重要な視座を与える。

第一に、序章の重複となるが、現在のところ、王子形水瓶は綿貫観音山古墳から出土しているだけであり、正しく托《たく》を伴う蓋《ふた》付きの杯《はい》は八幡観音塚古墳から二点、千葉県木更津市の上総《かずさ》金鈴塚古墳から一点、福岡県宗像市の宮地嶽《みやぢだけ》古墳から一点、托を伴わない蓋付きの杯は埼玉県行田市の埼玉《さきたま》将軍山古墳と小見真観寺《おみしんがんじ》古墳、神奈川県伊勢原市の登尾山《とおのやま》古墳、長崎県対馬市の保床山《ほしょうざん》古墳から出土している。王子形水瓶は一分の一、蓋付きの杯は八分の六の高密度で東国所在古墳に偏っている（托を伴う蓋付きの杯と書いてきたが、正確には「托杯」ないし「盞《さん》」と呼ぶべきであろう。蓋付きの鋺ではない。典型例は百済武寧王陵王妃木棺内出土品であり、銅托銀杯と呼ばれている）。

銅鋺についても、毛利光俊彦氏が一九七八年の段階でおよそ九〇例、出土古墳七〇を集計されているが、七〇基のうち七割の四九基は静岡・長野、つまり遠江・駿河・信濃以東の東国に集中し、関東だけでも三五基と、全体の半数に達する。他方、倭王権の中心地域、後に「畿内」と呼ばれる地域での出土古墳はわずか二基にすぎない（毛利光俊彦「古墳出土銅鋺の系譜」『考古学雑誌』第六四巻一号、一九七八年）。素直に、東国という独自世界を特色づける遺物と評価すべきであろう。

第二に、これら銅製容器が、中国北朝においては、死後の世界に受け渡される明器として墳墓に埋納されたことを重視したい。従来、これら銅製容器は珍品であり、寺院伝世品が多いことから仏具とされる場合が多いが、正しく古墳に埋納されており、形象埴輪の後発型のあり方と重ね合わせて考えると、東国において、中国北朝と相似た死後の世界観が持たれていた可能性を否定できない。そうした視点からの再検討が必要だろう。

第三は、これら銅製容器の示す系譜関係と、それが描き出す東アジア世界における東国の社会的位置との関係である。『魏書《ぎしょ》』『北斉書《ほくせいしょ》』などの記録によれば、六世紀倭国の国交記事は北朝のみならず南朝との間にも確実なものはなく、百済も北魏の延興二年（四七二）の遣使に失敗して以後、天統三年（五六七）北斉に朝貢するまで北朝とは国交を持っていない。新羅が北朝との国交関係を樹立するのは北斉の河清三年（五六四）からである。五世紀から六世紀にかけて北朝との密接な関係を持ち続けたのは高句麗だけである。

したがって、国交記事に基づく限り、五六〇～七〇年代であれば国交関係によって朝鮮三国いずれにも銅器がもたらされる蓋然性は高いが、それ以前に国交ルートによって百済・新羅そして倭国に銅器がもたらされたとは考えにくい。

そこで問題となるのは貴族・有力氏族間での東アジア的交流である。そもそも当時の国交関係は、中国皇帝と諸国王間あるいは諸国王同士のきわめて政治的な「朝貢・冊封」関係、「結好」関係であり、汎東アジア的に成立しつつある諸交流の一局面にすぎない。むしろ、国交関係以外の豊かな交流が多重化してこそ東アジア世界は成立する。その前提となるのは交流主体の成熟であり、この時点では、それを貴族・有力氏族層に求めるのが自然である。そうした観点に立って初めて、倭・北朝間に国交関係が見られないのに、北朝起源の銅器が倭国、それも中枢部の「畿内」ではなく東国に集中的に存在する理由も理解される。

つまり、北朝に起源する銅器が東国古墳に普く埋納されたことの意義は、国交関係によらない東アジア的交流を担いうる主体が、東国を一つの世界として成長を深めていたことを物質的に物語る点に求められよう。

大野君の場合

一方、大野君（朝臣）の場合はどうか。大野は一般的な地名と見られるが、東国周辺の郡・郷名としては、上野国山田郡大野郷しか見あたらず、その地は桐生市あたりと見られている。しかし、はたして大野君（朝臣）と東国との関連を桐生市周辺だけに限定してよいかどうか。前述した佐味君・池田君・車持君の勢力推定地、次に述べる上毛野君・下毛野君の勢力推定地から考えると、もうすこし広く考えてよいのではないかと思われる。

とくに、七・八世紀以降のことではあるが、東国六腹の朝臣は、上毛野朝臣・下毛野朝臣と佐味朝臣・池田朝臣・車持朝臣の間で力の差が見られ、大野君果安・大野朝臣東人のありようからは、大野朝臣を、優勢度の高いグループである上毛野朝臣・下毛野朝臣側に分類することができると見られる。とすれば、大野朝臣は、上毛野朝臣、下毛野朝臣に匹敵する地域、古墳群を探す必要がある。上毛野君・下毛野君の東国での本拠地を検討した後で再度検討し直してみたい。

上毛野君の本拠地

勢多郡域説の検討

いよいよ上毛野君（朝臣）の上毛野国内での主たる勢力圏を考えていこう。

図28　大室古墳群（左上から小古墳、後二子古墳、中二子古墳、前二子古墳）

従来、上毛野君の本拠地としては、『続日本紀』天平勝宝元年（七四九）閏五月二十日条に、「上野国勢多郡小領外従七位下上毛野朝臣足人《たるひと》、当国（上野国）国分寺に知識物を献ずるを以て、外従五位下を授く」とあることから勢多郡域が注目されてきた。現に勢多郡域は、霊峰赤城がそびえ、三夜沢《みよさわ》赤城神社（前橋市三夜沢町）をはじめとして、赤城信仰の中核を形作る地域である。

旧の勢多郡荒砥村（前橋市東・西大室町）の、土地の人々が「二子様」と呼ぶ三基の大きな横穴式石室墳も注目に価する。前二子古墳（九四メートル）、中二子古墳（一一一メートル）、後《うしろ》二子古墳（八五メートル）の三つである。大室公園としての整備が進められている（図28）。

前二子古墳の石室は自然の割れ石を使った乱石積で、全長一四メートルの長大さは、石室内に入ってみると予想以上である。築造年代は六世紀前半と見られている。

石室は明治十一年（一八七八）三月、村民の手で発掘され、アーネスト・サトウによって全世界に紹介されたが、二百余点の副葬品（鏡、鎗、耳輪、瑠璃玉、馬具、土器など）のなかに「四神（青龍・朱雀・白虎・玄武）付飾り土器」と呼ばれる器台形の須恵器があった。実見すると、これが四神かと疑いたくなるが、尾崎先生は、四神のつもりだったのだろうと言われ、推定の根拠として、赤城山の名称と四神信仰との関係をあげられている（「上野国の韓来文化」『韓来文化の後栄』所収）。赤城山は、『万葉集』では「久呂保嶺《くろほね》」と呼ばれ、赤城の最高峰は北方にある黒檜岳《くろびだけ》、赤城とは、主として南麓つまり三つの二子古墳あたりからの呼び方、西には白川が流れ下り、東には青龍とも表現される虚空蔵菩薩を祀る峰が見えると。なるほど、その構造は、黄で表わされる中国の国家・君主・民族を、東の青龍（青）、南の朱雀（赤）、西の白虎（白）、北の玄武（黒）が守護するという四神の信仰に合致する。しかし、赤城の名称がその時代まで遡りうるのか、なお疑問がある。

前二子古墳の北側に接する中二子古墳の周濠は今も満々と水をたたえ、人為による破壊も少なく、埋葬主体部にはまだ調査の手が伸びていないが、六世紀前半の築造と推定されている。後二子古墳は、中二子古墳の西北方一〇〇メートルばかりの所にあり、副葬品の大半は失われてしまっていたが、六世紀中ごろから後半の築造と考えられている。

群馬県埋蔵文化財調査事業団のウエブサイト（http://www.gunmaibun.org/jiten/iseki/）によれば、中二子古墳の「人物埴輪や大刀形埴輪、須恵器高杯形器台や提瓶などは後円部南側の中堤上に設置されていたものと考えられ」、後二子古墳の「前方部の北側の下段墳丘平坦面から馬形埴輪に付けられた装飾部品が出土した。この装飾部品は大阪府四天王寺の人物がのる馬の装飾部品と瓜二つであるため、四天王寺の馬と同様の埴輪が存在していたことが考えられる」とのこと。

埴輪の詳細はともかく、保渡田八幡塚古墳で導入、確立された「人物・動物埴輪文化」が継承・定着された様子がうかがえる。赤城山の南麓に六世紀を通して、これだけの規模、内容を築いた主体として上毛野君（朝臣）に連なる人々を考えることは誤りではないだろう。

しかし、上毛野君（朝臣）の主たる勢力圏を勢多郡域に限定する考え方、あるいは、勢多郡域こそをその中核地帯とみなす考え方にはなお疑問がある。結論的に言えば、七～八世紀以降の上毛野国の中枢地域、後に上野国府が置かれる総社の地（前橋市総社地域）を、上毛野君（朝臣）との関係でさらに見直す必要がある。

有馬君実在の疑問

従来総社の地は、尾崎先生以来、有馬君なる氏族の勢力圏と見られてきている（「群馬郡」『上野三碑の研究』所収）。だが、有馬君なる氏族の存在そのものが怪しく、また、仮に有馬君なる氏族が存在したとしても、東国六腹の朝臣に数えられない氏族が上毛野朝臣―東国六腹の朝臣を凌ぐような古墳や文物を上毛野国の中枢地域に残すだろうか。

尾崎先生が有馬君なる氏族の存在を想定され、それを総社の地に結びつけられた文献的根拠は、『和名類聚抄』上野国群馬郡条に「有馬郷」が載せられていることと、『新撰姓氏録』右京皇別上の垂水公《たるみのきみ》条に「阿利真公《ありまのきみ》」が見えることによる。『新撰姓氏録』は次のように記している。

（垂水公）は豊城入彦命の四世孫、賀《か》表《ほ》乃《の》真《ま》稚命《わかのみこと》の後なり、六世孫阿利真公、諡《おくりな》孝徳天皇の御世、天下旱魃、河井涸絶、時に阿利真公、高樋を造作し、以て垂水岡の基の水を宮内に通さしめ、御膳を供奉す、天皇、その功を美《め》でて、垂水公の姓を賜ひ垂水神社を掌《つかさどら》しむ、日本紀漏。

この記載を見てまず感じることは、「阿利真公」という記載が氏姓である可能性の低いことである。「垂水」が氏族名であるのに対して、「阿利真」は個人名であると考えるほうが、『新撰姓氏録』全体の記載例から推してより妥当である。公（君）が個人の尊称から始まった可能性の高いことは第二章でも述べたが、阿利真公の功績に対して、垂水公なる氏姓が、彼の一族に与えられたと考えるべきである。

なお、「高樋を造作し、以て垂水岡の基の水を宮内に通さしめ、御膳を供奉す」という記載は、三ツ寺I遺跡の聖水祭祀のありようや、負名の氏としての車持君に関わる主殿の職掌に通じるものがあり、別の角度からの検討も必要かと思われる。

第二に、垂水岡比定地には、摂津国豊島郡説（『神祇志料』）と同国住吉郡説（『大日本地名辞書』）とがあるが、いずれも大阪湾沿岸地帯である。高樋をもって水を通したという宮が孝徳天皇（在位六四五年～六五四年）の難波長柄豊崎宮（大阪市東区法円坂町あたりか）であることも、阿利真公（垂水公）の勢力圏が大阪湾沿岸地帯であることを示唆する。垂水神社の現在地も、住吉神社と関係の深い垂水岡（大阪市住吉区）である。

こうした点から、垂水岡推定地としては、垂水神社の現存する住吉の地と見る『大日本地名辞書』の説のほうがより妥当だと思う。このあたりは、上毛野君関係氏族第二のグループである多奇波世君後裔グループおよび第三グループである紀伊・和泉グループの勢力圏に含まれる地域である。したがって阿利真公—垂水公は、それらのグループに属すと考えたほうがよいと思う。

第三に、阿利真公は、この記載に見られる功績をもって垂水公の氏姓と垂水神社の管掌権を得たのであるが、遂に朝臣の姓を賜姓されることなく、貴族の地位も確保できなかった氏族である。こうした性格を持つ氏族を、上毛野国の中枢地域、いわば上毛野の「都」である総社の地に想定することはやはり無理だと思う。

以上を要すれば、氏族としての有馬君の実在の可能性はきわめて低く、また阿利真公—垂水公の本拠地としては、大阪湾沿岸地帯を想定することが、最も妥当な考え方であると思う。もし「有馬」を地名と結びつけるとすれば、上野国群馬郡有馬郷とするよりも、和泉国陶邑地域の有真香邑《ありまかむら》のほうがよりふさわしい。

つまり垂水公は、六〜八世紀代にあっては、大阪湾沿岸地帯に勢力を張った、東国六腹の朝臣に比べれば有力でない氏族と考えられるのである。そうした氏族を、上毛野の「都」、総社に想定することはできないと思う。とすれば、総社の地に見事な古代文化を残し、上野国府開設の前提を作った氏族は何か。私には、東国六腹の朝臣のありようから考えて、上毛野君（朝臣）そのものを想定する以外に考えようがない。想定の際の最低の条件は東国六腹の朝臣に含まれることだろう。そして消去法によるならば、総社の地とその東にひろがる勢多郡域が、上毛野君本宗家の本拠地として最もふさわしいと思う。

そこで次に五世紀後半から七世紀にかけての総社の地を概観してみたい。中心は総社古墳群と山王廃寺である。なお五世紀前半以前の総社の古代文化がそれほど豊かではなかったことも、私の立場からすれば、上毛野君の成立に関係して興味深い。

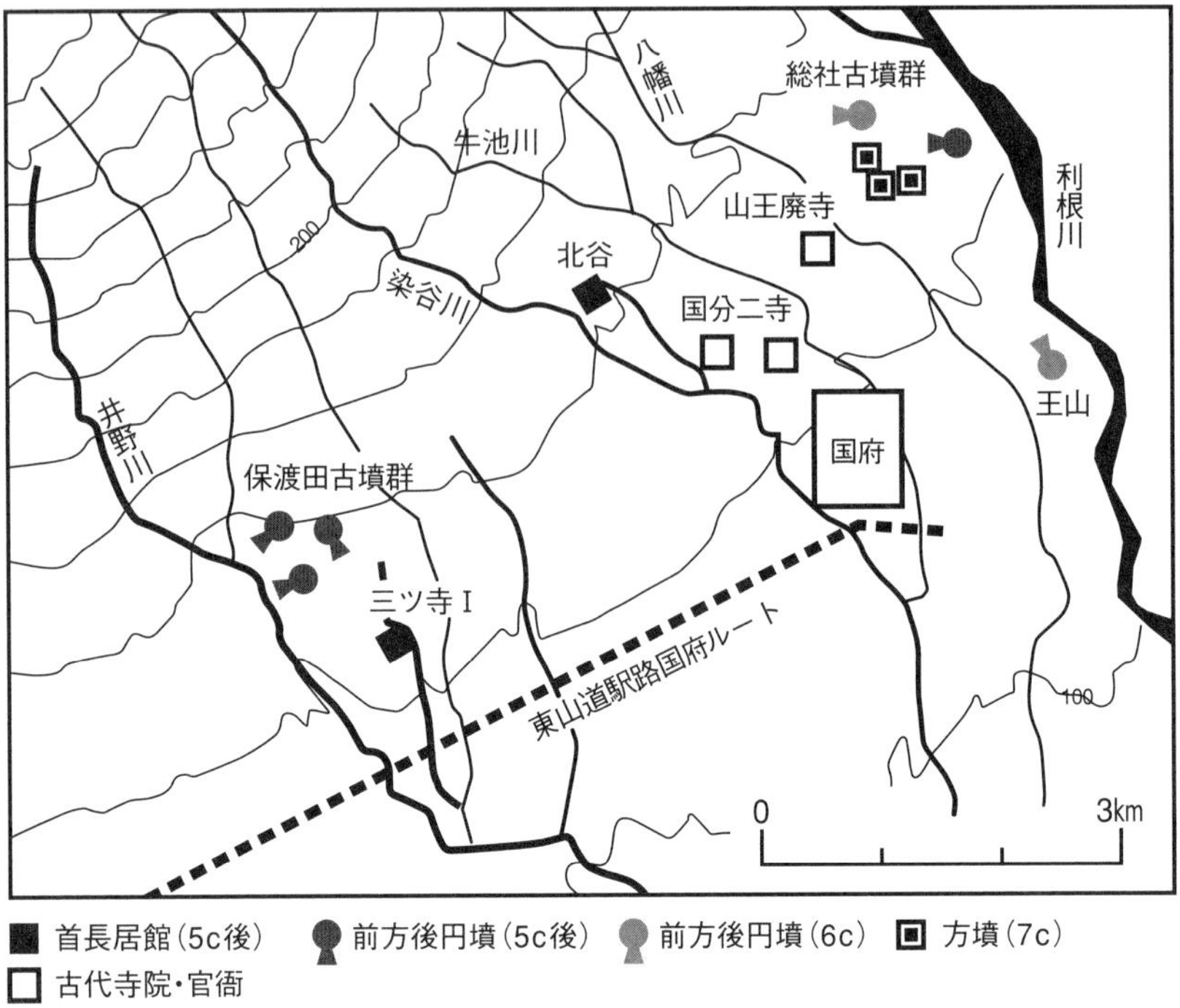

図29　三ツ寺Ⅰ・北谷遺跡と保渡田・総社古墳群

総社古墳群への視角

総社古墳群は、五世紀後半の遠見山古墳（七〇メートル）にはじまり、積石塚である六世紀前半の王山古墳（七五・六メートル）、六世紀後半の総社二子山古墳（九〇メートル）を経て、七世紀代の三つの方墳、愛宕山古墳（一辺五六メートル）、宝塔山古墳（東辺五四・五メートル、西辺五一・二メートル、南辺四九メートル、北辺四二・二メートル）、蛇穴山古墳（南北三九・一メートル、東西四三・四メートル）へと続く。

ただ、その立地や形式を見た場合、これら六つの古墳が本当に一連のものなのかは疑問が湧く。たしかに遠見山古墳と総社二子山古墳、三つの方墳は近接して築かれているが、総社二子山古墳以降は世代幅で連続しているものの、遠見山古墳と総社二子山古墳との間には一世紀前後の開きがある。その間に位置するのが王山古墳だが、王山古墳と他の古墳とは二キロほどの距離があり、王山古墳だけが積石塚という特異な形式を取っている。岩鼻二子山古墳・不動山古墳と綿貫観音山古墳の関係同様、遠見山古墳と総社二子山古墳・三つの方墳との間には「断続」

関係を考えた方がよいのではないだろうか。また、王山古墳と総社二子山古墳・三つの方墳の関係は、時代差はあるものの、積石塚の下芝谷ツ古墳と保渡田古墳群との関係に近いと考えられる。

そうした疑問はあるものの、総社二子山古墳・三つの方墳が一連のものであり、やがて上野国府が開かれる土地に築かれたことは否定できない。また、大型の方墳列が七世紀代に連続して営まれるのは、この古墳群だけである。

総社二子山古墳は前方部と後円部とにそれぞれ横穴式石室を持ち、近年の考古学的研究によれば、後円部、前方部の順に六世紀後半に造られたと見られている。後円部石室プランは、綿貫観音山古墳のプランに類似するといわれているから、後円部石室の被葬者は綿貫観音山古墳の被葬者とよく似た社会的地位を持っていたと考えられる。今はまったく失われてしまった副葬品も、綿貫観音山古墳あるいは八幡観音塚古墳のそれと同様のものであったことだろう。したがって、その被葬者は東国六腹の朝臣につながる人物と考えてよいと思う。

愛宕山古墳からは、家形石棺が出土しているが、その材質は凝灰岩で、榛名山麓には見当たらず、高崎市の観音山丘陵から切り出され十数キロの道を運ばれたのではないかと考えられている。

大型方墳である宝塔山古墳の石室は南方に開口した両袖型石室で、玄室と羨道の間に前室と呼ばれる部屋を持つ複室というタイプである。玄室規格は、三〇センチを一尺とする唐尺《からじゃく》によったと見られている。羨道の外側には、扇形に開く前庭と呼ばれる施設が付く。墓前祭が行なわれた所であろう。壁には漆喰が三重に塗られていたらしい痕跡があり、壁画の存在が予想される。ふくらみのある壁石の仕上げはうっとりするほどである。玄室中央の輝石安山岩製の家形石棺は極上品で、脚部に残された格狭間《こうざま》には仏教の香りがするといわれている。尺度と技法、石棺と玄室の大きさから、まず石棺を作って安置し、それから石室全体を造ったと推定されている。

宝塔山古墳の東南に隣接する蛇穴山古墳も方墳で、石室はやはり両袖型だが、羨道はなく、玄門の外に直接、前庭がひろがる。非常に精緻に作られ相当複雑な閉じられ方をしたらしい玄門を抜けた所にひろがる玄室は、奥、天井、左右壁とも輝石安山岩の一枚岩である。きわめて硬い材質なのに、ふっくらとした軟らかさに包まれたような感じにとらわれる。各壁の合わせ目には双方の石の端をL字状に切り込んで繋ぎ合わせる技術が使われ、天井もぴたりと落としかけられている。宝塔山古墳からさらに進んだ技術であり、七世紀後半の天皇陵とおぼしき古墳と直接比較することが可能な古墳である。

なお、総社古墳群の立地が北谷遺跡と比較的近いことから、その関連が議論されているが、データが十分とは言えず、また、遠見山古墳を除外すれば一世紀近い時代差がある。今後の研究に期待したい。

山王廃寺（放光寺）の性格

宝塔山古墳・蛇穴山古墳が作られた頃の建立と考えられている寺が山王廃寺である。宝塔山古墳から西と南へそれぞれ六五〇《メートル》ほど、一〇九《メートル》を一町として六町の間隔をおいた所に建てられ、松島栄治氏は塔心礎の位置が推定国府の都市プランとぴったりと一致するとされた。石製の鴟尾《しび》一対、根巻石、塔心礎、陶製の水瓶・碗・皿、塑像の頭部、釘、瓦などが出土しており、石製遺物は、いずれも実に素晴らしいものである。

図30　山王廃寺出土「放光寺」銘瓦

寺域確定、伽藍配置確定、建立時期推定のため、連続して調査がもたれている。その結果、「放光寺」とへら書きされ、あるいは刻印された瓦十数点の出土を見（図30）、山ノ上碑（六八一年建立・高崎市山名町）に見える「放光寺」と確認されたことは重大である。そのことは、創建時の中心となった瓦が、川原寺系統と考えられていることとも合致する。七世紀第Ⅳ四半期までには、僧侶が修行できるまでに完成していたのである。各国国分寺が建つ以前においては、東国第一の寺院の一つであっただろう。そして、この寺の近くに、上野国府が開かれ、国分寺が建てられる。

ところで、この寺が「放光寺」という寺名を持っていたと考えられることから、この寺を佐野三家の氏寺とみなす見解や、山王廃寺建立地までを佐野三家の勢力圏とみなす見解があるが、私は、これらの見解には賛同できない。東国六腹の朝臣に数えられない佐野三家の勢力をそこまで評価できるとは考えにくいからである。むしろ、上毛野君（朝臣）が主体となって建てた準官寺と考えるほうがよいのではなかろうか。度々繰り返してきたように、総社の地は上毛野の「都」だからである。そうした性格を持つ地に佐野三家の血を引く人物が僧侶として入り修行していたと考えても、山ノ上碑文の内容と矛盾しないと思う。

二つの放光寺―その寺号をめぐって

そこで次に、放光寺という寺号と出土遺物に関する文献史学的考察を少し加えておきたい。

まず放光寺に関しては、放光寺という寺号を持つ著名な古代寺院がもう一つ存在する。奈良県北葛城郡王寺町の片岡山放光寺である。片岡僧寺あるいは片岡王寺とも呼ばれた寺である。所在地一帯は古くから片岡と呼ばれ、法隆寺の建つ斑鳩《いかるが》の西隣、大和川が河内へ抜ける直前の地である。片岡の名は、山ノ上碑の建つ上野国片岡郡（建碑の段階では山ノ上碑建立の地は上毛野国片岡評に属していたと考えられる）を連想させて興味深いが、その寺が、斑鳩地区においては、法隆寺と並ぶ飛鳥期の名刹であったことは見過ごすことができない。

片岡の放光寺のことを記す『放光寺古今縁起』によれば、六世紀後半の敏達朝のとき、敏達天皇の娘片岡姫の宮を寺に改めたのが創始といわれ、本尊が光り輝いたがゆえに「放光仏と名づけ、寺銘を放光寺と号した」という。

敏達朝創建説は信じがたいが、敏達天皇につながる王族の宮を寺に直したことはありうることだと思う。それがいつ頃のことなのか、他に信ずべき文献がないのでさだかではないが、『法隆寺伽藍縁起并流記資財帳《ほうりゅうじがらんえんぎならびにるきしざいちょう》』に、戊午歳《つちのえうま》、播磨佐西の地五十万代《しろ》の水田を、伊河留我《いかるが》本寺（法隆寺）、中宮尼寺（中宮寺）、片岡僧寺（放光寺）に分賜したとあることは、この寺の歴史上の位置を伝える興味深い史料である。『法隆寺資財帳』は、戊午年を、聖徳太子の法華経講説にかけて五九八年（推古天皇六年）としているが、戊午年条直前の記事が六四八年戊申歳《つちのえさる》条であることから推して、六五八年のことである可能性が高い。

なお検討が必要であるが、『放光寺縁起』が、舒明・孝徳朝を強く意識していることを考えると、七世紀半ばには存在していたとしてよいと思う。王寺としての扱いを受け続けたらしいことも、地名王寺から類推される。

次に放光仏とはどんな仏なのだろうか。

『放光寺古今縁起』が、金堂の本尊を「金銅の弥勒」とし、それをとりまく諸像のなかに「放光瑞尊観音聖明王作」があったと記していることは注目に価する。聖明王とは、仏教を我が国に公伝した百済王明襛のことで、彼は、死の直後から、仏教篤信の聖王と呼ばれた王である。この伝えから考えて、放光仏は、百済から伝えられた金銅の観音ないしは弥勒ではなかったかという可能性が開かれる。観音・弥勒の尊像が、我が国仏教史の上で比較的早く受け入れられたことはよく知られていることであり、七世紀代の造仏の中心は金銅仏である。

しかし、放光については、もう一つ考えておく余地がある。それは、「法華経」序品にいう釈迦説法時の六つの瑞祥の最後を飾る「放光動地の瑞祥」のことである。『神皇正統記』などは、聖徳太子の三経講説の様を「放光動地の瑞祥あり」と記している。法華経が、涅槃経と並んで早く受容された経典であることを思うと、放光仏なる仏像が釈迦像である可能性も否定できない。なお検討を要すが、放光仏とは、釈迦・観音・弥勒のいずれかの金銅仏で、朝鮮、おそらくは百済から伝えられたものではなかろうか。

寺院が名を同じくするにはそれなりの理由があるはずである。まして時代は仏教公伝以来一世紀をすぎたばかりである。全国の寺の数は、『日本書紀』が推古天皇三十二年（六二四）のことと記す「四十六寺」を相当に上回っていただろうがまだ少ない。例えば七世紀代まで遡りうる群馬の寺院数は四と考えられている。そのなかでの寺号の一致である。しかも放光寺という寺名はそうポピュラーなものではない。両者の関係を考えてみないほうが不自然であろう。

とくに、山ノ上碑建立の二年前、六七九年四月、諸寺の国家管理を進める政策の一つとして、寺名を定めよという詔が出されていることは注目してよいと思う。後に定額寺となることから推して、この時、上毛野国の放光寺の寺号は公認確定されたとしてよいであろう。山ノ上碑は、公認後まもなく刻まれたのである。一方、片岡の放光寺も、この時、その呼び方の重心を、片岡僧寺から放光寺に移していったと推察される。六八〇年ころ、両寺は、並んで放光寺と呼ばれた可能性が高い。

たまたま両寺ともに放光仏と呼びうる本尊を持っていた可能性は高い。しかし、当時の諸寺本尊が金銅の釈迦・弥勒・観音であることは、ほんんどの寺院について言えそうだから、これだけを理由とするわけにはいかないと思う。渡来の金銅仏というだけでも十分ではない。やはり、その本尊を放光仏と呼び、寺号を放光寺とする共通の条件が見いだされなければならない。それが何かが問題だが、片岡という地名や朝鮮、特に百済との関係は一つの要件になると思う。

出土遺物の文献史学的考察

そうしたことを念頭において、山王廃寺（放光寺）出土遺物の検討に入っていこう。

まずは瓦。創建当時の瓦は川原寺系統の複弁八弁蓮華文軒丸瓦と見られている。川原寺そのものの創建は『日本書紀』などには明記されておらず、「斉明朝以後、天武朝初期までの間」という意見が最も可能性が高く（網干善教ほか『謎の大寺飛鳥川原寺』日本放送出版協会、一九八二年）、七世紀第Ⅲ四半期の建立と見られる。

したがって山王廃寺（放光寺）の造営は川原寺そのものの創建と重なり合うと言ってよい。その時期はまた山田寺の造営年代と考えられる時代に含まれるが、山王廃寺と並び称される群馬の古代の大寺・上植木《かみうえき》廃寺（伊勢崎市上植木）の創建当時の瓦が山田寺式、寺井《てらい》廃寺（太田市寺井）の瓦が川原寺式である。

山田寺と言うと、蘇我倉山田石川麻呂の無念の自殺（六四九年）以前に完成していたと考えがちだが、『上宮聖徳法王帝説』裏書には次のようにあって、塔と丈六仏の完成は天武朝のことだったことが知られる。
辛丑年（六四一）始て地を平す。癸卯年（六四三）金堂を立つ。戊申年（六四八）始て僧住めり。己酉年（六四九）三月二十五日大臣害に遇ひぬ。癸亥年（六六三）塔を構う。癸酉年（六七三）十二月十六日塔の心柱を建つ。その柱の礎の中に、円穴を作り、浄土寺と刻めり。その中に有蓋大鋺一口を置き内に種々の珠玉を盛れり。その中に塗金壺ありて壺内にまた種々の珠玉を盛れり。その中に銀壺あり。壺内に純金壺あり。その内に青玉玉瓶あり。その内に舎利八粒を納めたり。丙子年（六七六）四月八日露盤を上ぐ。戊寅年（六七八）十二月四日丈六仏像を鋳る。乙酉年（六八五）三月二十五日仏眼を点す。山田寺これなり。

こうしたことから、山王廃寺（放光寺）の創建は山田寺の建立とも並行しあう時期があることが分かる。川原寺の造営主体あるいは山田寺の後期の造営主体と山王廃寺（放光寺）造営の主体との関係を従来の想定以上に近づけて考える必要が生まれている。山王廃寺（放光寺）出土の女人像と見られる塑像と川原寺の天部像と考えられる塑像との比較も問題となろう。なお片岡の放光寺（片岡王寺）の瓦は飛鳥寺式の古い感じのものと単弁十六弁蓮華文という特異な瓦とが出土しており、この点だけからすれば片岡の放光寺と山王廃寺（放光寺）との関係は薄い。

次に塔心礎は、従来、石材加工技術の面から薬師寺西塔心礎との類似が指摘されているが、山王廃寺塔心礎は地下式と見られるから、時代をそこまで下げずに、心礎が基壇面におかれる法起寺塔心礎以前のものと比較することが妥当である。法輪寺や法隆寺、問題の山田寺や川原寺との比較である。法起寺の場合も、八角形の柱穴という特異な進んだ形を見せているが、全体の大きさや柱穴径、舎利穴径などは山王廃寺のそれとよく似ており、法起寺三重塔などは幻の放光寺塔を考える一つの基準になると思う。柱穴の約四〇倍が塔高という考え方に立てば、柱穴径六六センチだから、塔高は約二六メートルとなり、法起寺・法輪寺のそれに近い。

三番目の石製鴟尾《しび》については、従来から指摘されているように、天平十九年（七四七）の奥付をもつ『大安寺伽藍縁起《だいあんじがらんえんぎ》并流記資財帳《ならびにるきしざいちょう》』の「(舒明天皇)十一年歳次乙亥(六三九)春二月、百済川側の子部社《こべのやしろ》を切排て、院寺家、九重塔を建つ、三百戸の封を入賜ひ、号して百済大寺と曰ふ、この時、社の神怨みて火を失し、九重塔ならびに金堂石鴟尾を焼破す」の記載が検討の対象となる。

百済大寺については、奈良国立文化財研究所(現・奈良文化財研究所)の発掘調査で「吉備池廃寺」(奈良県桜井市吉備池)がそれにあたることが判明しているが(木下正史『飛鳥幻の寺、大官大寺の謎』角川選書、二〇〇五年)、石製鴟尾が金堂に乗っていたという記載は、山王廃寺出土遺物の発見状況と矛盾しない。

それ以上に重大なことは十市郡の百済川べりが佐味朝臣の大和での勢力圏であることである。前述したように、佐味君(朝臣)は、壬申の乱に際して、大伴氏とともに最初から天武天皇側にあった数少ない有力氏族であり、大伴氏もまた、壬申の乱には、この地の百済の家から出陣している。そして、壬申の乱直後の六七三年、天武天皇が、この百済大寺を高市《たけち》郡に移し、国家の寺として高市大寺(大官大寺)を造立していることは、高市大寺と並行する山王廃寺(放光寺)が、なぜ石製鴟尾を用いたのかを考える一つの前提となるのではなかろうか。

その際、少し遡って、舒明天皇の宮、百済宮がその地に営まれたことにも注意しておくべきかもしれない。舒明朝は、史上確実視できる最初の上毛野君とも言える上毛野君形名が登場する時代であり、百済宮、百済大寺が営まれた百済の地は、片岡の放光寺とも比較的近く、敏達天皇の孫、舒明天皇の時代にすでに片岡の放光寺が造られていた可能性が高いからである。

鴟尾と言えば山田寺からも鴟尾残欠が出土しており、志水正司氏によれば、山田寺鴟尾残欠は法隆寺玉虫厨子の鴟尾に比較的似た雰囲気を持っていると言われる(『古代寺院の成立』六興出版、一九七九年)。玉虫厨子の鴟尾は明治時代に復元されたものだが、玉虫厨子については白鳳期製作説が強まっている。あくまで参考としても、玉虫厨子の鴟尾との比較も今後進められるべきだと思う。そしてもし、その類似が認められるとすれば、築造年代からだけでなく、山田寺や川原寺の

伽藍配置との比較などがさらに問題になってくると思う

最後の根巻石については、管見の範囲では比較検討すべき資料がみあたらなかったが、全体の印象として、山王廃寺（放光寺）は畿内中心部の同時代寺院と直接的に比較すべき内容を持っていると言える。そうした性格を生んだものこそ、上毛野君（朝臣）─東国六腹の朝臣の力ではなかっただろうか。

下毛野君の本拠地

下毛野の古墳文化の特質

下毛野君（朝臣）の本拠地としては下毛野国の範囲（以下「下毛野」と記す）が候補地たりうるだろうが、そのなかでも、どこが最もふさわしいのか。そのことを考えるためには、下毛野（栃木県域）の古墳文化の特質を押さえておく必要がある。

那須地域を含む下毛野の古墳のありようは、上毛野（群馬県域）とは大きく異なっている。「那須地域を含む」と書くのは理由がある。那須国造碑（七〇〇年、大田原市）の記載から、栃木県域にはかつて下毛野国とは別の那須国があったと考えられがちだが、那須国造碑の記載は、唐の永昌元年、つまり持統天皇四年、西暦六八九年に那須国造追大壹《ついだいいち》（正八位上相当）の那須直《なすのあたひ》韋提《ゐで》に「那須評督《なすのこほりのかみ》」が与えられたとあるだけで、それ以前に国制で下毛野国と対等の那須国なるものがあったことを意味していない。「評」は後の「郡」のことであり、「那須評督」は「那須郡大領」のことである。序章で論じた『常陸国風土記』の記載や大化年代の「東国国司詔」に従えば、常陸地域の筑波、新治と同じ意味での那須である。東国八国の中に那須国は挙げられておらず、下毛野国と比べ論じられる上毛野国の確実な初見が斉明天皇四年（六五八）であることも示唆的である。

下毛野の古墳文化の最大の特質は、五世紀の前半まで前方後円墳が造られず、前方後方墳が造り続けられたことである。

細かい年代観や墳丘長などは異見があろうが、下毛野の古墳文化は、四世紀半ばの藤本観音山古墳（一一六・五メートル、足利市藤本町）、那須地域の駒形大塚古墳（六一メートル）・那須八幡《はちまん》塚古墳（六一メートル）・吉田温泉神社古墳（五九メートル、以上三古墳は那須郡那珂川町＝旧・小川町）・上侍塚《かみさむらいづか》古墳（一一四メートル）・下侍塚《しもさむらいづか》古墳（八三メートル、以上二古墳は大田原市＝旧・湯津上村）、山王寺大桝塚《さんのうじおおますづか》古墳（九六メートル、下都賀郡藤岡町）、権現山古墳（六五メートル）・愛宕塚古墳（四九メートル）などからなる茂原《もばら》古墳群（宇都宮市）と続くが、全て前方後方墳である。那須地域の古墳文化については「なす風土記の丘資料館・湯津上館」で学ぶことができる。

そして漸く五世紀半ばから後半と言われる笹塚古墳（一〇〇メートル）・塚山古墳（九五メートル）の二つの前方後円墳が宇都宮市の田川流域に現われ、小山市の摩利支天塚《まりしてんづか》古墳（一一七メートル、五世紀末から六世紀初頭）、琵琶塚《びわづか》古墳（一二三メートル、六世紀前半から中期）に引き継がれる。その様子は、下野《しもつけ》市の「しもつけ風土記の丘」とその資料館で学ぶことができる。

上毛野地域でも、最初の大型古墳は、元島名《もとしまな》将軍塚古墳（九六メートル、高崎市）や前橋八幡山《はちまんやま》古墳（一三〇メートル、前橋市）のように確かに前方後方墳である。しかし、前橋八幡山古墳と同時期・同規模・隣接の前橋天神山古墳（一二九メートル）がすでに姿を現わしているし、五世紀に入ると一七五メートルを超える前方後円墳が陸続と造られていく。現在の編年観では笹塚古墳と太田天神山古墳は同時期の可能性が高いが、墳丘長を比べると、半分の長さしかない。全く様相を異にしていると言わざるをえない。

この事実からも、かつて「毛野国」なる存在があって五世紀代に分割されたなどという説は全く成り立たないことが分かる。むしろ、前方後方墳を維持し続けた下毛野地域と、早くから前方後円墳に変えていった上毛野地域とは、五世紀半ばまでは全く異なる古墳文化を、したがって政治社会を持っていたと言う方が正確だろう。その淵源は、邪馬台国を盟主とする政治連合と狗奴国を盟主とする政治連合との対抗関係にまで遡るのだろうが、いまは、そのことは問わず、下毛野君（朝臣）の主たる勢力圏の探索へと戻ろう。

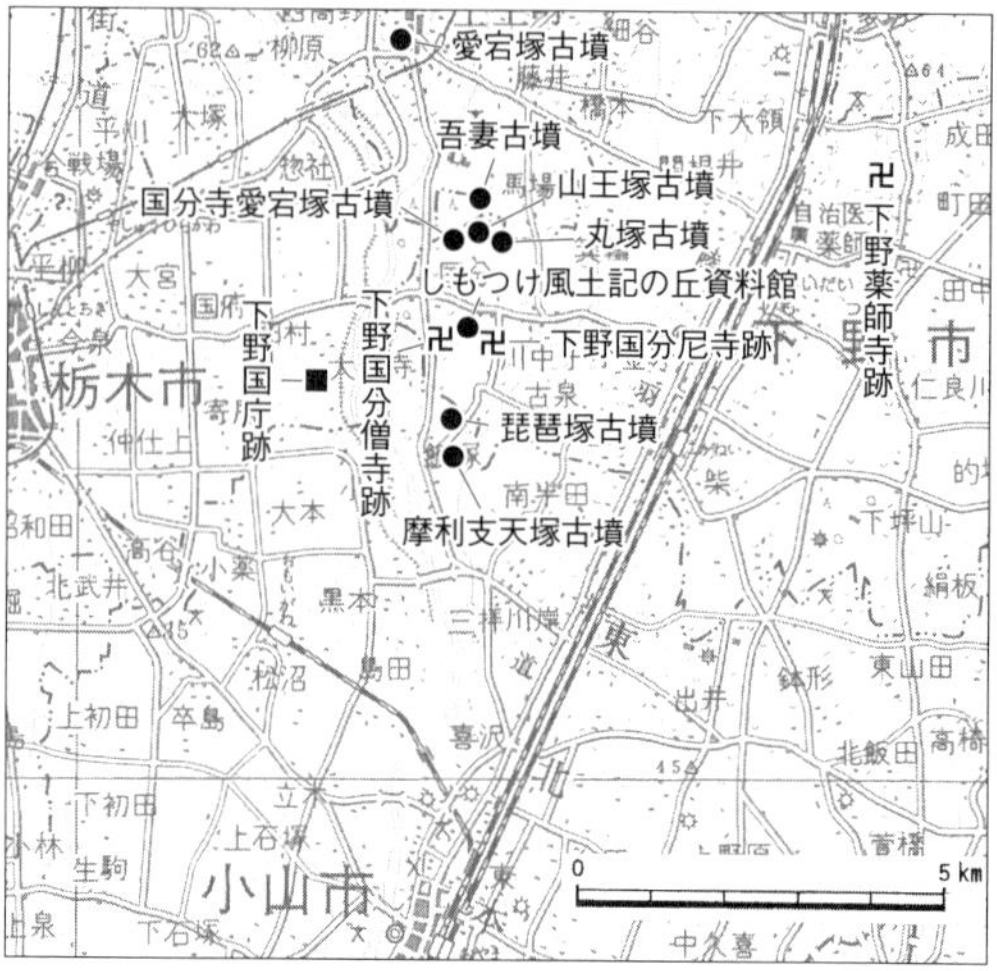

図31　下野国中枢部

小山市の摩利支天塚古墳・琵琶塚古墳から始まる古墳群は、壬生町の愛宕塚古墳、栃木市の吾妻古墳、下野市の国分寺愛宕塚古墳、山王塚古墳、丸塚古墳と続く古墳群で、隣接地に下野薬師寺、国分寺・国分尼寺が建てられ、栃木市に下野国府が置かれていく。下毛野の「都」となっていく地域である（図31）。

そうしたことから、私は、下毛野君の主たる勢力圏の候補地として、旧・下都賀郡地域、特に下野市（旧・下都賀郡国分寺町）・下都賀郡壬生町一帯を中心とした地域をあげたいと思う。

壬生をめぐって

そう考えた時、この地域が、推古天皇十五年（六〇七）二月に定められたと『日本書紀』に記される「壬生部《みぶべ》（皇子たちの養育料を負担させられた部）」の名を負っていることは興味深い。近年の研究傾向では、壬生部の設置を古代国家成立史上の一画期とする見解が注目されているからである。そして、東国の諸国造の系譜を引くと思われる人々には「壬生」の名を負う人々が少なくない。また、金井塚良一先生によれば、武蔵国横渟屯倉の設置（金井塚先生はその設置を六〇〇年前後と見ている）にともなって壬生吉志という氏族が移住したと言われる（「渡来系氏族壬生吉志氏の北武蔵移住」『古代東国史の研究』所収）。

はたして壬生町周辺の後期の古墳群の成立と「壬生部」の設置との間に関連が考えられるかはなお議論が必要だが、下毛野の「壬生」関係氏族からは有名な人物が出ている。第三代天台座主となり、『入唐求法巡礼行記《にっとうぐほうじゅんれいこうき》』を著わした慈覚《じかく》大師円仁《えんにん》である。

円仁は、延暦十三年（七九四）平安遷都の年に生まれ、貞観六年（八六四）に亡くなったが、『日本三代実録』の彼の卒伝（死亡記事）には、「延暦寺座主伝燈大法師位円仁卒、円仁の俗姓は壬生氏、下野国都賀郡の人なり」とある。そして『明匠略伝』という書物によれば、彼の俗姓は「壬生公」で、豊城入彦命の後裔だという。その出身地を『日本三代実録』がはっきりと都賀郡と記していることは重要で、『明匠略伝』の記載に信をおけば、円仁を出したこの壬生公と下毛野君（朝臣）とは相当近しい関係にあったと考えられる。

上毛野国にも壬生公が確認される。『日本後紀』弘仁四年（八一三）二月十四日条には、「上野国甘楽郡大領外従七位下勲六等壬生公郡守、特に外従六位下を授け、戸口増益を以て、民の懐しむ所となす」とあり、『日本三代実録』貞観十二年（八七〇）八月十五日条には、「上野国群馬郡外散位《げさんに》正八位上壬生公石道に、姓壬生朝臣を賜ふ」とある。石道は、遂に朝臣姓を得たのである。壬生公は『新撰姓氏録』には見えないが、朝臣姓を獲得したことから推して、上野在地を維持した上毛野君関係氏族の一員と考えてよいと思う。「壬生」の名を負う諸氏族のなかで、ひとり上毛野の壬生公だけが朝臣姓を得ていることにも注意する必要があるだろう。

下野薬師寺と下毛野氏

話を下野国内に戻して、壬生町に近い下野市（旧・河内郡南河内町）の下野薬師寺のことを少し考えておこう。壬生町の愛宕塚古墳・下野薬師寺・下野国分寺は、一辺五キロほどの正三角形を形作るが、この正三角形の地域が六世紀後半から八世紀にかけての下毛野国の顔、下毛野国の「都」である。下野国府もこの周辺に設けられる。

下野薬師寺の創建については諸説があるが、いずれも七世紀後半としており、『続日本後紀』嘉祥元年（八四八）十一月三日条によれば、九世紀半ばには、下野国人は、天武天皇の創建と信じていた。発掘調査でも飛鳥川原寺系統の軒丸瓦が出土しているから、七世紀後半の創建とすることに矛盾はない。下毛野君が朝臣姓を得、下毛野朝臣古麻呂がめざましい台頭を遂げ始める、まさにその前夜である。下野薬師寺の創建に下毛野君の関与があったと考えることが自然だろう。しかも、下都賀の古墳群・下野国府と下野薬師寺の位置関係は、上毛野国の総社の地の関係を思い起こさせる。下野薬師寺は、もともとは、山王廃寺（放光寺）とその性格を同じくする下毛野君（朝臣）の氏寺にして準官寺ではなかっただろうか。

　下野薬師寺が国分寺を凌ぐような規模と寺格を持つようになるのは奈良時代も半ば以降のことである。天平勝宝元年（七四九）には、東大寺や七大寺、諸国国分寺への墾田施入と平行して、筑紫観世音寺とともに墾田五百町が施入され、天平宝字六年（七六二）には、東大寺・筑紫観世音寺と並ぶ全国三戒壇の一つが置かれる。そして、道鏡が流された。時に宝亀元年（七七〇）のことであった。そうした下野薬師寺の「国家の大寺」としての展開については、律令国家の国家意志との関係でなお検討すべき課題が横たわるが、その前史としての下毛野君の役割について注目しておかなくてはならないと思う。

　下毛野君（朝臣）の勢力は河内郡域にもひろがっていたと考えられ、慶雲四年（七〇七）下毛野朝臣石代《いはしろ》は下毛野川内朝臣を賜姓され、独立した有力な家となる。宇都宮市周辺の古墳群は彼の家につながるものであろうか。なお、石代は、養老四年（七二〇）の蝦夷との戦いに際して持節征夷副将軍となっている。また、天平勝宝四年（七五二）大仏開眼会に唐中散楽を奉仕した下毛野朝臣稲麻呂の最終官位は従四位下であった。奈良時代半ばになお中級貴族官人の地位にあったとしてよいだろう。そして、対策文二首が『経国集』に納められた下毛野朝臣虫麻呂は、文章に秀でた人物として長く史上にその名をとどめた。

大野君（朝臣）に関する大胆な仮説

消去法による大胆な仮説

以上、東国六腹の朝臣のうち、上毛野朝臣、下毛野朝臣、車持朝臣、佐味朝臣、池田朝臣の東国における拠点地域を推定してきた。郡・郷名を中心に、史料に残る記録、古墳群をはじめとする遺跡などから総合的に判断した結果である。越《こし》地域や和泉をはじめとする大阪湾沿岸にも深い関係をもつものの、上毛野朝臣、車持朝臣、佐味朝臣、池田朝臣の場合は上野国内に拠点地域を推定することができた。下毛野朝臣は下野国内に拠点地域を推定できた。五朝臣に関する限り、上野国・下野国のうちに拠点地域を推定できたことになる（以後、令制国名で表記）。

同じ方法を大野朝臣に適用した場合、郡・郷名では上野国山田郡大野郷が候補となるが、その地には有力な古墳群や特筆すべき遺跡は見当たらない。逆に、郡・郷名にこだわらずに有力な古墳群や特筆すべき遺跡を上野・下野国内に探しても、その余地がない。

東国六腹の朝臣の「東国」の範囲を再検証する必要がある。導き手となるのは彦狭嶋王（命）に関わる二つの表現、「東山道十五国の都督に拝《ま》けたまふ」（『日本書紀』景行天皇五十五年条）、「初めて東方十二国を治平《をさ》めて封《よさし》と為《な》す」（『先代旧事本紀』国造本紀上毛野国造条）である。これに大化年代の「東国国司詔」と『常陸国風土記』の東国「八国」を重ねあわせて重層してくる地域が「東国六腹の朝臣」の「東国」の範囲である可能性が高い。

結論的に言えば、東国八国のうち東山道に属する地域が最も可能性が高い。その範囲は、上野・下野・武蔵である。東国八国のうち甲斐・相模・上総・下総・常陸は東海道に属し、東国防人の徴発地域と重なる東方十二国の十二国と考えられる地域のうち信濃・遠江・駿河・伊豆は東国八国、あるいは坂東（駿河と相模の界の坂以東）・山東（信濃と上野の界の山以東）を東国とする範囲から外れるからである。

つまり問いは、武蔵国内に大野朝臣の拠点地域は見出せないかという問いに変わる。

そこでまず郡・郷名だが、大野郡・大野郷は武蔵国内には見あたらない。気になる表現として大里郡と埼玉郡大田郷があるが、郡・郷名からの抽出は難しい。

そこで、他の五朝臣に関わると推定した古墳群と匹敵する後期・終末期の古墳群や史跡を考えると、埼玉《さきたま》古墳群と武蔵国府が候補となる。先に示唆したように、大野朝臣は、東国六腹の朝臣の中でも上毛野朝臣・下毛野朝臣と並ぶ優勢氏族と見られるので、上野の総社古墳群、下野の旧・下都賀郡の古墳群に匹敵する古墳群が対象となるからである。さらに注目すべきことに、埼玉古墳群は埼玉郡の地にあり大里郡に隣接する。また利根川を挟んで上野・下野、両国に連なり、とくに上野国山田郡大野郷、下野国都賀郡とは近い。有力な候補である。

他方、武蔵国府は課題の多い地域である。常に持ち出される記事ではあるが、『続日本紀』宝亀二年（七七一）十月二十七日条の「太政官奏すらく。武蔵国は山道（東山道）に属すといえども、兼ねて海道（東海道）を承け、公使繁多にして祇供堪へ難し。その東山の駅路は上野国新田《にふた》駅より下野国足利《あしかが》駅に達す。これ便道なり。しかるに枉《まげ》て上野国邑楽《あはらき》郡より五ヶ駅を経て武蔵国に到り、事畢《おは》つて去る日、また同道を取て下野国に向ふ。いま東海道は相模国夷参《いさま》駅より下総国に達す。その間四駅にして往還便近し。しかるに此れを去り彼に就くこと損害極て多し。臣ら商量するに、東山道を改めて東海道に属せば、公私ところを得て、人馬息《そく》すること有らんと。奏可す」の内容を再吟味してみる必要がある。

この場合の武蔵国府は明らかに東京都府中市にあった武蔵国府を指す。一方、従前からの七道諸国では武蔵は東山道に属す。だから道に矛盾を生じてしまい、太政官の奏上どおりの改革が必要だったわけだ。だが、そのような地域に武蔵国府が初めからあったとしたら、なぜ武蔵を東山道に属させたのか。当初から矛盾というか道が錯綜することは見えていたはずである。武蔵を東山道に属させざるをえなかった理由があるはずである。

理由は二つしかない。武蔵は、上野・下野と一体的な地域と把握せざるをえなかったか、東山道上を上野―武蔵―下野と動いても矛盾の少ない地に最初の武蔵国府が開かれていたかである。後者については、検証ができていないが、埼玉郡あたりに国府があったとしたら、動線の矛盾は少ない。そこまで考えなくても、武蔵が上野・下野と非常に関係の深い、一体的な地域と判断されていたからこそ、武蔵は東山道に属したのである。律令国家成立期の貴族・官人層の共通認識だったと思われる。その後、あまり時間の経たないうちに、何らかの理由で武蔵の中心は南部に移って行ったのであろう。

そのように考えれば、埼玉古墳群とその周辺を東国における大野朝臣の拠点地域と考えることに矛盾は少ない。あまりにも大胆な仮説で、かつ現在のところ直接に証明する史・資料を持ち合わせていないが、少なくとも埼玉古墳群は候補たりうる古墳群である。

条件満たす埼玉《さきたま》古墳群

埼玉《さきたま》古墳群（埼玉県行田市埼玉《さきたま》）は、八基の前方後円墳と一基の大型円墳を核とする古墳群である（図32右）。五世紀の終わりから七世紀の初めにかけて連続して営まれた古墳群と考えられ、「さきたま風土記の丘」として整備されている。埼玉県立さきたま史跡の博物館には、稲荷山古墳出土の金錯銘鉄剣（図32左）をはじめ貴重な文化財が展示されており、将軍山古墳展示館では、古墳の内部に入って複製の石室や遺物の出土状況を見学することができる。

築造年代については議論があるが、県立さきたま史跡の博物館オリジナル・サイト（http://www.sakitama-muse.spec.ed.jp/historic-site/historic-site.html）によれば、稲荷山古墳（一二〇メートル・五世紀後半）、二子山古墳（一三八メートル・六世紀初頭）・丸墓山《まるはかやま》古墳（円墳・一〇五メートル・六世紀初頭）、愛宕山古墳（五三メートル・六世紀前半）・瓦塚古墳（七三メートル・六世紀前半）、奥の山古墳（七〇メートル・六世紀中ころ）、鉄砲山古墳（一〇九メートル・六世紀後半）・将軍山古墳（九〇メートル・六世紀後半）、中の山古墳（七九メートル・六世紀末から七世紀初め）と編年されている。

質・量ともに、埼玉県内のみならず武蔵国全域（埼玉県、東京都、神奈川県の一部）で群を抜いており、上野国で比較すれ

図32　埼玉古墳群全景と稲荷山古墳出土金錯銘鉄剣

ば、車持君から上毛野朝臣へと展開する勢力の奥津城と推定した保渡田古墳群と総社古墳群を合わせた内容、下野国で比較すれば、下毛野朝臣に展開する奥津城と推定した摩利支天塚古墳・琵琶塚古墳から旧・下都賀郡の古墳群に至る内容に匹敵する。埼玉古墳群を大野朝臣に展開する勢力の奥津城と推定する条件は十分すぎるほどである。

とくに丸墓山古墳は日本最大の円墳であり、二子山古墳は武蔵最大の前方後円墳である。六世紀に入ると見られる後期古墳が地域最大ということも興味深いが、こうした古墳群を郡司層などのセカンダリークラスの奥津城とみることは適切ではないだろう。もう少し細かく見ていこう。

まず埼玉を「さきたま」と読み慣わしてきたのは、『万葉集』巻十四の東歌に武蔵国の歌として「佐吉《さきたまの》多萬能　津尓乎流布祢乃《つにをるふねの》　可是乎伊多美《かぜをいたみ》　都奈波多《つなはたゆとも》由登毛　許登奈多延曾祢《ことなたえそね》（埼玉の津に居る舟の風を疾《いた》み綱を絶ゆとも言な絶えそね）」とあることにより、高橋虫麻呂歌集から採られたとみられる『万葉集』巻九の雑歌《ぞうか》にも「武蔵の小埼の沼の鴨を見て作る歌一首」として「前玉之《さきたまの》　小埼乃沼尓《をざきのぬまに》　鴨曾翼霧《かもそはねきる》　己尾尓《おのがおに》　零置流霜乎《ふりけるしもを》　掃等尓有斯《はらふとにあらし》（埼玉の小埼の沼に鴨そ翼《はね》きる己が尾に降《ふ》り置ける霜を掃《はら》ふとにあらし）」と歌われている。これらの歌は、埼玉《さきたま》周辺が沼地であり、津としての機能を発揮していたことも知らせてくれる。港津機能は留意しておきたい。なお、『和名類聚抄』の群・郷名では「佐伊太末」「佐以多萬」と訓まれており、「さいたま」と読まれるようになるのは比較的早かったと見られる。

次に古墳群に即して言えば、稲荷山古墳が五世紀の後半に突如出現し、大型の古墳を造り続けたことが最大の特色である。この状況は保渡田古墳群や摩利支天塚古墳・琵琶塚古墳の登場の様相に類似している。この類似がポイントであり、内発的な要素あるいは地域内の勢力関係の変化以上に外在的な要素を注目しなくてはならない根拠と言える。その点で、先にも述べたように、前期古墳・中期古墳も含めて二子山古墳が武蔵地域最大であることは示唆深い。この様相は下野地域と類似しており、埼玉古墳群を形成した勢力が古墳時代を通して武蔵最大の勢力であり、かつ五世紀の後半に突如登場したことを示している。

人物などの後発型の形象埴輪の登場と展開という点でも保渡田古墳群以降の流れと対応している。いまのところ、武蔵地域最古の人物埴輪は稲荷山古墳出土の武人像と見られており、人物埴輪としては巫女埴輪に続く段階と言われる武人埴輪の登場年代は、発祥の地と目される「畿内」とほとんど時間差はないと考えられている。このことも、埼玉古墳群誕生において外在的要素を重視すべき根拠と見られる。

なお、第四章で述べるように、主として八世紀以降のことではあるが、在地の仏教ネットワークが上野・下野・武蔵を結んで形成され、三地域の仏者は相互に交流し移動し菩薩行を共にしていた。在地の仏教ネットワークの中核地域は、政治中枢や巨大古墳群からやや離れた地域で、壬生君（公）や壬生吉志などに支えられていたが、三地域は一つの地域という意識、生活実感があったからであろう。それこそ東国の中枢地域という感覚であり、その地に東国六腹の朝臣の拠点地域を想定することは自然な流れであろう。

この推定には多くの異見があるであろうことは十分承知している。武蔵国内に大野君（朝臣）を示唆する地名・人名の痕跡がないことは大きな理由の一つである。とくに、埼玉稲荷山古墳出土の金錯銘鉄剣が大彦命《おおびこのみこと》—阿倍臣《あべのおみ》（朝臣）関係氏族に連なると見られる系譜を記していることは大きな障壁となっている。

稲荷山古墳鉄剣銘文をどう読むか

埼玉稲荷山古墳・金錯銘鉄剣は次のように記されている（原文は間に空白はないが、系譜関係が見やすくなるよう、分かち書きとした）。

（表）辛亥年七月中記　乎獲居臣　上祖　名　意富比垝　其児　多加利足尼　其児　名　弖已加利獲居　其児　名
多加披次獲居　其児　名　多沙鬼獲居　其児　名　半弖比

（裏）其児　名　加差披余　其児　名　乎獲居臣　世々為杖刀人首　奉事来至今　獲加多支鹵大王寺在斯鬼宮時　吾
左治天下　令作此百練利刀　記吾奉事根原也

定説としては、次のように読み下されている。

辛亥《しんがい》年七月中《に》記す。乎獲居《をわけ》臣。上祖、名は意富比垝《おほひこ》。其《その》児、（名は）多加利足尼《たかりすくね》（または「多」は「名」の衍字として、名は加利足尼）。其児、名は弖已加利獲居《てよかりわけ》。其児、名は多加披次獲居《たかはしわけ》。其児、名は多沙鬼獲居《たさきわけ》。其児、名は半弖比《はてひ》。其児、名は加差披余《かさはよ》。其児、名は乎獲居臣。世々杖刀人首と為り、奉事し来り今に至る。獲加多支鹵《わかたける》大王の寺、斯《し》鬼《き》宮に在る時、吾、治天下《あめのしたしろしめす》を左《たす》く。此の百練の利刀を作ら令《し》め、吾が奉事の根原を記す也。

「辛亥」は訓で読めば「かのとゐ」だが、全体が漢文なので「辛亥」のままとし、「治天下」も「あめのしたしろしめす」

と読んで大宝令の施行まで使われたが、「治天下」とそのまま読んでおいた。辛亥年としては四七一年をあてる説が最も有力で、私も異論はない。

借音字の音価にはなお異見もあろうが、書かれている内容の骨子は二つある。第一は、乎獲居臣に至る系譜である。第二は、乎獲居臣がこの利刀を作った意味である。

第二点から整理すると、「吾、乎獲居臣（の氏《うぢ》）は、世々（代々）杖刀人の首として奉事してきたが、獲加多支鹵大王の寺（＝館）が斯鬼《しき》宮におかれた時、（獲加多支鹵大王の）治天下を左《たす》けんと（する意志を固めて）、この百練の利刀を作らせ、奉事の根原を記すものである」と記されている。

獲加多支鹵大王を大泊瀬幼武天皇《おほはつせわかたけすめらみこと》（『古事記』では大長谷若建命《おほはつせわかたけのみこと》）つまり雄略天皇、したがって、宋・順帝の昇明二年（四七八）使持節都督倭・新羅・任那《みまな》・加羅・秦韓《しんかん》・慕韓《ばかん》六国諸軍事・安東大将軍・倭王に叙せられた倭王武とみなすのも定説で、私も異論はない。

「斯鬼宮」の所在地、「杖刀人」の職掌や「首」の倭王権での位置などについては多くの議論があるものの、内容はとりやすい。東アジア世界での位置を上げるとともに、そのことを梃子として国内支配の強化を目論んで「大王」を名乗り、「治天下」の意志を明確にしていった獲加多支鹵大王の下で、軍事・警護の側近と見られる職掌の高位にいたと見られる乎獲居臣にとって「治天下を左く」と称することは誇大な表現ではなかったと思われる。

そして実際「治天下を左く」軍事・警護行動で活躍したものと見られ、その結果として、稲荷山古墳に、この鉄剣は副葬、埋納されたとみるのが自然であろう。

したがって、この鉄剣が「畿内」の大型前方後円墳から発見されたら、至極当然の副葬品、発見が待たれていた副葬品と考えられたのではないかと思う。それが東国、それも武蔵の古墳から出土したことが多くの議論を呼ぶことになったと思われる。その議論は、記されていた系譜によって、いっそう増幅されていると見られる。

大彦命の系譜をどうとらえるか

そこで第一の要点に戻れば、意富比垝《おほひこ》を上祖とする八代の系譜が記されていることが問題となる。意富比垝を「おほひこ（おほびこ）」と読むことに異見は少ない。『古事記』『日本書紀』『新撰姓氏録』などの古代史料で「おほひ《び》こ」という始祖的存在は、孝元天皇（大日本根子彦国牽天皇《おほやまとねこひこくにくるのすめらみこと》）の息子で開化天皇（稚日本根子彦大日日天皇《わかやまとねこひこおほひひのすめらみこと》）の兄とされる大彦命《おほびこのみこと》（『古事記』では大毘古命）だけである。そこから、この系譜は大彦命を祖とする阿倍臣《あべのおみ》（朝臣）関係氏族との関わりが考えられた。

大彦を始祖と考えていることを認めた上で、阿倍臣（朝臣）関係氏族の始祖伝承と比較してみると、様々な異同が見られる。

『日本書紀』では大彦を阿倍臣・膳《かしはで》臣・阿閉《あべ》臣・狭狭城山《ささきやま》君・筑紫国造・越《こし》国造・伊賀臣の七族の始祖とするが、『古事記』は大彦命を直接の始祖とせず、子の建沼河別《たけぬなかはわけ》を阿倍臣らの祖、次の子の比古伊那許士別《ひこいなこしわけ》を膳臣の祖と記している。比古伊那許士別は『新撰姓氏録』に大彦の子と書かれる彦背立大稲腰《ひこせたつおほいなこし》（輿）と同一の存在と見られる。『新撰姓氏録』は、この大稲腰と孫の磐鹿六獦《いはかむつかり》（伊波我牟都加利）から多くの氏族が始まったと書く傾向が強く、『新撰姓氏録』の逸文には、孫の磐鹿六獦が膳臣の姓を得たとしている。

なお、大彦と建沼河別（『日本書紀』では武渟川別《たけぬなかはわけ》）は父子であると言われるが、父子を主張しているのは『古事記』の側で、『日本書紀』には父子という記載はない。『新撰姓氏録』には左京皇別上の竹田臣の項に「阿倍朝臣同祖。大彦命の男、武渟川別命の後也」とあって『古事記』の記載と符合しているが、竹田臣はその実態が知りがたく、他の主要な関係氏族の項には武渟川別の記載がないことは留意される。

このように、始祖たる大彦（意富比垝）を除くと、鉄剣系譜と『日本書紀』等の系譜とでは直接に対応する点が実は少ない。とくに、『新撰姓氏録』が重視する大稲腰（輿）命、孫の磐鹿六獦命（伊波我牟都加利）の名が見えないことは気がかりである。しかし鉄剣系譜に二度にわたって見られる「加利」の文字は「伊波我牟都加利」と共通し、鉄剣系譜に頻出する「獲居《わけ》」は建沼河別、比古伊那許士別の「別《わけ》」に連なる。根の部分で阿倍臣（朝臣）関係氏族として完成するグループと繋がっていると見てよいのではなかろうか。

そこで次に阿倍臣（朝臣）関係氏族の構造を考え直してみよう。上毛野君（朝臣）関係氏族、東国六腹の朝臣同様、天武天皇十三年（六八四）十一月朝臣を得たグループである。朝臣を得た氏族は五二氏あり、次のように分類される。

上毛野君グループ　上毛野君、下毛野君、大野君、佐味君、車持君、池田君
阿倍臣グループ　阿倍臣、膳臣、若桜部《わかさくらべ》臣、宍人《ししひと》臣、伊賀臣、阿閉《あべ》臣
石川臣グループ　石川臣、巨勢臣、紀臣、波多《はた》臣、平群《へぐり》臣、雀部《きざきべ》臣、桜井臣、田中臣、小墾田《をはりだ》臣、川辺臣、軽部臣、岸田臣、高向《たかむく》臣、来目《くめ》臣、角《つの》臣、星川臣、林臣、坂本臣、玉手臣、道守《ちもり》臣、波彌《はみ》臣
春日臣グループ　大春日臣、大宅《おほやけ》臣、粟田臣、小野臣、櫟井《いちい》臣、柿本臣
三輪君グループ　大三輪君、鴨君、胸方《むねかた》君
物部連グループ　物部連、采女《うねめ》臣、穂積臣
犬上君グループ　犬上君、綾君
下道臣グループ　下道《しもつみち》臣、笠臣
中臣連グループ　中臣連
多臣グループ　多《おほ》臣
グループ不明　山背臣

阿倍臣グループは、群を抜いた氏族数二一を示す石川臣グループ（蘇我大臣の族で武内宿禰《たけしうちのすくね》の後裔と伝える）に続いて、上毛野君グループ、春日臣グループとともに氏族数六を数える。阿倍臣（朝臣）関係氏族は、「朝臣」という中級以上の貴族

官人の格付けを得た、比較的多くの氏族から構成される氏族グループという特性を持っていると言えよう。

この六朝臣は、『日本書紀』孝元天皇七年条に載せる阿倍臣ら七族とは微妙に異なっているが、①阿倍臣、②膳臣・若桜部臣・宍人臣、③伊賀臣・阿閉臣の三小グループに分かれる。①阿倍朝臣となる本宗家、②稲腰別・磐鹿六獵（雁）を始祖とする膳臣のグループ、③伊賀国の阿拝《あべ》郡を拠点とする伊賀臣・阿閉臣である。

①の阿倍本宗家は孝徳朝左大臣の倉梯麻呂《くらはしまろ》の家、一時布施《ふせ》朝臣を名乗る文武朝右大臣の御主人《みうし》とその子孫、広庭・嶋麻呂の家、引田《ひけた》朝臣を名乗る斉明朝筑紫大宰帥《だざいそつ》の比邏夫《ひらふ》とその子、宿那麻呂《すくなまろ》の家が七世紀の後半には成り立っており、それ以前から畿内に主勢力を有していたことは明らかである。③の伊賀臣グループが池田朝臣との関係が推測される伊賀国阿拝郡に拠点を持っていたことは注目されるが、東国との関係は薄い。

東国との関わりが想定されるのは②の膳臣グループである。『日本書紀』景行天皇五十三年十月条には、上総《かむつふさ》の海上で磐鹿六雁が白蛤《うむき》を膾《なます》にして献上したので膳大伴部《かしはでのおほともべ》を賜った、磐鹿六雁は膳臣の遠祖であると記されている。東国派遣伝承と負名《なおひ》の氏《うぢ》の起源説話とを組み合わせたものとして興味深い。上総の海上は東海道であって東山道ではないが、膳臣に連なっていく人々が東国と関わりをもっていたことは認められることだと思う。

ただ、膳臣の主たる拠点地域の一つとして埼玉古墳群が上げられるかと言うと、そう簡単ではない。雄略天皇八年条の斑鳩《いかるが》はともかく、安閑天皇元年（五三四）条の大麻呂、欽明天皇六年（五四五）条の巴提便《はすひ》、同三十一年（五七〇）条の傾子《かたぶこ》についての『日本書紀』の記載によれば、膳臣は六世紀代には斑鳩などを拠点地域に中央の中核的官人として内外に活躍している。傾子は、聖徳太子最愛の妻、菩岐々美郎女《ほききみのいらつめ》の父であった。

そうした畿内における膳臣の氏族形成と並行する形で、離れた武蔵の地で、上毛野君・下毛野君の氏族形成の証となる古墳群と匹敵する古墳群を築き続けた人々がいる。その人々は、氏族形成の最終段階で、かつて同じ始祖伝承を有していた膳臣とのグループではなく、隣接する上毛野君・下毛野君とのグループを選択したと見ることはできないだろうか。

推測、仮説の域を出られず、得心のいただけない点も多いと思われるが、五世紀の後半に、膳臣に連なっていく人々と同一の始祖伝承をもった人々が東国に展開し、定着し、畿内の人々とは相対的に独自に勢力形成、氏族形成を図っていった証が埼玉古墳群であり、それは、消去法から大野君に繋がっていく可能性があるという仮説を提出しておきたいと思う。

なお、大彦・武渟川別の四道将軍派遣伝承と上毛野君の始祖たちの東国派遣伝承との関係については興味深い課題があり、ヤマトタケル伝承と合わせて、終章で議論しておきたい。

上毛野佐位朝臣賜姓問題

檜前君老刀自に上毛野佐位朝臣を授く

以上、東国六腹の朝臣を中心に東国との関係を議論して来た。ここで上毛野佐位《さい》朝臣（檜前君《ひのくまのきみ》）にふれておこう。

上毛野佐位朝臣については、ただひとりの人物が知られているだけである。上毛野佐位朝臣老刀自《おゆとじ》。采女《うねめ》として後宮に入り、掌膳（后妃の食膳をつかさどる）となり、「本国国造」となった女官である。彼女のことが、『続日本紀』に前後四回、あしかけ六年にわたって記されている。

①天平神護二年（七六六）十二月十二日条
（称徳天皇の西大寺への行幸に際して）外従五位下檜前部老刀自に外従五位上を授く。

②神護景雲元年（七六七）三月六日条
（上毛野坂本君黒益・男嶋に上毛野坂本朝臣が賜姓された日に）

上野国佐位郡の人、外従五位上檜前君老刀自に上毛野佐位朝臣を授く。

③神護景雲二年（七六八）六月六日条

掌膳上野国佐位の采女外従五位上上（毛）野佐位朝臣老刀自を本国国造となす。

（この時同時に、伊勢朝臣老人は伊勢の、壬生宿禰小家主は常陸の、美濃真玉虫は美濃の本国国造とされた）。

④宝亀二年（七七二）正月二日条

外従五位上上毛野佐位朝臣老刀自に従五位下を授く。

これらの記載から次のようなことがわかる。

第一に、その名のとおり、上毛野佐位朝臣の本貫は上野国佐位郡（佐波郡の前身で、今日の伊勢崎市東部）である。

第二に、氏姓が、檜前部→檜前君→上毛野佐位朝臣と上昇している。これは、石上部君→上毛野坂本君→上毛野坂本朝臣という軌跡や、陸奥地域における上毛野関係の有力な家の賜姓経過と符合する。まず部姓を持ち、次に上毛野朝臣の旧姓である君姓を得、完成形態として上毛野＋地名＋朝臣を得るというパターンである。完成形態獲得の日は、奇しくも上毛野坂本朝臣と同日だが、それ以前の経過や賜姓の範囲、あるいはその後の活動の状況から考えると、上毛野坂本朝臣よりその勢力は弱かったと思われる。陸奥の有力な家に匹敵する勢力ではなかっただろうか。なお私は、檜前部と檜前君の間に「檜前部君」という氏姓の段階があったと考えている。

ただひとりの上野守・上毛野朝臣馬長

第三に、上毛野佐位朝臣という氏姓の獲得は、女官としての老刀自個人の功績が大きいと思われるが、神護景雲元年という時点に注目したい。上毛野坂本朝臣の賜姓が同一日であることもさりながら、当時の上野守が上毛野朝臣馬長だったからである。実は上毛野朝臣馬長は、上毛野朝臣のなかで上野守となったことがはっきりと確認されるただひとりの人物である。このことは、従来ほとんど注目されていないが、上野守となった上毛野朝臣がおそらく彼ひとりだということ、そして、この時、上毛野佐位朝臣と上毛野坂本朝臣の改賜姓がなされたということは見過ごせない。

馬長の上野守在任期間は、天平宝字八年（七六四）十月十日から神護景雲二年（七六八）十一月三日までと考えられるが、馬長の上野守任命は、藤原仲麻呂の乱直後の国内の動揺を抑えるための、称徳天皇の施策と思われる。この時期から、陸奥の有力な家の改賜姓がはじまることも注目される。上野の新羅人一九三人に吉井連が与えられたのもこの時期である。

上毛野朝臣は、なお上毛野―陸奥に強い影響力を持つとともに、勃興してくる氏族、家々に改賜姓をもって応えようとしたのであろう。老刀自への改賜姓には、奈良時代半ばの上毛野朝臣本宗家と上毛野在地勢力あるいは半強制的に移住させられその地で氏族形成をはじめた陸奥の有力な家々との関係が凝縮していると言ってよい。

第四は、本国国造の問題で、文脈から考えて、上野国国造に任じられたとすればよい。令制国の地主神の祭祀者に任じられたのであろう。神護景雲年間を中心として「本国国造」の任命が相次いでいる。国分寺（制度）の神祇祭祀版であろう。このことから上毛野佐位朝臣の勢力を過大視することは危険である。しかし、この頃から、上毛野在地勢力の中心は、東国六腹の朝臣から、完全に上毛野坂本朝臣・上毛野佐位朝臣・吉井連・壬生朝臣などに移っていったと考えられる。上毛野朝臣―東国六腹の朝臣の時代はひとまずの幕を閉じる。

六朝臣系譜伝承の特質

系譜伝承成立の二つのケース

本章の最後として、東国六腹の朝臣の系譜（関係）伝承の特質を考えてみよう。

『新撰姓氏録』は東国六腹の朝臣の系譜（関係）伝承を次のようにまとめている。

上毛野朝臣　　豊城入彦命の後

下毛野朝臣　　豊城入彦命の後（あるいは六世孫奈良君《ならのきみ》の後）

佐味朝臣　豊城入彦命の後
大野朝臣　豊城入彦命四世孫大荒田別命の後
車持朝臣　豊城入彦命八世孫射狭君《いさのきみ》の後
池田朝臣　豊城入彦命十世孫佐太公《さたのきみ》の後（上毛野坂本朝臣も同じ）

系譜伝承のありようでまず問題となるのは、上毛野地域と相当密接な関係が想定される車持朝臣・池田朝臣の両氏が系譜をストレートに豊城入彦命に結びつけず、『日本書紀』などにはその名の見えない独特な始祖名を持っていることである。それも、それぞれ「八世孫射狭君」「十世孫佐太公」と、豊城入彦命との世代差は大きい。下毛野朝臣の場合も、『新撰姓氏録』左京皇別下の吉弥侯部《きみこうべ》条や大網公《おおよさみ》条から考えて、「豊城入彦命六世孫奈良君の後」と伝承されていた可能性が高い。世代差の問題よりも、独特な始祖名をそれぞれの氏族が持っていた可能性が高いということのほうが重要である。

同族関係の主張と独特な始祖名の主張という、この交錯について起こりうるケースを考えてみよう。

第一のケースは、いわば「東国六腹の朝臣」母胎集団というべき単一の「氏族」が七世紀以前に形成されていて、そこから「家」が分かれたケースである。畿内出身氏族にはそうした傾向が見られる。下毛野朝臣と下毛野川内朝臣、一種の階層関係を含んでの池田朝臣と上毛野坂本朝臣の関係はそうした形と言えるかもしれない。

第二のケースは、東国に展開していた、それぞれにかなり独自な氏族集団があって、彼らが中央の貴族・官人として国家秩序に再編成された時、「東国六腹の朝臣」グループとして括られ、その統合の中心に豊城入彦命が置かれたケースである。この場合、独特な始祖名がそれぞれの氏族に本来的な始祖名ということになる。

つまり、二つのケースは、「何世孫」にポイントを置くか、独特な始祖名にポイントを置くかの違いである。しかし、「東国六腹の朝臣」として一括される以上、六朝臣の間に、東国を基盤とし、上毛野君（朝臣）をいわば「盟主」とする「同盟」関係があったと考えられるから、第一の「母胎」集団を氏族間の「同盟」関係と見れば、二つのケースは重なり合うことになる。

こうした言い方が学問的に正確でないことは、私自身も気がついている。しかし、七世紀半ば以降、この六朝臣が「東国六腹の朝臣」として国家秩序に組みこまれ、中級貴族官人とされた時に、相互にかなり独立的な氏族として登場していながら、にもかかわらず、上毛野君（朝臣）をいわば盟主とした関係を持続していたこと、そして、その関係を古代の貴族・官人層が等しく認識していたことは、今後の議論の前提とされなくてはならないだろう。

その場合、豊城入彦命「何世孫」の時間的系譜的距離は何によって決められたのであろうか。それぞれの氏族の主張に基づくものなのか。上毛野君（朝臣）本宗家とのかかわりの強さ、力関係に基づくのであろうか。後考を期したい課題である。

東国六腹の朝臣として

系譜関係の主張で次に注目したいことは、彼らが、国造《くにのみやつこ》としてではなく、上毛野君（朝臣）同祖の「東国六腹の朝臣」として氏族—系譜形成を図ったことそれ自体である。

国造について記す『先代旧事本紀』国造本紀は、一般に「某を某国造に定賜す」と書いているが、上毛野国造条だけは、

　瑞籬朝《みづがきのみかど》（崇神朝）皇子、豊城入彦命の孫、彦狭嶋命《ひこさしまのみこと》、初めて東方十二道を治平し封と為す。

と、きわめて異例な書き方をしている。

下毛野国造については一般的な書式を採っているが、『古事記』『日本書紀』ともに、上毛野君・下毛野君を国造としては扱っていない。さらに『日本書紀』は、景行天皇五十五年条の記載において、上毛野君・下毛野君の祖、豊城入彦命の孫、彦狭嶋王を「東山道《やまつみち》十五国都督《かみ》」と記しており、この表現は、『先代旧事本紀』の「東方十二道を治平し封と為す」という表現と響きあう。総じて、『日本書紀』『続日本紀』において東国六腹の朝臣が国造として扱われた形跡は見えない。

彼らは、国造―地方首長としてよりも中央の貴族・官人として遇されたとしてよいであろう。これはきわめて重要なことである。

上毛野国・下毛野国は、彼らの一つの本拠地であったとしても、国造として臨んだ地域ではなかったと考えられる。八世紀以降、彼らのほとんどが上毛野国・下毛野国に有力な在地勢力を形成しなかったのもそのためであろうか。彼らは、国造として倭王権の地方支配に組みこまれることも、吉備や筑紫のように打倒対象となることも拒否できた代わりに、中央の貴族・官人となることで自らが拠って立つ地域から切り離されたと言えるかもしれない。

東国六腹の朝臣のこうしたありようは、六世紀後半以降活発化する東国・越地方の諸豪族の国造化やミヤケの設置と一つの対照をなしていると言えよう。「東山道十五国都督」や「東方十二道を治平し封と為す」という表現は、そうした特異性を、畿内を中心とした古代王権が認めていた証しと言えるのではなかろうか。畿外出身の氏族集団と認識されながら「皇別」とされたのも同じとらえかたに基づくと考えられる。

大胆な言い方をすれば、統一国家としての日本古代国家は、畿内を中心とする西日本の王権と、東国六腹の朝臣の共同の統一行動として実現され、その際、中央集権化のために、東国六腹の朝臣は、自らの拠って立つ基盤から切り離されて中央貴族化していったとも考えられるのである。

そのように、東国六腹の朝臣として中央の貴族・官人となっていった道は、彼らの「同盟」関係を解体し、その独自性を弱める一つの契機となったと見られる。彼らは、覇をなした地域から切り離され、その体験と能力を国史編纂や律令撰定あるいは律令国家の対蝦夷政策のなかに吐き出すことによって、自らの拠って立つ基盤を失っていったのではなかろうか。その過程が東国民衆に何をもたらしたかは、第一章で見た通りである。

第四章　多奇波世（たかはせ）君の後

―上毛野君と渡来系氏族

多奇波世君の後

第二グループ系譜伝承の特徴

第二のグループは田辺史（上毛野公→上毛野朝臣）・池原公（池原朝臣・住吉《すみのえ》朝臣）・桑原公・川合公・商長首《あきおさのおびと》らが形作る氏族グループである。

彼らの系譜伝承を『新撰姓氏録』から引用してみよう。

上毛野朝臣（田辺史）

　下毛野朝臣同祖。豊城入彦命五世孫多奇波世君の後なり。大泊瀬幼武天皇《おほはつせわかたける》（諡《おくりな》雄略）の御世、努賀君《のがのきみ》の男、百尊《はくそん》、阿《あ》女《め》の産のために婿の家に向かふ。夜を犯して帰る。応神天皇の御陵の辺において騎馬の人に逢ひ相互に話し語らふ。馬を換へて別る。明くる日、換へし馬を看るに、これ土馬《はにま》なり。よりて姓陵辺君《はかべのきみ》を負ふ。百尊の男、徳尊の孫、斯羅《しら》、諡皇極の御世、河内の山下田を賜ふ。文書を解するをもて田辺史となす。宝字称徳皇帝、天平勝宝二年、改めて上毛野公を賜ふ。今上弘仁元年、改めて朝臣の姓を賜ふ。続日本紀合。

住吉朝臣

　上毛野同祖。豊城入彦命五世孫多奇波世君の後なり。（続）日本紀の賜姓に合なり。続日本紀に依る。

池原朝臣

　住吉同氏。多奇波世君の後なり。

桑原公

　上毛野同祖。豊城入彦命五世孫多奇波世君の後なり。

商長首

上毛野同祖。多奇波世君の後なり。三世孫久比《くひ》、泊瀬部《はつせべ》天皇（諡崇峻）の御世、呉《くれ》国に遣はされ、雑宝物などを天皇に献ず。その中に呉権あり。天皇、この物を勅す。久比、奏して曰く、呉国、もって万物を懸け定めて、交易をなさしむ。その名、波賀理《はかり》といふ。天皇、勅すらく、他人と同ぜしむることなかれ（他人に司らしむることなかれ）と。久比の男、宗麿、舒明天皇の御世、商長《あきおさ》の姓を負ふ。日本紀漏。

川合公

上毛野同氏。多奇波世君の後なり。

一見してわかるように、このグループは、豊城入彦命五世孫「多奇波世君」を始祖としている。後にやや詳しく述べるように、「多奇波世」は「たかはせ」と訓む。「多奇波世君」の後裔を名のるのが、このグループの最大の特徴である。グループの中心となる田辺史は、いまあげた系譜伝承によれば、はじめ陵辺君の氏姓を得、天平勝宝二年（七五〇）上毛野君（公）を賜姓された。やがて池原君（公）を分出したのち、弘仁元年（八一〇）に上毛野朝臣となる。この田辺史を軸に上毛野君関係氏族を再整理したのが、『新撰姓氏録』の上毛野君同祖系譜である。

『新撰姓氏録』は、このグループを一括して「皇別」としているが、『新撰姓氏録』の成立に前後する、『日本書紀弘仁私記』記載の「諸蕃雑姓記註」には次のようにある。

田辺史・上毛野公・池原朝臣・住吉朝臣らの祖、思須美《しすみ》・和徳《わとく》両人、大鷦鷯《おほさざき》天皇（仁徳天皇）御宇の年、百済国より化来す。しかして言ふに、おのれらの祖、これ、貴国（日本）将軍上野公竹合なりてえり（と言えり）。天皇、矜憐して彼の族（上毛野君関係氏族）に混づ。しかして、この書に諸蕃人（渡来系氏族）といふなり。

田辺史グループを渡来系氏族とみなし、かつ「上野公竹合」の関係者とみなしている。『日本書紀弘仁私記』は弘仁十年（八一九）成書の『日本書紀』講読ノートで、『日本書紀』を読み合った際の問題点を摘出し、それに対する貴族・官人層の共通認識をメモしたものだから、九世紀の初めにおいてなお田辺史らは百済系渡来氏族と考えられていたことが分かる。

現に『新撰姓氏録』自体が田辺史を右京諸蕃上にも載せ、そこでは「漢」の部に分類し、「田辺史、漢王の後、知惣より出づるなり」とある。田辺史は中国系ではなく百済系と考えられるが、渡来系氏族とみなされていたことは事実である。

上毛野君関係氏族のなかに百済系渡来氏族が含まれているということは、古代の貴族・官人層にとっての共通認識だったと考えてよいであろう。

また、「竹」の字をもって「たか」の借訓とすることは古代の史料に共通しており、「諸蕃雑姓記註」に見える「上野公竹合」の「竹合」は「たかはせ」あるいは「たかあせ」と訓め、「多奇波世君」のことを指すと考えられる。上野公竹合は、明らかに上毛野君関係氏族の始祖のひとりとして『日本書紀』に記される「竹葉瀬《たかはせ》」のことである。

したがって、上毛野君との同祖主張の根拠が「多奇波世君の後」にあることもまた明らかである。

この二つの共通認識、つまり、

（一）百済系渡来氏族であり、

（二）多奇波世君を実質的な始祖とすること。

それが、田辺史らが形作る第二グループを特徴づける何よりのポイントである。

百済系渡来集団が、なぜ上毛野朝臣―東国六腹の朝臣との同祖性を主張しえたのか。上毛野公（君）を初めて賜姓された田辺史難波らに対する賜姓問題から検討してみよう。

田辺史難波らへの賜姓問題

対蝦夷政策における出羽国守田辺史難波の姿勢と働きについては先に述べたが、その功績を大きな契機として、天平勝宝二年（七五〇）三月、田辺史難波らに上毛野君が賜姓された。『続日本紀』は次のように記している。

三月戊戌（十日）中衛員外の少将従五位下田辺史難波等に上毛野君の姓を賜ふ。

この賜姓記事には、幾つかの注目すべき問題点がある。

第一に注目されることは、『続日本紀』を引用したように、田辺史難波らに上毛野君の姓が与えられたということである。言い換えれば、上毛野君の氏姓は、難波ひとりに与えられたものではないということである。現に『大日本古文書』によれば、少なくとも秋上、真人、家継、広浜、禾守の五人に難波と同時に上毛野君が与えられた徴候が認められる。上毛野君賜姓問題は難波個人の問題に還元できない、氏族としての根の深さを持った問題なのである。難波個人の勲功を過大視することは慎むべきであろう。

第二に注目されることは、上毛野君を賜姓された者のひとりである禾守が、わずか五年後の天平勝宝七年（七五五）の二月から三月にかけて池原君を名のり出し（『大日本古文書』）、第二章の冒頭に引用したように、池原公綱主が、上毛野公（君）の上毛野朝臣への改姓より二十年近くも早い延暦十年（七九一）に、住吉朝臣《すみのえ》を要求してそれを得ていることである。その重要性を再認識するために『続日本紀』延暦十年四月五日条を再度引用しておこう。

> 近衛将監従五位下兼常陸大掾池原公綱主ら言す。池原、上毛野、二氏の先は、豊城入彦命より出たり、その入彦の子孫、東国六腹の朝臣は、各《おのおの》居地によって姓を賜ひ氏を命ず、かくは、古今同じき所にして、百王不易なり、伏して望むらくは、居地の名によって住吉朝臣を蒙り賜はんと。綱主兄弟二人に勅して、請に依り賜ふ。

綱主兄弟は、住吉という居地（勢力圏）の名に基づく氏の名と朝臣という東国六腹の朝臣と同じ貴姓を得たわけだが、田辺史系の人々にとって、居地に基づく氏の名と朝臣姓の獲得は、上毛野朝臣との同祖性の公認と並ぶ、あるいはそれ以上に重大な獲得目標だったと思われる。上毛野公禾守が早々と池原公を名のり出していることも、居地に基づいて氏を名のる一つの自己主張だったと思われる。池原の名も住吉神社周辺に求められよう。

ともすれば私たちは、「上毛野」の字に引かれて、田辺史難波らに対する賜姓をもって、田辺史系上毛野氏（第二グループつまり多奇波世君の後裔）が東国六腹の朝臣との同格性を得たように考えがちだが、この時点で公認されたことは上毛野君関係氏族の一員であることにつき、得られた姓も、「君〈公〉」という、律令国家の国家秩序においては朝臣の下に位置する姓にすぎなかったのである。

言い換えれば、田辺史系の人々に居地に基づく氏の名と朝臣の姓を与えることは、東国六腹の朝臣との同祖性の公認以上に律令国家の国家秩序にとって問題が大きかったのである。したがって、このグループは、東国六腹の朝臣と関係は深いが、東国六腹の朝臣に比べて家柄は低いという認識が、貴族・官人層の間に出来上がっていたと考えてよいと思う。

第三に注目したいことは、七～八世紀代においては、上毛野君―東国六腹の朝臣と田辺史らの間に新たな顕著な姻戚関係が認められないことである。にもかかわらず、両者の間に深い関係があるという共通認識が貴族・官人層の間で共有されていたことは、かなり古い時期から上毛野君関係氏族の中に百済系渡来集団が含まれていたことを意味する。同祖性主張公認の直接の契機が田辺史難波の活躍にあったとしても、同祖性主張の根拠は遡って検討されなければならない。

そのように考えれば、同祖性主張の最大の根拠は「多奇波世君の後」を称した点に求められてしかるべきである。

多奇波世君という用字法

「奇」で「か」を表わす

問題をそのように立て直した時、何よりも問題とすべきは、古来「多奇波世」を「たかはせ」と訓んできた用字法の古さである。

「か」音あるいは「が」音を「奇」の字で表わす用字法はきわめて特殊で、『新撰姓氏録』編纂時点はもとより、『日本書紀』編纂当時においても採用されていない。今のところ藤原宮〈六九四～七一〇〉出土木簡にも検出されておらず、「多奇波世君」以外の確実な用例は、管見の範囲では『百済本記』もしくは『百済本記』に基づいて文をなした『日本書紀』欽明天皇条に集中して見られるのみである。『日本書紀』の記載順に列記してみよう。

①顕宗天皇三年（四八七）是歳条
　那奇他甲背（なかたかふはい）
②欽明天皇四年（五四三）九月条
　物部施徳《せとく》麻奇牟（まがむ）
③欽明天皇五年（五四四）二月条所引『百済本記』
　那奇陀甲背、鷹奇岐弥（ようがきみ）、為奇（ゐが）岐弥
④欽明天皇五年（五四四）二月条
　物部連奈率用奇多（ようがた）、印奇（いが）臣
⑤欽明天皇五年（五四四）三月条
　許勢（こせ）奈率《なそつ》奇麻（がま）、物部奈率奇非（がひ）
⑥欽明天皇五年（五四四）十月条所引『百済本記』
　奈率奇麻
⑦欽明天皇五年（五四四）十一月条
　許勢奈率奇麻、物部奈率奇非、奈率用奇多
⑧欽明天皇六年（五四五）五月条
　奈率用奇多
⑨欽明天皇八年（五四七）四月条
　奈率奇麻

⑩欽明天皇十五年（五五四）十二月条

物部莫奇武連（まがむらじ）、竹斯《つくし》物部莫奇委沙奇（まがわさが）

訓みは日本古典文学大系本『日本書紀』により、①以外は「奇」を「が」と濁って訓んだが、国史大系本では「か」と濁らず訓んでいる例もあり、「多奇波世」は「たかはせ」とも「たがはせ」とも訓みうる幅をもっている。

人物で整理し直せば、次のようになる。

a　那奇他（陀）甲背（『百済本記』所引）
b　鷹奇岐弥（『百済本記』所引）
c　為奇岐弥（『百済本記』所引）
d　許勢奈率奇麻（『百済本記』所引）
e　奈率用奇多
f　物部施徳麻奇牟（莫奇武連）
g　物部奈率奇非
h　印奇臣
i　竹斯物部莫奇委沙奇

このうち、那奇他（陀）甲背（a）は、『日本書紀』と『百済本記』の記載に従えば、河内直（加不至費直）の先祖とされる人物で、任那で専横に振る舞い百済に殺されたとある。鷹奇岐弥（b）はその仲間、為奇岐弥（c）はその影響を受けて暴虐に振舞った人物である。ともに「任那に住《とどま》りて、恒に不善《あしきこと》をす」（欽明天皇五年二月条）と書かれていることから見て、もともとは百済人ないし倭国人である可能性が高い。旧著では、この点が理解できず任那人としていたことを訂正しておきたい。

彼らの人名称号に「岐弥《きみ》」が見えることは、岐弥に対して、「君」が与えられる可能性を高める。このことは、「多奇波世君」を「たかはせのきみ」と訓むことに根拠を与えるとともに、カバネ「君」が百済あるいは百済との交流の中で個人に与えられることから始まっている可能性が高いと述べた第二章での推論を補強する。

次に「奈率」と「施徳」は百済の官位で、それぞれ第六位と第八位を指す。こうした官位を持つ奇麻（d）・用奇多（e）・麻奇牟（f）・奇非（g）は百済の官人と考えてよいであろう。実際、d～gのすべての人物が百済から倭国に派遣されたと『日本書紀』は記している。そして彼らが許勢（巨勢）や物部という倭国の氏族名を百済の官位とともに負っていることは、五世紀後半から六世紀半ばにかけての日朝交渉史の一面を物語る。iそしておそらくhも彼らに準ずる性格を持った人物であろう。

多奇波世君は古い用字例

このように見てくれば、「奇」をもって「か」音あるいは「が」音を表わす用例は、五世紀後半から六世紀半ばにかけての日朝交渉史に現われる人物の人名表記として用いられていたと考えるのが自然である。そして、これらの人名表記の出典は、a～dがそうであるように『百済本記』を中心としている。『百済本記』は、加羅諸国への指導的影響力をめぐって、新羅に対する百済と倭国の対応を軸に五世紀後半から六世紀半ばにかけての百済・倭国間の交渉史を記す書物である。そこに「奇」をもって「か」音あるいは「が」音を表わす用字例が集中していることは、「多奇波世君」という用字法がどこに淵源を持つかを示唆する。

ところで、私は、「奇」をもって「か」音あるいは「が」音を表わすという書き方をしてきた。「奇」に対する訓註が一定しないからであり、時に後世の写本によっては、「奇」を読めずに「哥」と記している例もある。「か」音、「が」音、いずれがより好ましいかは、『日本書紀』自体によるかぎりよくわからない。

しかし、今日の朝鮮語を見ると、独立した音として「か」を表わす「ㄱ（厳密には子音k）」はあるが、独立した音としての「が（厳密には子音のg）」を表わすハングルはなく、音の続きによって「ㄱ」でg音を表わしているから、日本人が「か」と「が」という形で区別する音を「奇」の字一字で『百済本記』編者は表わしたと考えてよいのではなかろうか。したがって「奇」をもって「か」音あるいは「が」音を表わすという言い方をしておきたいと思うが「多奇波世君」の場合は、借訓表記である「竹葉瀬」「竹合」から推して「か」音であった可能性のほうが高いと思う。

なお、「奇」をもって「が」音を表わした他の例としては、『上宮聖徳法王帝説』という書物に引用された「天寿国繍帳」（推定六二二年成立・その残片が中宮寺に残る）の銘文中に見える「巷奇（そが・蘇我）」をあげうる。また、『元興寺縁起』に引く「元興寺丈六仏光背銘」の「巷哥（そが）」が「巷奇」の誤記とすれば、用字例は一つ増える。その点、なお検討の余地は残るが、「元興寺丈六仏」の造像は六〇五年と考えられているから、この二例を加えても、「か」音あるいは「が」音に「奇」の字をあてる用字法は七世紀半ばを下らない古い特殊な借音漢字用例としてよいであろう。

他の借音字の場合はどうか。

「世（せ）」はきわめて一般的で特定できないが、「多（た）」「波（は）」は、『上宮記』逸文などの推古朝（七世紀初め）遺文に頻出している。とくに「多（た）」は、四七一年と考えられている埼玉《さきたま》稲荷山古墳出土鉄剣の銘文の中や『日本書紀』百済史料人名表記漢字に多く用いられている。

こうした傾向から推して、「多奇波世君」という用字法は、早ければ五世紀後半、下っても七世紀半ば以前に定着させられた用字法と考えてよいと思う。したがって、「多奇波世君の後」という始祖伝承は、どんなに遅くみても、東国六腹の朝臣が中央の貴族官人として優遇される以前にすでに形作られていたとみることができる。

多奇波世君と竹葉瀬

そこで視点を『日本書紀』仁徳天皇五十三年五月条に「上毛野君の祖《おや》、竹葉瀬《たかはせ》」と記される「竹葉瀬」と「多奇波世君」

の関係に移そう。『日本書紀』は、

夏五月に、上毛野君の祖、竹葉瀬を遣して、その（新羅）の闕貢《みつぎたてまつらぬこと》を問はしめたまふ。この道路の間に白鹿を獲つ。すなわち還りて天皇に献る。さらに日を改めて行く。

と記し、続いて、その弟、田道《たぢ》の新羅征討譚を長々と載せている。

竹葉瀬に関する記載はこれだけだが、「上毛野君の祖」と強く意識されていることだけは注目しておいてよい。『日本書紀』では「たか」の借音漢字の一つとして「竹」を採用しており、「竹葉瀬」は明らかに「たかはせ」と読まれる。したがって「竹葉瀬」と「多奇波世」とが同一の音を表わしていることに異論の余地はない。当然「竹合」（『日本書紀弘仁私記』）も「竹葉瀬」のことである。いま見てきたように、「多奇波世」という用字法は古いものだから、借訓用例である「竹葉瀬」が「多奇波世」にあてられたと考えるのが理にかなっている。

さらに「上毛野君祖竹葉瀬」と記されているから、「多奇波世」に「竹葉瀬」をあてた際、すでに多奇波世君は、上毛野君―東国六腹の朝臣の始祖と呼ばれる者のひとりと認められていたと考えられる。つまり『日本書紀』編纂時点において、「多奇波世君の後」を名のることによって上毛野君との同祖性を公認させる基礎は出来上がっていたのである。

漸く多奇波世君後裔系が東国六腹の朝臣との同祖性を主張しうる根拠にたどりつけたわけである。そこで多奇波世君後裔系譜の信憑性と渡来時期を考えてみよう。

系譜の信憑性と渡来時期

田辺史の始祖伝承

田辺史は、『日本書紀』雄略天皇九年条（a）と、『新撰姓氏録』左京皇別下・上毛野朝臣条（b）とに、よく似た始祖伝承を載せている。『新撰姓氏録』（b）は先に紹介したので、『日本書紀』（a）を引用して、その始祖伝承がはらむ史実性を吟味していこう。

（雄略天皇九年）秋七月の壬辰の朔に、河内国言《まう》さく。「飛鳥戸《あすかべ》郡の人田辺史伯孫《はくそん》が女は古市郡の人書首《ふみのおびと》加龍が妻なり。伯孫、女、児産せりと聞きて、往きて聟の家を賀《よろこ》びて月夜に還りぬ。蓬蔂《いちびこ》丘の誉田陵《ほむたのみささぎ》の下に（蓬蔂、此をば伊致寐姑《いちびこ》と云ふ）、赤駿《あかきときうま》に騎れる者に逢ふ。その馬、時に濩略《もこよか》にして龍の如くに翥《と》ぶ。欻《あからしま》に聳《たか》く擢《ぬけい》でて鴻《かり》のごとくに驚く。異しき体蓬《かと》く生りて、殊なる相逸れて発てり。伯孫、就《ちかつ》き視て、心に欲す。すなはち乗れる驄馬《みだらをのうま》に鞭ちて頭を斉しくし轡を並ぶ。しかうしてすなはち、赤駿、超びて攄《ぬけ》で絶えたること埃塵《くものみちちりのみち》にみえ、駆り鶩《さきた》ち、迅滅《ときかたちほろもか》にして没せぬ。是に、驄馬、後れて怠足《おそ》くして、復追ふべからず。その駿に乗れる者、伯孫の所欲《ねがひ》を知りて、よりて停めて馬を換へて相辞り取別《わかれは》てぬ。伯孫、駿を得て甚だ歓び、驟《おどら》して厩に入る。鞍を解《おろ》して馬に秣《まぐさか》ひて眠ぬ。その明旦《くるつあした》に、赤駿、変りて土馬になれり。伯孫、心に異びて、還りて誉田陵を覓むるに、すなはち驄馬の土馬の間に在るを見る。取りて代へて、換りし土馬を置く」とまうす。

赤駿の駿馬ぶりの描写は、訓み下し文にしてさえ難解である。私たちの世代は無論のこと、漢文に親しまれてきた世代の方でも、白文をそのまま読むことは簡単ではない。驚くべきほどの格調の高さである。『日本書紀』中、一、二を争う名文である。それもそのはずで、この部分は、『文選《もんぜん》』の「赭白馬賦」から選文されている。全体の文脈そのものは、その格調高い部分を除けばとらえやすい。『新撰姓氏録』の伝承と同じく、娘のお産のお祝いに婿の家に行った帰り、誉田陵の付近で田辺史伯孫（『新撰姓氏録』の百尊）が取り替えた赤駿が、実は「土馬（はにま・埴輪馬）」だったというのが、話のおおまかな内容である。

したがって、『新撰姓氏録』（b）の伝承と非常によく似ていることが理解できる。しかし、細かい点では違いもある。そこに注意しながら、a・b両伝承の背後に横たわる原伝承と思われる点を抽出してみよう。

（一）田辺史伯孫（百尊、音通から考えて明らかに同一人物である）を主人公とする換馬伝承である。舞台は応神天皇陵とみなされている誉田陵（大阪府羽曳野《はびきの》市の誉田山《こんだやま》古墳のことと考えられる）のあたり、時代は雄略朝のこととされ、この換馬伝承は、誉田陵の馬形埴輪との関係で物語られている。

（二）伯孫の本拠地は後の河内国安宿《あすかべ》（飛鳥戸）郡（羽曳野市あたり）で、「河内飛鳥」と呼ばれる古代河内の一つの中心地域にあたる。そこは、百済毗有《びゆう》王（五世紀半ばの在位）の後裔を名のる飛鳥戸造《あすかべのみやつこ》の本拠地でもある。

（三）伯孫の一族は、書首《ふみのおびと》（西文《かわちのふみ》氏）と姻戚関係にある。西文氏は、東漢《やまとのあや》氏・秦《はた》氏と並ぶ代表的な渡来系氏族であり、その本拠地は、河内王朝の中枢地域の一つである古市《ふるいち》郡（羽曳野市あたり）を中心とし、五世紀代に百済勢力圏から渡来したと見られている。

（四）bのみに見えることだが、伯孫の一族は、誉田陵の馬形埴輪と伯孫の馬とが換えられたため、まず陵辺君《はかべのきみ》という氏姓を得、皇極朝（七世紀半ば）の時に河内山下田を賜わり、文書を解するをもって田辺史とされたという。本来a・bの伝承は陵辺君という氏姓を説明する伝承と考えられ、aは、その重要な部分を失っていると考えざるをえない。「君」姓を得ていることは伯孫あるいはその一族がかなり有力な渡来集団だったことを意味する。

（五）bによれば、伯孫（百尊）の父として努賀君《のがのきみ》が位置づけられており、努賀君は、この集団最初の渡来人のひとりである可能性が強い。

以上が、二つの伝承から、ひとまずは読み取れることだが、伝承そのものの骨格は『宋書』五行志の桓玄の説話に類似しているとされてきた。しかし、井上光貞氏が、六〇年も前に論証されたように、「之は右の桓玄の伝説がその儘とられたのではなくその母胎である支那《ママ》の民間の伝承が早く彼等に採り容れられ既に風土化して此の地の伝承と化して居る事を思はしめ」る（「王仁の後裔氏族と其の仏教」原島礼二編『大和政権』所収、有精堂出版、一九七三年）。

井上氏は、「彼等」を西文氏を中心に考えておられるが、田辺史のグループも渡来以前から中国の思想や伝説を自らの肉

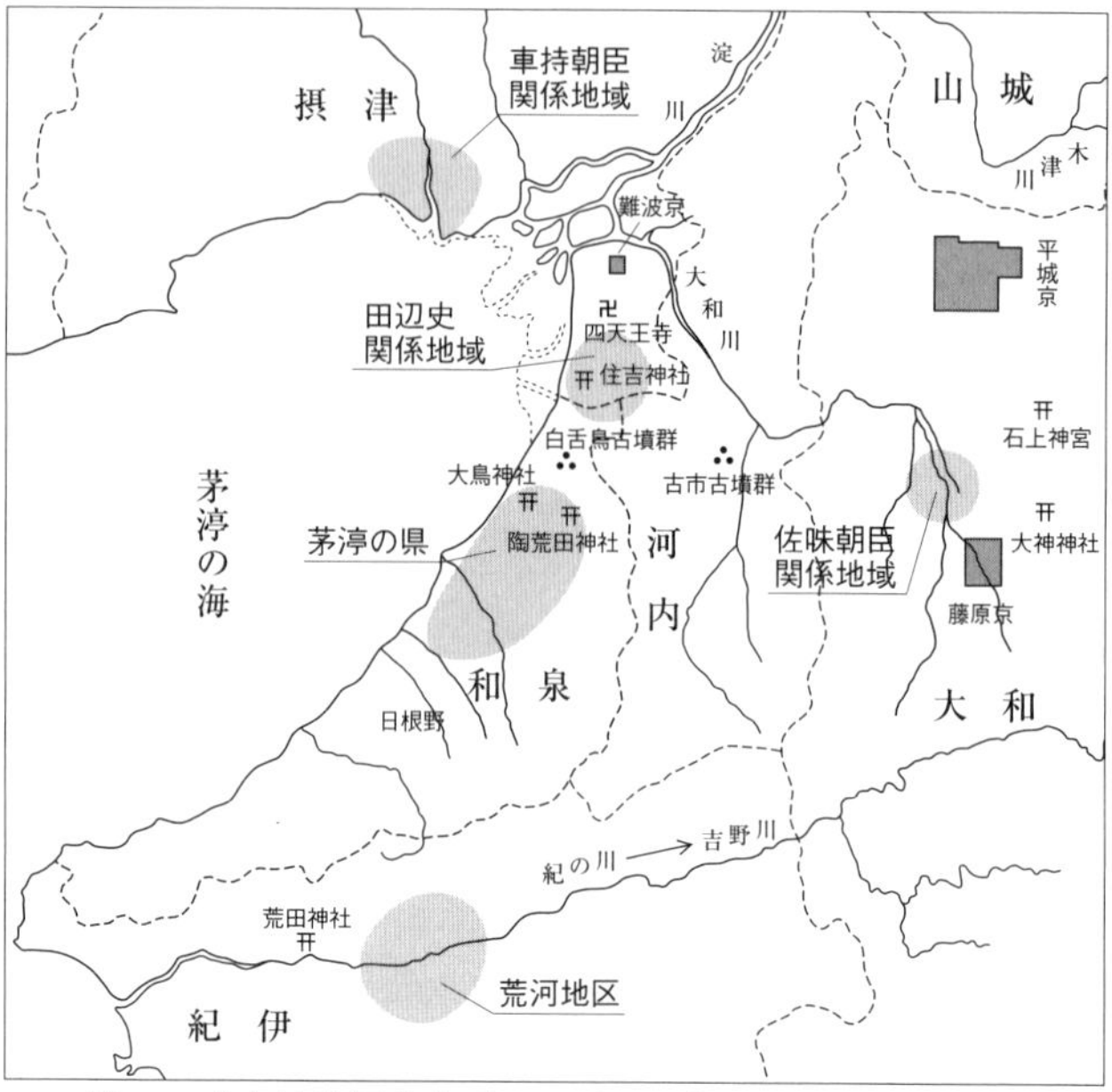

図33　多奇波世君後裔グループ・和泉グループ関連地域

体の一部とし、文書を解するうえでも高い能力を持っていたと思われる。上毛野君関係氏族と広い意味での文学とのかかわりは、律令撰定・国史編纂への積極的な関与をめぐっても指摘しておいたが、そうした資質を持つ田辺史らであればこそ、このような始祖伝承を編めたのだと思う。『文選』（六世紀初め、梁の昭明太子らの編集した名文集）「赭白馬賦」によるaの文飾も、田辺史グループ自身の手になるのではなかろうか。

そうした性格を持つ田辺史始祖伝承の史実性を吟味していこう。

最初の移住地と渡来時期

田辺史が、同じ百済系渡来氏族である西文氏と密接な関係を持ち、西文氏の本拠地である河内国古市郡に近い飛鳥戸郡（河内飛鳥）あたりに本拠地を持っていたことはほぼ確実な史実と見られる。「河内山下田」もそのあたりであろう。後には、彼らはその勢力圏の中心を摂津国百済郡・住吉《すみのえ》郡あたりの大阪市南部に移していくが、最初の定着地は飛鳥戸郡あたりと考えてよいのではなかろうか。

飛鳥戸郡に飛鳥戸造をはじめとする百済系渡来集団が相当数定着し、『日本書紀弘仁私記』序「諸蕃雑姓記註」に田辺史の始祖と記される「和徳」の名を負う和徳史（大県史《おほあがたのふひと》）が古市郡近傍の大県《おほあがた》郡（八尾市あたり）に、西文氏との同祖性を主張する王辰爾《おうしんに》（王智仁）系グループが古市郡周辺に集まり住んでいることも、西文氏と田辺史グループとの関係を傍証することになると思う。

五世紀を中心とする河内王朝の一つの中枢地域である古市郡・飛鳥戸郡一帯は、百済系渡来集団のコロニーの状況を示す地域である。そこに田辺史グループも最初の移住地をもったと考えられる。

問題となるのは彼らが雄略朝に渡来していたかどうかである。判断の基準は伯孫（百尊）の曽孫・斯羅を皇極朝（六四二～六四五）の人とし（b）、『新撰姓氏録』左京皇別下・商長首《あきおさのおびと》条に崇峻朝（五八八～五九二）の人として久比、舒明朝（六二八～六四一）の人として宗麿が見えている点にある。ここでは、「多奇波世君の後なり、三世孫久比」とあり、あたかも多奇波世君の三世孫が久比であるかのように記しているが、上毛野朝臣条（b）の書き方などと比べると、多奇波世君の後裔を称して倭国に渡来した人物（X）の三世孫が久比であると考えたほうがよいと思う。

そうした見方で系譜を復元すると次のようになる。

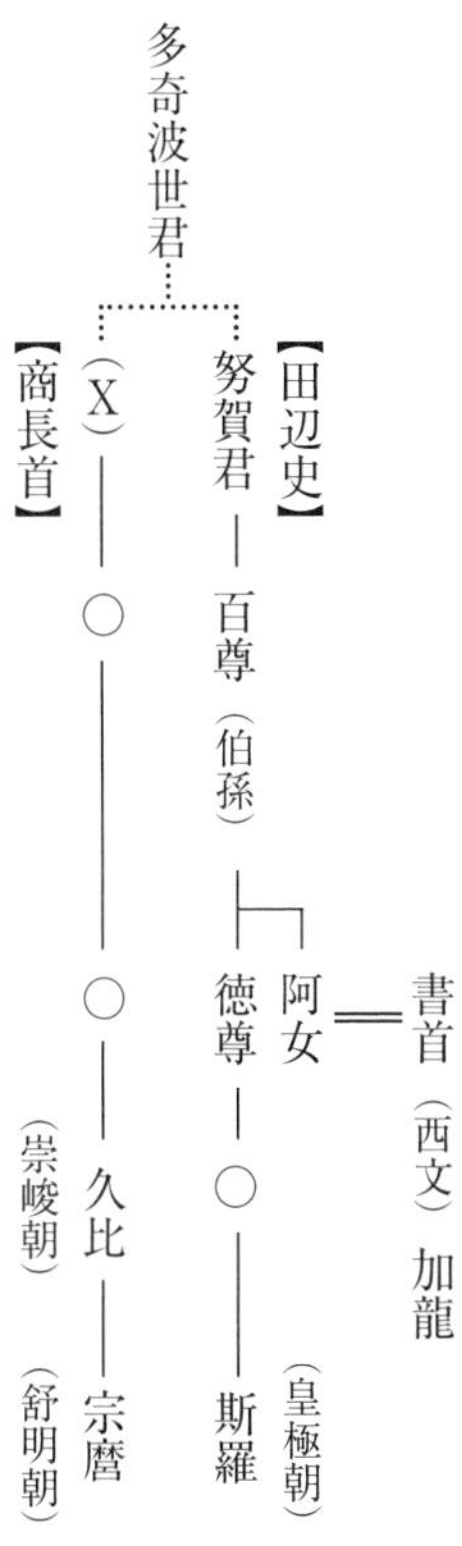

舒明朝・皇極朝はほぼ同時代（六二九～六四五年、七世紀第Ⅱ四半期）で、崇峻朝はその一～二世代前（六世紀第Ⅳ四半期）と考えられるから、商長首の事実上の始祖として（X）を介在させれば、田辺史と商長首という二つの氏族の推定系譜は

世代的に矛盾なく重なり、努賀君と（X）の渡来は、一世代二五年から三〇年として西暦五〇〇年前後から六世紀の初めとなる。さらに下ることはあっても、五世紀代に上ることは考えにくい。したがって、五世紀後半の中頃と考えられる雄略朝の渡来・定着説はやや無理があると思う。

では、なぜ雄略朝が強く意識されたのか。

それは、雄略朝という時代が日本古代国家成立過程の一つの画期であり、高句麗の南下政策による百済の一時滅亡（四七五年）をはさんで、百済の倭国に対する働きかけが強まり、倭国も百済との関係を強化していったからであろう。

さらに言えば、先の復元系譜において、多奇波世君を努賀君や（X）の一～二世代前の人物とすれば五世紀後半の人物となり、雄略朝前後と重なってくるのである。

百済の強力な働きかけを受けて、多奇波世君が五世紀後半、雄略朝とまでは言えないにしても、倭の五王の時代の後期に百済の勢力圏に渡り、四七五年の百済の一時滅亡の後、「倭国将軍多奇波世君の後」を称した集団が五〇〇年前後から六世紀の初めに倭国に渡来・定着した可能性は認められてよいのではなかろうか。百済系渡来集団のコロニーの状況を示していた河内国古市郡・飛鳥戸郡・大県郡あたりに最初の定住地を見いだしたのであろう。

換馬伝承そのものはあくまでも伝承にすぎないとしても、語る時代を半世紀ほど繰り下げれば、田辺史の始祖伝承には相当の史実性が感じられるのである。

そして、そのことは、五世紀後半頃に倭国の将軍として「多奇波世君」が実在していた可能性を高めていると言ってよい。さらに言えば、この実在性の高い倭国の将軍、多奇波世君を介して上毛野君―東国六腹の朝臣と田辺史らの第二グループ、百済系渡来集団とはたしかに結びつき、上毛野君関係氏族の全体像を考える見通しはよくなる。

彼の存在を一つの定点として、さらに議論を進めてみよう。

渡来伝承の原型

止美連の系譜伝承

「多奇波世君の存在」を定点として議論を展開していくうえで、まず問題としたいのは、『新撰姓氏録』河内国皇別に載る止《と》美連《みのむらじ》の系譜伝承である。

　止美連、尋来津公《ひろきつのきみ》同祖。豊城入彦命の後なり。四世の孫、荒田別命の男、田道公《たぢのきみ》、百済国に遣はされ、止美邑の呉女《くれめ》を娶とり男持君を生む。三世の孫、熊次《くまなり》、新羅ら、欽明天皇の御世、参来《まいきた》る。新羅の男、吉雄、居に依り、姓、止美連を賜ふ。日本紀漏。

熊次・新羅という名が、それぞれ百済の王都名あるいは新羅の国名であることは若干気がかりではあるけれども、「男持君」以降の系譜は信じてよいと思う。そこで男持君の三世の孫、熊次・新羅らの渡来時期（欽明朝・五四〇〜五七一）を定点として、男持君以降の系譜と田辺史・商長首の復元系譜を対比しつつあげれば次のようになる。

書首（西文）加龍
阿女＝

多奇波世君 ┄ 【田辺史】努賀君（西暦五〇〇年前後）── 百尊（伯孫）── 徳尊 ── ○ ── 斯羅（皇極朝）
多奇波世君 ┄ 【商長首】（X）── ○ ── ○ ── 久比（崇峻朝）── 宗麿（舒明朝）

男持君 ── ○ ── ○ ── 熊次
　　　　　　　　　　└ 新羅（欽明朝）── 吉雄
【止美連】

熊次・新羅（欽明朝）、久比（崇峻朝）、宗麿（舒明朝）、斯羅（皇極朝）を定点として復元したわけだが、百済勢力圏で生を受け、そこで没したと主張される男持君が努賀君や（X）の一世代前となることは、系譜伝承の信憑性を高めている。そして、そうした傾向は、多奇波世君の派遣を五世紀後半、その後裔を称す人々の渡来を五〇〇年前後から六世紀初めとした先の想定と矛盾なく重なりあう。

一方、止美連系譜伝承前半部の史実性はどうか。「田道公、百済国に遣はされ、止美邑の呉女を娶とり」と主張されるように、百済勢力圏に「止美邑」があったかどうか。

百済勢力圏に止美邑がなかったと断言できないが、止美連は、倭国の「居に依り」氏姓を賜わったとあるから、止美邑なる地名は、止美連の倭国定住の地名から作り出された可能性の方が高いと思われる。そして、止美連の名が「河内国皇別」に見えることから推して、この止美邑は河内国内の地名と見るのが理にかなっている。今のところ河内国内でここだと言える候補地を求めることが私には出来ていないが、止美連と密接な同族関係にあったと主張される尋来津公（広来津公）が、同じく「家地の名に依る」として『新撰姓氏録』河内国皇別に載せられていることは示唆的である。

広来津公、上毛野朝臣同祖、豊城入彦命の後なり。三世の孫、赤麻里《あかまろ》、家地の名に依り、広来津君を負ふてえり。

広来津公は「大和国皇別」にも載せられている。そこでは、「広来津公、下養公《しもかひのきみ》同祖、豊城入彦命の四世の孫、大荒田別命の後なり」とあるから、河内国皇別条に見える「赤麻里」を豊城入彦の三世の孫と読むことはできない。一方「多奇波世君の後」が明記されていないが、河内国皇別止美連条は、「尋来津公同祖」ではじまっているから、尋来津公・止美連・下養公は大きくは一つに括られる集団と考えてよいと思う。とすれば、赤麻里は、止美連の場合と同じく、この氏族最初の渡来者の三世の孫ということだろう。したがって、赤麻里は、止美連の姓を得たと記される吉雄と同世代となり、両氏族の系譜伝承の信憑性を高める。

家地の名である「広（尋）来津」は、『日本書紀』雄略天皇七年是歳条に「倭国の吾礪《あと》の広津邑《ひろきつむら》」とある河内国渋川郡跡《あと》部《べ》郷（大阪府八尾市あたり）内と考えられる。吾礪（阿斗・阿都）は難波津南部の古称とする説もあり（日本古典文学大系『日本書紀・上』四七六ページ注八など）、広津邑は、『日本書紀』雄略天皇七年是歳条の記載に従えば、「手末才伎《たなすえのてひと》」と呼ばれた百済勢力圏からの今来の技術者集団を「安置」した場所である。田辺史の最初の定住地との関係でふれた河内国古市郡・飛鳥戸郡と同じく（百済系）渡来氏族集団のコロニーと考えてよい地である。

とすれば、「止美邑」も、「広津邑」に近い河内国内の地域と考えるのが自然であろう。

田道（たぢ）公と男持君

次に、荒田別の男と記される「田道公」は、明らかに、『日本書紀』仁徳天皇五十三年条に竹葉瀬（多奇波世君）の弟と記される田道を指すが、仁徳天皇五十三年条を含む『日本書紀』巻十一の現存最古の写本である前田家本がそうであるように、古来「田道」は、「たみち」ではなく、「たぢ」あるいは「たち」と訓まれてきたことに注目しておく必要がある。

田道を古来の訓みである「たぢ」に復せば、興味深い問題が現われてくる。止美連の系譜伝承に田道公の男（息子）とされる「男持」もまた「たぢ」と訓みうるからである。親子とされる人物間のこの名の一致をどう考えるのが最も合理的だろうか。

「男」を「た（だ）」、「持」を「ぢ（ち）」の借音字とする用例は、今のところ推古期遺文にも『日本書紀』が引用する百済三書（『百済記』『百済新撰』『百済本記』）にも見えていないから、断定は慎みたいが、止美連の系譜伝承において男持君を事実上の始祖として強く意識していることから考えて、「田道公」は「男持君」から作り出され架上された始祖名である可能性が高い。また、他に用例を見いだせないものの、「男持」は借音用例であり、「田道」は借訓用例である。つまり、「多奇波世」と「竹葉瀬」の関係と同じく、「田道」よりも「男持」のほうがより古い表記法であることはたしかである。河内国皇別条に現われる「赤麻里」が、「里」の字をもって「ろ」音を表わす古い借音用例を用いていることも「男持」用例の古さを示唆する。

以上から、私は、「田道公」なる名は「男持君」から作り出されたと考える。そして、この人物の存在によって、多奇波世君の場合と同じく、止美連・尋来津公・下養公と上毛野君─東国六腹の朝臣の氏族としてのかかわりが五世紀後半から六世紀前半にかけての倭国と百済の関係史のなかに根ざすことがより鮮明になってくる。

つまり、止美連の始祖伝承も、本来、東国六腹の朝臣の始祖と意識される人々の一員が百済勢力圏に派遣され、そこで生まれた男持《たぢ》君の後裔が、六世紀半ば頃倭国に渡来・定着したという伝えだったと考えられるのである。

渡来伝承の原型

彼らが渡来時に持っていた多奇波世君・男持君の朝鮮での活動の伝承は、やがて『日本書紀』編纂史局の史官の手によって、あるいは上毛野君関係氏族自身の手によって換骨奪胎させられて、竹葉瀬・田道の新羅征討伝承となり『日本書紀』に収録されていく。

（仁徳天皇五十三年）夏五月に、上毛野君の祖、竹葉瀬を遣して、その（新羅）の闕貢《みつぎたてまつらぬこと》を問はしめたまふ。この道路の間に白鹿を獲つ。すなはち還りて天皇に献る。さらに日を改めて行く。俄《しばらく》ありて、また重ねて竹葉瀬が弟田道を遣す。すなはち詔して曰はく、「もし新羅距《ふせ》がば、兵を挙げて撃て」とのたまふ。よりて精兵を授く。新羅、兵を起して距く。ここに新羅人、日日に戦を挑む。田道、塞《そこ》を固めて出でず。時に新羅の軍卒一人、営の外に放でたることあり。すなはち掠俘《とら》ふ。よりて消息を問ふ。対《こた》へて曰さく、「強力者有り。百衝《ももつく》と曰ふ、軽く捷《と》くして猛く幹《つよ》し、毎に軍の右の前鋒《さき》たり、故、伺ひて左を撃たば敗れなむ」とまうす。時に新羅、左を空けて右に備ふ。ここに、田道、精騎を連ねてその左を撃つ。新羅の軍、潰《にげあか》れぬ。よりて兵を縦《はな》ちて乗《も》みて、数百人を殺しつ。すなはち四の邑の人民を虜《とら》へて、以て帰りぬ。

続いて『日本書紀』は、現実の東国六腹の朝臣と蝦夷との関係を踏まえて、きわめてドラマチックに一節を付け加える。史実性の吟味はともかくして、ともに読んでいきたい。

五十五年に、蝦夷、叛《そむ》けり。田道を遣して撃たしむ。すなはち蝦夷のために敗られて、伊峙水門《いしのみなと》に死せぬ。時に従者ありて、田道の手纏《たまき》（玉でできたブレスレット）を取り得て、その妻に与ふ。すなはち手纏を抱きて縊《わな》き死ぬ。時人、聞きて流涕《かなし》ぶ。この後に、蝦夷、また襲ひて人民を略《かす》む。よりて、田道が墓を掘る。すなはち大蛇ありて、目を発瞋《いから》して墓より出でて咋ふ。蝦夷、悉に蛇の毒《あしきいき》を被りて、多に死亡《し》ぬ。唯一二人《ひとりふたり》免れることを得つらくのみ。故、時人の云はく、「田道、すでに亡《し》にたりといへども、遂に讐《あた》を報ゆ、何ぞ死にたる人の知《さとり》なからむや」といふ。

序章でご紹介した上毛野君形名夫妻の話と並ぶ名場面と言ってよい。

これらの伝承は即史実とはみなしがたいが、いま検討してきたように、とくに朝鮮派遣伝承の背後には一定の事実がはらまれている。その点を整理してみよう。

（一）五世紀後半頃、上毛野君関係氏族の始祖と意識されるようになる人物が、朝鮮、とくに百済との関係の深い地域に派遣されたとみられる。

（二）派遣された人々と朝鮮の人々との間で婚姻を含む交流が持たれ、その中から生み出された人々が朝鮮でそれなりの活躍をしたと見られる。

（三）やがて、何らかの理由で朝鮮を離れざるをえなかった人々の一部は、「多奇波世君」「男持君」との縁故を標榜して西暦五〇〇年前後以降に再渡来し、その系譜主張は、広く古代の貴族・官人層に認められるところとなった。

こうした事実が、『日本書紀』の竹葉瀬・田道兄弟伝承のいわば原像である。そして、それを換骨奪胎して『日本書紀』に採用する際、竹葉瀬・田道の時代を仁徳朝としたのは、彼らの一世代前と伝える荒田別らの時代を神功皇后・応神天皇の時代としたからに他ならない。本来、多奇波世君・男持君の伝承は、五世紀後半のこととして伝承されていたと考えるべきであろう。そこで、もし荒田別らに対して何らかの原像が考えられるとすれば、その人々の活躍の年代は五世紀前半から半ばにかけてのこととなる。第五章では、そこにポイントをおいて考察を加えたいと思う。

このように考えれば、止美連と密接な同族関係を主張する尋来津公・下養公も多奇波世君後裔系に準ずるグループとみなすことができる。多奇波世君《たかはせきみ》・男持君《たぢきみ》後裔系と呼ぶのが正確だろう。

韓矢田部造をめぐって

『新撰姓氏録』摂津国皇別に載る韓矢田部造《からやたべのみやつこ》も、系譜伝承の内容から考えて、このグループの成立過程にかかわりを持つと考えられる。

『新撰姓氏録』は次のように記している。

韓矢田部造、豊城入彦命の後なり。三世の孫、弥母里別命《みもろわけのみこと》の孫、現古君《うつしふるのきみ》、気長足比売《おきながたらしひめ》（諡《おくりな》神功皇后）、筑紫橿冰宮《かしひのみや》に御宇の時、海中に物あり。現古君を差《つかは》して見せしむ。復奏の日、韓蘇使主《からそおみ》らを率いて参来る。これにより、韓矢田部造の姓を賜ふ。日本紀漏。

「弥母里別」は、『日本書紀』では「御諸別」と書かれ、豊城入彦の三世の孫に位置づけられている。その孫というから、伝承上ではあるが、「現古君」は多奇波世君と同世代となる。気長足比売（神功皇后）云々はともかく、現古君が多奇波世君と同世代になるという伝承は見逃せない。「現古君」という名も興味深い名だが、多奇波世君や男持君と同じく「君」を帯びていることにも注目させられる。

「弥母里別」と借音字を用い、しかも「里」をもって「ろ」の音を表わしている。推古期遺文や百済三書人名表記に使われた古い用字法である。このことは、韓矢田部造の始祖伝承の原型が古い層に属すことを示唆する。同時に「里」をもって「ろ」音を表わす用字法が、河内国皇別広来津君条にも「赤麻里（あかまろ）」と見えていることがあわせて注目させられる。

議論を韓矢田部造の始祖伝承に戻せば、現古君が率いてきたといわれる韓蘇使主の「使主《おみ》」も、五〇〇年前後に渡来した人々によくみられる用字法で、「使主」を負う人々はほとんどが渡来系氏族の始祖であることも示唆深い。

こうした状況証拠から推して、韓矢田部造の始祖伝承の原型も五世紀後半から六世紀初めにかけての日朝交渉史のなかに求めうるのではなかろうか。多奇波世君・男持君の後裔を称した人々と同じように、上毛野君の始祖のひとりとみなされた現古君の後裔を称して韓蘇使主一族が渡来し韓矢田部造という氏姓を得たと考えるのが最も合理的であり、その氏族形成は、多奇波世君・男持君後裔系の氏族形成に準ずるとみなすのが自然だと思う。

しかし韓矢田部造についてはなお考えるべき問題が存在する。第一の問題は「造《みやつこ》」という姓を負っていることである。個人名と考えられる現古君が「君」の称を負っているのに、なぜ上毛野君関係氏族には珍しい「造」という姓を帯びるのか。韓矢田部というのは部の名であるから、伴造《とものみやつこ》として韓矢田部を統率したのであろうが、なぜ「君」ではなく「造」の姓を帯びるのか。私には自身を納得させる根拠を見いだしがたい。

第二の問題は、上毛野国多胡郡に割かれた矢田郷の旧郡郷名が韓郡矢田郷と考えられることである。はたして韓（甘楽、甘良）郡は韓矢田部（造）あるいは韓蘇使主一族と関係を持っているのであろうか。後考を期したい課題である。

以上、主として多奇波世君・男持君の後裔が上毛野朝臣―東国六腹の朝臣との同祖性を主張しうる根拠を中心に議論を進めて来たが、彼らは、倭国渡来後も、久比が崇峻朝（五九〇年頃）に「呉《くれ》」に派遣されて「呉権《はかり》」を将来して商業活動・経済政策の基盤を築いたと伝えられるような形で対外交渉に従事し、その豊富な体験と成果は広く上毛野君関係氏族全体のなかで共有されていったと考えられる。国史編纂・律令撰定の場に生かされた上毛野君関係氏族全体の資質・学識・思想の一端はこうした交渉史のなかで蓄積されていったものであろう。田辺史が「文書を解するを以て」その氏姓を得たことは示唆的であり、上野三碑に垣間見える知の輝きは広くて深い射程を持っている。

そうした輝きの一端を王仁《わに》招請伝承、上野三碑とその表記法、仏教の受容と地域での定着、霊峰赤城の名の由来などを中心課題として考えていこう。

賢人・王仁の招請と上毛野君

招かれた賢人

王仁《わに》という人物が百済から招かれて、わが国に初めて本格的に中国古典を将来したという話はよく知られている。だが、王仁の招請にあたって派遣された人々が上毛野君関係氏族の祖とされる人々であったと、古代の貴族・官人層が認識していたことは、存外忘れさられてしまっているようである。

西文氏（書首）の祖とされる王仁の招請伝承は、①『日本書紀』応神天皇十五～十六年条と、②『古事記』応神天皇段に載っている。また関係する記事が『続日本紀』延暦十年四月八日条（③）、九年七月十七日条（④）に見えている。

①『日本書紀』応神天皇十五～十六年条

十五年の秋八月の朔丁卯の日に、百済の王、阿直伎《あちき》を遣して良馬二匹を貢る。すなはち軽の坂上の厩に養はしむ。よりて阿直伎をもて掌り飼はしむ。かれ、その馬養ひし処を号けて厩坂《うまやさか》と曰ふ。阿直伎、またよく経典を読めり。すなはち太子菟道稚郎子《ひつぎのみこうぢのわきいらつこ》の師《みふみよみ》としたまふ。ここに天皇、阿直伎に問ひて曰はく、「もし汝に勝れる博士《ふみよみひと》、また有りや」とのたまふ。対へて曰さく、「王仁といふ者有り、これ秀れたり」とまうす。時に上毛野君の祖、荒田別・巫別《かむなきわけ》を百済に遣して、よりて王仁を徴《め》さしむ。それ、阿直伎は阿直伎史《あちきのふひと》の始祖なり。

十六年の春二月に王仁来り。すなはち太子菟道稚郎子の師としたまふ。諸の典籍を王仁に習ひたまふ。通り達らずといふことなし。いはゆる王仁は、これ、書首《ふみのおびと》らの始祖なり。

②『古事記』応神天皇段

百済国主《こにきし》照古《せうこ》王、牡馬一疋、牝馬一疋を阿知吉師《あちきし》に付けて貢上《たてまつ》りき。此の阿知吉師は阿直史らの祖。また横刀及大鏡を貢上《たてまつ》りき。また、百済国に「もし賢しき人有らば貢上れ」と科《おほ》せ賜ひき。故、命《みこと》を受けて貢上れる人、名は和邇吉師《わにきし》。すなはち論語十巻、千字文一巻、あはせて十一巻をこの人に付けて、すなはち貢進りき。此の和邇吉師は文首《ふみのおびと》らの祖。

「博士」（『日本書紀』）、「千字文」（『古事記』）という六世紀以降の知識なしには考えられない後世的潤色も見え、また細部では相違があるが、両書の伝えの骨格はよく似ており、次のような特徴を持っている。

（一）この伝承は、河内王朝の始祖に擬せられている応神天皇の時のこととされている。「応神天皇の時」はともかく、河内王朝を強く意識していることは注目に価する。

（二）王仁（和邇吉師）は、倭国からの要請で百済が派遣した「博士（賢人）」で、応神天皇の太子、菟道稚郎子の「師」となったとされている。

「招かれた賢人」という主張は広く認められていたと考えられ、延暦十年（七九一）四月八日の文忌寸《ふみのいみき》（書首）最《もろ》弟《と》らの奏言（③）や、文忌寸との一体化を図った王辰爾系諸氏（津連《つのむらじ》など）の延暦九年（七九〇）七月十七日の上表文（④）にも同様な表現が見えている。③は上毛野君関係氏族の一員である池原公綱主の上奏の三日後、④はその九ケ月前のことであった。

③『続日本紀』延暦十年四月八日条の文忌寸最弟らの奏言

（前略）最弟ら言す。漢の高帝の後を鸞《らん》と曰ふ。鸞の後、王狗、転じて百済に至れり。百済の久素王（貴須王＝近仇首王）の時、聖朝（日本）、使を遣して文人を徴し召く。久素王、すなはち、狗が孫、王仁をもて貢す。これ、文（忌寸）、武生《たけふ》（連）らの祖なりといふ（後略）。

漢高帝の後裔というのは架上だが、主張の内容は、『日本書紀』（①）などとほぼ一致する。

④『続日本紀』延暦九年七月十七日の津連真道らの上表文

（前略）真道らが本系は、百済国貴須王より出たり。貴須王は、百済始て興れる第十六世の王なり。それ、百済の太祖都慕《つむ》大王は、日神、霊を降して、扶余《ふよ》を奄ふて国を開き、天帝、籙《しるし》を授て、諸韓を惣て王と称せり。降て近肖古王に及んで、遥かに聖化を慕て、始めて貴国（日本）に聘せり。これ、すなはち、神功皇后摂政の年なり。その後、軽嶋豊明朝《かるしまのとよあかりのみかど》に御宇《あめのしたしろし》めす応神天皇、上毛野氏の遠祖、荒田別に命し、百済に使ひして、有識の者を捜聘せしむ。国主貴須王、恭んで使の旨を奉り、宗族を択採して、その孫、辰孫王（一名智宗王）を遣して、使に随て入朝せしむ。天皇嘉んで、特に寵命を加て、もて、皇太子の師となす。ここにおいて、始て書籍を伝て、大に儒風闢《ひら》けり。文教の興れること、誠にここにあり（後略）。

招かれた人物が、④では、王仁ではなく辰孫王（智宗王）とあるが、その招請のパターンは王仁の場合と実によく似かよっている。「上毛野氏の遠祖、荒田別」が使者とされたということも①と同一である。そして、もともとは史《ふひと》の姓だったらしい葛井《ふじい》連・船連・津連は、この奏言をも一つの足がかりとして、王仁の後裔を称する文忌寸・武生連（西文氏）らとの一体化を図り、やがて朝臣の姓まで得ることになるが、主張パターンの原型が王仁招請伝承にあったことはまちがいない。

賢人王仁の招請は、西文氏や王辰爾系諸氏のみならず、倭国の支配層や知識階層にとって忘れえぬ「出来事」だったのであろう。もとより、それは一つの伝承にすぎないが、渡来系氏族の始祖伝承のなかで、倭国（王）の要請で招かれたと主張し、それが公認されている氏族はきわめて少ない。倭国の要請を記す王仁招請伝承つまり西文氏始祖伝承は特筆に価する所伝と言ってよい。

王仁招請伝承と上毛野氏

（二）王仁招請の前提として、百済から阿直伎（阿直吉師）が派遣され、その時一緒に「良馬二匹（牡馬一疋・牝馬一疋）」

が贈られているが、朝鮮の歴史書である『三国史記』百済本紀によれば、「良馬二匹」が、百済毗有王初年の新羅との戦闘の事後処理として新羅に贈られたと記されている。「良馬二匹」は百済の意図した重要な国交に好んで用いられた可能性の高い贈り物である。

『三国史記』の編年では新羅に「良馬二匹」が贈られたのは四三四年のこととされているが、第五章で考察するように、『三国史記』の編年には多少の問題があるから、厳密に四三四年とする必要はないけれども、そうしたことが五世紀の前半から半ばにかけて行なわれたことは注目しておいてよいと思う。

つまり、そのことは、阿直伎と王仁の倭国招請伝承の原像がいかなる時代に求めうるかを考える一つの要素となるからである。

なお、一部に、阿直伎を東漢《やまとのあや》氏の始祖と伝わる阿知使主《あちつおみ》と同一視する説もあるようだが、阿直伎（阿直吉師）は阿直伎史《あちきのふひと》につながる伝承的人物であり、東漢氏とは直接にはつながらない。阿直伎史は東漢氏の一族に数えられる氏族とは考えにくく、西文氏と同じ頃に百済から渡来した別の氏族であろう。

(四)　上毛野君関係氏族の母胎となった集団の一員が、百済から「賢人」を招くにあたって派遣されたという伝えは、広く貴族・官人層に認められていた。

「上毛野氏の祖、荒田別・巫別」の名は『古事記』には見えないが、そうした共通の認識がなければ、④で見たように、王辰爾系諸氏が西文氏との一体化を図って、朝臣姓を求めていくのに際して、「応神天皇、上毛野氏の遠祖、荒田別に命し、百済に使ひして有識の者を捜聘せしむ」と上表することはなかったと思われる。

とすれば、『日本書紀』の王仁招請伝承に「上毛野氏の祖、荒田別、巫別」が登場することは、貴族・官人層の一つの共通認識だったとしてよいであろう。

そうした共通認識の背景としては、五世紀後半のことと推定される多奇波世君らの朝鮮派遣と男持君らの朝鮮での活躍と後裔の形成という「出来事」があったと考えられる。そして、荒田別らが多奇波世君らの一世代前と強く意識されていたことを考えれば、①〜④の伝承の原型として、五世紀の前半から半ばにかけて上毛野君関係氏族の一つの母胎となった集団の一員が、倭王権の命を受けて倭国と朝鮮、とくに百済との交渉に関与し、百済から「賢人」を招くに際して使者とされたという記憶ないし共通認識があったと考えざるをえない。そうした推定は（一）（二）（三）の推論とも矛盾しない。

荒田別・鹿我別《かがわけ》の名が『日本書紀』神功摂政四十九年条などに朝鮮派遣将軍として現われているのも、そうした記憶ないしは貴族・官人層の共通認識があってのことであろう。その点の吟味は次章に譲るとして、次にやや視点を変えて、上毛野君関係氏族あるいは上毛野国と文字文化との関係の一端を、上野三碑と総称される山ノ上碑（六八一年・高崎市）・多胡碑（七一一年・多野郡吉井町）・金井沢碑（七二六年・高崎市）とその表記法のなかに見ていきたい。

上野三碑とその表記法

石碑を刻む伝統

序章でも触れたように、西暦八〇〇年前後までの石碑で完全な形で残されているものは九つほどしかなく、そのうち五つが東国から東北に集中している。上野三碑以外では、栃木県大田原市の那須国造碑（七〇〇年）と宮城県多賀城市の多賀城碑（七六二年頃）が挙げられる。残り四つは、徳島県名西《みょうざい》郡石井町の阿波国造《あわのくにのみやつこ》碑（七二三年）、奈良市薬師寺内の仏足石歌碑（造年不明）、奈良市五條市の宇智川磨崖経《うちかわまがいきょう》碑（七七八年）、熊本県宇城《うき》市豊野町の浄水寺碑（七九〇年）だが、阿波国造碑は高さ二八センチ弱の瓦質の焼き物で、はたして碑なのか、疑問がないわけではない。また、最古といわれる宇治橋断碑は、その名の通り下部三分の二以上が江戸時代の後刻。元明天皇陵碑は確認できない。

このように、東国、それも上毛野国の石碑の集中度はきわめて高い。上毛野国あるいは上毛野君関係氏族には、文字の使用に習熟し、自らの思想表現を石碑に刻む伝統があったとしてよいだろう。

そして本節で検討していくように、三碑には、中国文明の一つの核心をなす漢字・漢文をもって日本語・日本文を書き表そうとした努力の跡がはっきりと刻み込まれている。いささか大げさに言えば、三碑には日本人の思想表現の根幹にかかわる、日本語を日本語として書き表そうとした努力が刻み込まれている。この、いわば命がけの行為がなかったとしたら、日本人は、自らの思想、中国文明との出会いと受容、その日本的変容を今日に伝えることができなかったと言っても過言ではない。

その実相を三碑に即して見ていこう。

山ノ上碑と史部流

（一）山ノ上碑（六八一年）（図20参照）

第二章で紹介したように、山ノ上碑は、辛巳歳《かのとみのとし》（六八一年・天武天皇十年）建立の墓碑と考えられ、四行五三字を刻む。再掲しよう。

辛己歳集月三日記
佐野三家定賜健守命孫黒売刀自此
新川臣児斯多々弥足尼孫大児臣娶生児
長利僧母為記定文也　放光寺僧

「己」は「巳」の誤記と考えられ、次のように読むことができる。

辛己歳《かのとみのとし》集月三日記
佐野三家《さののみやけ》と定め賜へる健守命《たけもりのみこと》の孫、黒売刀自《くろめとじ》、此《こ》れを、

新川臣《にひかわのおみ》の児、斯多々弥足尼《したたみのすくね》の孫、大児臣《おほごのおみ》、娶《めと》し生める児
長利僧《ながとしのほうし》、母の為に記し定むる文也《なり》　放光寺《ほうこうじ》の僧

碑には、「佐野三家」「健守命」「黒売刀自」「新川臣」「斯多々弥足尼」「大児臣」「長利」「放光寺」という八つの固有名詞が記されているが、それら日本語の固有名詞を表現する方法として五つの方法があげられる。

①漢字の音をもって表わす例（借音）
　斯多々弥
②借音としても用法が固定している例
　刀自（女性敬称、金井沢碑に頻出）
　足尼（宿禰、『先代旧事本紀』に頻出、埼玉稲荷山古墳出土鉄剣銘にも見える）
③本来の中国語表語機能と相対的独自に使用されている例
　命（みこと）・臣（おみ）
④漢字の訓読にもとづいて漢字を組み合わせている例
　佐野（さの）・三家（みやけ）・健守（たけもり）・黒売（くろめ）・新川（にひかわ）・大児（おほご）・長利（ながとし）
※「売（め）」自体は借音字用例で②に含まれる。
⑤本来の中国語表語にもとづくと考えられる例
　放光寺

以上は大まかな分類だが、②・③・④が大半で、推古期遺文（七世紀初め頃の史料）にはほとんど見られない借訓（訓読漢字をその意味から切り離して使用する方法）用例が「三家《みやけ》」の「三《み》」などに固定している。相当自由に漢字を使えるようになった表われである。

さらに原文と釈文の漢字配列が一致していることから明らかなように、完全に日本語のシンタックス（構文規則）にしたがって漢字を配列している。例えば「佐野三家定賜健守命」を中国語の構文規則で「佐野三家と定め賜へる健守命」と読むことは不可能だし、「母為」は、漢文ならば「為レ母」である。

しかし、日本語の特徴である用言の活用語尾・助詞・助動詞はいまだ記されていない。第四行末尾の「也」も、そこで文が終わることを意味する終止法の表示であろう。

その代わりに、行と行との書き分けで語と語との関係を表わしていることが考えられる。例えば、碑文第二行末尾の「此」は、直前の「黒売刀自」と同格関係にあり、「此」が、動詞「娶」の目的語であることを示すために重ねられたのであろう。第四行冒頭の「長利僧」と第三行末尾の「児」も同格関係にあり、長利僧を「母為」以下の主格として正確に書き表わすための工夫と思われる。

このように、いまだ「テニヲハ」が完成せず、文字だけを日本語の構文規則にしたがって並べた表記法は史部流《ふひとべりゅう》と呼ばれてきた。隣国下野国那須郡に建てられた那須国造碑（七〇〇年）の表記法のなかにも見られる表記法である。

（二）那須国造碑（七〇〇年）

従来、那須国造碑の碑文は漢文と考えられてきたが、田熊信之氏の『那須国造韋提碑文釈解』によれば、その前段部に見える「飛鳥浄御原大宮《あすかきよみがはらのおおみや》　那須国造　追大壱《ついだいいち》　那須直韋提《なすのあたひゐで》　評督《こほりのかみ》　被賜」は、漢文体ならば「大宮　賜　韋提　評督」と並ぶはずで、また「被賜」という熟字は中国語の表語例には見つからず、「被賜」の「被」はやや本義をとどめるものの、かなり謙遜語化された意味を持ち、「賜」はまったく本意を失って「純和語化」していると指摘されている。少なくともその前段部は史部流によっていると言ってよいであろう。

図34　多胡碑と碑文拓本

多胡碑とその表記法

（三）多胡碑（七一一年）（図34）

多胡碑碑文は次のように記されている。

弁官符上野国片岡郡緑野郡甘
良郡并三郡内三百戸郡成給羊
成多胡郡和銅四年三月九日甲寅
宣左中弁正五位下多治比真人
太政官二品穂積親王左太《ママ》臣正二
位石上尊右太《ママ》臣正二位藤原尊

この碑文は、太政官符を下敷きにしたと考えられるが、碑文に記された「弁官符」というものは存在せず、「符」は、原則として「太政官符」または「官符」と記される。「弁官符」と書かれたのは、符の署名には議政官があずからず、大弁位以下、この場合は左中弁が署名することで成立し、また、諸国から太政官への解《げ》（行政報告書）、太政官から諸国への符（行政命令書）が左弁官に集められたからであろう。

下敷きとなった符の表記は、法令集である『類聚三代格』に残された史料から推して漢文体であり、『類聚三代格』と『続日本紀』とを比較すると同文である場合が多いから、おそらく次のような符が下されたと推定される。

太政官符《ス》二上野国《ニ》一
置《ク》二多胡郡一事《ヲ》
右奉《ラバ》レ勅《ヲ》、割《キ》二甘良郡織裳、韓級、矢田、大家、緑野郡武美、片岡郡山
等六郷《ヲ》一、別《ニ》置《ケ》二多胡郡一符《ヲ》到《レバ》奉行《セヨ》
左中弁正五位下多治比真人三宅麻呂
和銅四年三月辛亥（または甲寅）

推定復元した符原文（漢文のまま）と碑文とを比較してみると、表記の仕方に相違のあることがわかる。まず符と碑文では、左中弁署名と日付の位置関係が逆になっており、碑文には、符には署名しない議政官名が明記されている。そして、郷名が戸数に、「置郡」が「成郡」に変えられている。この違いを軽視できないと思う。

さらに「給羊」の二字が碑文には入れられているが、これは、尾崎喜左雄先生が明らかにされたように、「羊に給して」と読んで、「羊」なる人物が郡司に擬せられたことの表現と思われる（尾崎喜左雄「多胡碑の研究」『上野三碑の研究』尾崎先生著書刊行会、一九八〇年）。尾崎先生は、『令集解』という養老令の註釈書の「選叙令郡司条」に、「古記に云ふ、先ず国造を取れと謂はば、必ず国造の人に給せらるべし」とあることを勘案して、多胡郡建郡の場合は、「国造の人」を「某人」つまり「羊」に置き換えうることを指摘されたのである。羊一族が、後に吉井連を賜姓された新羅系渡来氏族と考えられることとあわせて、説得力に富む議論である。私も、この説に従いたいと思う。

建郡と郡司任命とのこの二つの過程から推して、おそらく多胡郡の新設と「羊」の郡司任命とは、相異なる符（行政命令書）として上野国に届けられていたのであろう。その二つの符（行政命令書）を組み合わせて成文としたのが、多胡碑の碑文であろうと思われる。

符原文から碑文へのこうした変化は、碑が多胡郡現地で刻まれた証拠と言えよう。なお、『続日本紀』と碑文の日付には三日間のギャップがある。つまり、『続日本紀』は辛亥（三月六日）、碑文は甲寅（三月九日）の日付で記されているが、『続日本紀』の記載が「三月辛亥、伊勢国儀部祖父、高志二人、賜㆓姓渡相神主㆒、割㆓甘良郡織裳、韓級、矢田、大家、緑野郡武美、片岡郡山等六郷㆒、別置㆓多胡郡㆒」（原漢文のまま）と、本来相異なる二つの記事を続けているので、『続日本紀』の方に錯簡があるのかもしれない。

そうした問題と並んで、ここで注目しておきたいのは、符が漢文体であるのに対して、碑文は、「上野国片岡郡緑野郡甘良郡并三郡内三百戸郡成（上野国の片岡郡、緑野郡、甘良郡、并せて三郡の内、三百戸を郡と成せ）」と、明らかに日本語の構文規則にしたがって文字を配列していることである。「郡成」は、漢文体ならば「成㆑郡」でなければならないし（さらに、元々の符には「置郡」とあったはずである）、「并」「内」の位置も漢文体としては首肯できない。つまり碑文は、日本語ないしは新羅語（羊一族は新羅系渡来氏族と考えられているが、新羅語の構文規則は日本語とほとんど同じと推定されている）として書かれているのである。こうした表記法は、碑文を記した多胡郡の人々が主体的に選択した表記法と考えてよいであろう。

したがって、碑文は、そうした主体性に即して、次のように読めるのではなかろうか。

弁官からの符に、上野国の片岡郡、緑野郡、甘良郡を并《あは》せて、三郡の内、三百戸を郡と成し、給羊成多胡郡（羊に給して多胡郡と成せ）、和銅四年三月九日甲寅《きのえとら》（九日）、

宣するは、左中弁正五位下多治比真人（三宅麻呂）。

（時の）太政官（知太政官事）は二品穂積親王、左太（大）臣は正二位石上尊（石上朝臣麻呂）、右太（大）臣は正二位藤原尊（藤原朝臣不比等）なり。

在地事情に最も深くかかわる「給羊成多胡郡」の部分がなぜ漢文体のままなのかは残された課題だが、全体の流れが史部流のそれによることは認められよう。

多胡碑が、七一一年、新羅系渡来氏族を中心とする人々のために新設された多胡郡の建郡記念碑であることは、多胡碑の作者もまた新羅系渡来人であることを示唆する。日本古代国家中央から「諸蕃」とみなされて冷遇視されがちだった人々が、地域在地の人々とともに、日本語を日本語として書き表す努力を深めていたのである。多胡碑の一つの価値として、そのことを強調しておきたいと思う。

史部流の史脈

(四) 金井沢碑 (七二六年) (図19参照)

金井沢碑は、神亀三年(七二六)建立の先祖供養・入信表白の碑で、九行一一二字を刻む。

上野国群馬郡下賛郷高田里
三家子孫為七世父母現在父母
現在侍家刀自池田君目頰刀自又児加
那刀自孫物部君午足次馸刀自次乙馸
刀自合六口又知識所結人三家毛人
次知万呂鍛師礒部君身麻呂合三口
如是知識結而天地誓願仕奉
石文
神亀三年丙寅二月廿九日

尾崎喜左雄先生の長年にわたる研究を踏まえれば、次のように読み下すことができる。

上野国群馬郡下賛《しもさの》郷高田里〔の〕

三家《みやけ》の子孫、七世の父母、現在の父母の為、
現在侍べる家刀自《やかとじ》、池田君目頰刀自《めづらとじ》、又、児たる加那刀自、孫たる物部君午足《うまたり》、次なる馸刀自《ひづめとじ》、次なる馸乙刀自、合はせて六口《むたり》、又、知識に所結《むすべる》人、三家毛人《みやけのえみし》、次なる知万呂、鍛師礒部君身麻呂《かぬちいそべのきみみまろ》、合はせて三口、
如是《かく》知識を結而《むすびて》、天地に誓願し仕奉《つかえたてまつ》る
石文〔なり〕
神亀三年丙寅《ひのえとら》二月廿九日

碑文の内容的問題については、第三章でもふれたが、史部流によっていることは、「合」の位置や「知識所結」「知識結而天地誓願仕奉」の書法に明らかである。「仕奉」は七世紀後半以降の金石文によく用いられているが、「知識所結《むすべる》」と「知識結而《むすびて》」の表記の違いで語尾の活用の変化や態の変化を表わそうと努力している点、「如是」が、仏典の慣用句にもとづくとはいえ、副詞「かく」に対応し、「而」がほとんど助詞「て」に準じている点などは、山ノ上碑、那須国造碑、多胡碑より日本語に合致した表語法となっている。

「知識」にはルビをふらなかったが、講を意味する。仏教の基本コンセプトである般若はサンスクリット語プラージャprajñāの音訳で智慧、叡智、悟りを意味することから、「さとり」あるいは「ほとけ」とよむことが可能と見られる。

遡って山ノ上碑に先行するとされる史部流表記例を検証すれば、次のようなものがある。

（五）丁卯年法隆寺金堂本尊薬師如来像光背銘
池辺大宮治天下天皇大御身労賜時歳
次丙午年召於大王天皇与太子而誓願賜我大
御病太平欲坐故将造寺薬師像作仕奉詔然

当時崩賜造不堪者小治田大宮治天下大王天
皇及東宮大命受賜而歳次丁卯年仕奉

（釈文）

池辺大宮治天下《いけべのおほみやにあめのしたしろしめしし》天皇（用明天皇）大御身《おほおんみ》労《いたつ》き賜ひし時、歳は次《やど》る丙午《ひのえうま》の年、大王天皇（推古天皇）と太子（聖徳太子）とを召して誓願し賜ふ。我が大御病太平《たひらけく》ならんと欲し坐す。故、将に造寺、薬師像を作り仕え奉らんとすと詔りたまふ。然れども、当時、崩《かむさり》賜ひて造り不堪者《あえざれば》、小治田大宮治天下《をはりだのおほみやにあめのしたしろしめしし》大王《おほきみ》天皇（推古天皇）と東宮《みこのみや》（聖徳太子）、大命を受け賜ひて、歳は次る丁卯《ひのとう》の年に仕え奉りき。

（六）推定孝徳天皇六年（六五〇）法隆寺金堂木造広目天像・多聞天像造像記

広目天像
山口大口費上而次
木閈二人作□□也

（釈文）

山口大口費《やまぐちのおほぐちのあたひ》を上《かみ》として、次《すけ》の木閈《きまた》と二人にて作る□□也《なり》。

多聞天像
薬師徳保上而
鉄師刋古二人作也

（釈文）

薬師《くすし》徳保を上《かみ》として、鉄師刋古《かぬちまろこ》と二人にて作る也。

推定としたのは、銘文中には歳次が記されておらず、『日本書紀』孝徳天皇六年（六五〇）条に「是年、漢山口直大口《あやのやまぐちのあたひおほぐち》、詔を奉りて千仏の像を刻る《かたど》」と記された千仏の一体と考えられるからである。なお、木閛、刅古はともかく、山口大口費と薬師徳保とは百済系渡来人と考えられている。

（七）辛亥年（六五一）法隆寺献納御物観音菩薩像台座銘

辛亥年七月十日記笠評君名左古臣辛丑日崩去辰時故児在布奈
太利古臣又伯在□古臣二人志願

（釈文）

辛亥年七月十日記す。笠評君、名は左古臣、辛丑《かのとうし》の日に崩去る《かむさ》。辰の時、故児在《な》る布奈太利古臣、又、伯《おじ》在る□古臣の二人、志願す。

銘文の記された六五一年七月十日の日干支は、当時使われていた元嘉暦では辛丑にあたる。銘文中に左古臣は辛丑の日に崩去ったと記され、「辰」が日や時、とくに干支一運を表わすことを考えると、おそらく左古臣は五月九日辛丑に死去し、日干支で一巡した七月十日辛丑の日に、左古臣の故児である布奈太利古臣と（布奈太利古臣の）伯父である□古臣の二人が、左古臣の菩提を弔って観音像を作り仏道に志願したというのであろう。「在」は「なる」という断定の助動詞を表わす工夫とみられる。

（八）丙寅年（六六六）河内国野中寺《やちゅうじ》弥勒菩薩像台座銘

丙寅年四月大旧八日癸卯開記
橘寺智識之等詣

中宮天皇大御身労坐之時
誓願之奉弥勒御像也
友等人数一百十八
是依六道四生人等此教可相之也

（釈文）
丙寅年四月大旧八日癸卯開、記す。
橘寺の智識之等《のものども》、詣《いた》る。
中宮天皇（斉明天皇と見られる）大御身《おほおんみ》労《いたつ》き坐之《まし し》時、
誓願之《し》奉る弥勒の御像也。
友の等の人数一百十八。
是に依り六道四生の人等、此の教えに可相之《あふべき》也。

意味を取るだけならば釈文の必要がないほどに日本語の構文規則にしたがって漢字を配列している。また、山の上碑同様、行替えを活用しているが、「之」を使い分けていることは本資料の個性と言えるかもしれない。また「可相」は漢文的漢字配列になっているが、可能態を表わす表現方法と見られる。

同様な例は、新羅語構文規則にしたがって漢字を配列した新羅の壬申誓記石（七三二年または六一二年）にも見られ、新羅では、五九一年作の南山新城碑ですでに新羅語構文規則にしたがって漢字を配列している。五四九年から五五五年の作と考えられる丹陽赤城碑にも新羅語の構文規則にしたがった漢字配列が見られると言われている。

ところでその編年であるが、（五）（八）をそれぞれ六〇七年、六六六年の作とはなしえないことが、東野治之氏（「天皇号の成立年代について」『正倉院文書と木簡の研究』塙書房、一九七七年）や岡田芳朗氏（『日本の暦』木耳社、一九七二年）から指摘されており、それに従わざるをえない。

まず（五）は、仏像様式上、法隆寺再建時のもので、銘文中の用明天皇遺詔も、天皇号の使用から判断して、浄御原令《きよみがらりょう》施行以降、六九〇年頃のものとする見方が強い。実際、推古期遺文の表記法のほとんどは漢文である。（八）で問題となるのは「丙寅年四月大旧八日癸卯開」という暦日表記である。元嘉暦では「四月大八日癸卯開」だが、持統天皇四年（六九〇）十一月から元嘉暦と併用された儀鳳暦では「四月小八日甲辰閉」だから、（八）の製作は元嘉暦を「旧」と意識できた六九〇年あるいは儀鳳暦専用の文武天皇元年（六九七）以降である。そう考えれば、（五）（八）の表記法が（七）の辛亥年像銘文や（一）の山ノ上碑に比べて分析的になっていることは自然である。

以上を整理し、八世紀代の史部流表記例を加えれば、次のように編年される。

①推定孝徳天皇六年法隆寺金堂木造広目天像・多聞天像造像記（六五〇年、奈良県生駒郡斑鳩町法隆寺）
②辛亥年法隆寺献納御物観音菩薩像台座銘（六五一年、奈良県生駒郡斑鳩町法隆寺）
③山ノ上碑（六八一年、群馬県高崎市山名町）
④丁卯年法隆寺金堂本尊薬師像光背銘（六九〇年以降の後刻、奈良県生駒郡斑鳩町法隆寺）・丙寅年河内国野中寺弥勒菩薩像台座銘（六九〇年以降の後刻、大阪府羽曳野市野々上）
⑤出雲鰐淵寺《がくえんじ》観音菩薩台座銘（六九二年、島根県出雲市別所町）
⑥那須国造碑（七〇〇年、栃木県大田原市湯津上）
⑦豊前長谷寺観音菩薩台座銘（七〇二年、大分県中津市三光西秣）
⑧伊福吉部徳足比売《いふきべのとくたりひめ》墓誌（七一〇年、鳥取県鳥取市国府町出土、東京国立博物館蔵）
⑨多胡碑（七一一年、群馬県多野郡吉井町池）
⑩佐井寺僧道薬師墓誌（七一四年、奈良県天理市岩屋町出土、奈良国立博物館蔵）

⑪金井沢碑（七二六年、群馬県高崎市山名町）
⑫山代忌寸真作《やましろのいみきまさか》墓誌（七二八年、奈良県五條市東阿田町出土、奈良国立博物館蔵）
⑬宇治宿禰墓誌（七六八年、京都市西京区大枝塚原町出土、東京国立博物館蔵）
⑭肥後浄水寺址碑群（七九〇～八二六年、熊本県宇城市豊野町）

詳しい論証は割愛せざるをえないし、私の研究も不十分だが、徐々に分析的に、つまり助詞・助動詞や活用語尾を書き表すようになっていく様子が見られる。造像銘や墓誌は畿内に多いが、石碑は東国を中心とする地方に、そして全体としても「地方」と意識された地域に想像以上にひろがっていることが分かる。これら地方の史部流金石文の制作・執筆主体が渡来系氏族や郡司層を中心としていたことも見て取れる。

日本古代国家中央が、「中華」の国たらんとして、漢文を公用文体とし、各地域を支配されるべき文化程度の低い「地方」とみなし、渡来の実相を「帰化」という倒錯した観念でとらえようとしていた、まさにその渦中で、在地の郡司層と渡来系識字層を中軸として、日本語を日本語として書き表す努力が積み重ねられていたのである。

佐野三家や「羊」集団が、上毛野君関係氏族に直結しない可能性が高いとしても、上野三碑が生み出された環境としては、王仁招聘伝承に象徴される上毛野君関係氏族の持つ高い文化性、知的伝統、朝鮮への積極的な働きかけ、渡来集団の同族化、中国文明への進取の気性があったと見られる。

東国仏教と日本天台宗の成立

弘仁八年、最澄、東国に巡錫す

山ノ上碑・金井沢碑に仏教との関わりが強く出ているように、また、埋納された銅製容器等の使用目的として仏教との関係が議論されているように、東国における仏教の定着は早かったと見られるが、とくに、南都の貴族や僧侶のための仏教ではなく、民衆のための仏教がしっかりと根を下ろし、日本天台宗の成立に大きな役割を果たしたことを、あらためて論じておこう。多奇波世君後裔系のみに直結しうる話ではないが、渡来系を中心とする東国在地の有力な家が民衆のための仏教定着の主体となっていったからである。

周知の通り、百済系渡来氏族三津首《みつのおびと》百枝《もえ》の子、広野《ひろの》として近江国滋賀郡古市郷に生まれた最澄（七六七～八二二）は、得度・受戒直後から比叡山に入山し天台の教えを独習して延暦二十三年（八〇四）入唐。天台宗の奥旨を学び、秘密灌頂を受けて帰国。大同元年（八〇六）天台宗は公認された。以後、最澄は、法華経に基づく菩薩行、民衆と共に悩み働き仏となる道を求めて、南都仏教との論争を繰り広げる。しかし、理解者であった桓武天皇の逝去に伴い最澄の立場は厳しいものになっていった。

そのなかで、弘仁八年（八一七）最澄は、緑野《みどの》寺（浄法寺、藤岡市）を一つの目的地とした東国巡錫の旅に出る。最澄はなぜ浄法寺をめざしたのか。多くの先学によって幾つかの理由が挙げられている。

第一の説は、空海との関係を重視した説で、帰国後密教の取り入れに執心した最澄は、空海に教えを請うべく泰範などを遣わしたが、最澄の思惑通りには事態は進まず、失意と失地を挽回するために東国に向かったという考えである。しかし、残された書簡などによれば、最澄、空海ともに依拠・協力を願う強力な仏教集団が東国周辺に居たこと、そして、それらの人々の中に、空海よりは最澄に近い存在があったことは浮かび上がるが、空海との葛藤が最澄を東国に向かわせたとは見られない。

第二の説は、会津在住の僧・徳一との論争を重視する説である。その激しい論争が最澄の東国巡錫時と重なることから重視されている説である。しかし、残されている史料や伝えによる限り、徳一教団と東国の仏教教団は、ともに地域あって菩薩行と呼ばれる営みを行っているが、徳一と最澄とが人間の帰属を巡って争った形跡は見られない。

第三の説は、一九八二年『群馬県史研究15』に「両毛地方の仏教と最澄」を著された菅原征子氏らの説で、緑野寺・大《だい》慈《じ》寺（栃木県下都賀《しもつが》郡岩舟《いわふね》町）の安東・安北両塔の完成に合わせて最澄の来訪を要請したとする考えである。

第三の説が実情にあっていると思われるが、薗田香融氏は、東国の知識集団が法華経写経と共に進めていた両塔造立活動の完成にあわせて最澄を招いたのは、「画竜点睛というべきもので、あくまでも主体は在地の知識集団にあった」（薗田香融「最澄の東国伝道について」『仏教史学』第三巻第二号、一九五二年）として、東国の知識集団の主体性を評価し、むしろ、東国知識集団の実践が最澄に大乗戒の独立を準備させたとしている。現に第二〜四代天台座主《ざす》となる円澄、円仁、安恵《あんね》をはじめ、多くの人々が最澄の弟子となっていく。

そこで最澄は、東国巡錫の翌年、「山家学生式《さんげがくしょうしき》」と呼ばれる上表文を著し、政府が決める僧侶養成制度の軛から自らを解き放って独自の僧侶養成制度の創設を図るとともに、独自の大乗戒壇を設立し、細々《こまごま》とした戒を捨て去り、自誓受戒の菩薩戒によって僧侶たりうることを求める行動に出ることができた。

そうしたことが可能となった東国の風土、時代性について、いささかの考察を加えておきたいと思う。まずは最澄と東国の関係から概観しておこう。

東国化主道忠禅師といふ者あり

最澄と東国との最初の重要な関わりは、延暦十六年（七九七）比叡山上に一切経を備えようとした折の道忠《どうちゅう》の助写である。『開元釈経録《かいげんしゃっきょうろく》』によれば一千余部五千余巻に及ぶ一切経の四割、二千余巻は道忠による助写だった。

道忠とはいかなる人物か。最澄の伝記『叡山大師伝《えいざんだいしでん》』は伝えている。

> 東国化主道忠禅師といふ者あり。是は此れ大唐鑑真和上持戒第一の弟子なり。伝法利生、常に自ら事と為す。遠志《おんし》に知識し大小経律論二千余巻を助写す。（原漢文）

まず注目されるのは「東国化主《けしゅ》」「鑑真和上持戒第一の弟子」と道忠を評している点である。『元亨釈書《げんこうしゃくしょ》』円澄《えんちょう》伝にも「忠は鑑真の神足（＝高弟）なり」とある。受戒制度を整えるために度重なる遭難を乗り越えて来日し東大寺戒壇院などを設置した戒律の師、鑑真（六八八〜七六三）の高弟、「持戒第一の弟子」と称される人物が東国に居たという事実である。しかも『元亨釈書』などに鑑真の弟子と記される日本人は道忠ただひとりであった。

ここから、なぜ、そのような人物が東国に居たのかという疑問が当然沸いてくる。従来その理由として、天平宝字五年（七六一）下野薬師寺に戒壇を設立するに際して派遣され、東国に定着したのではないかという推測がされている。しかし道忠に関わる資料の中に下野薬師寺との関係を想像させるような資料は見られず、また、論敵となる徳一などとは異なって、「東国下向」の伝えを持っていない。道忠の出身、生没などを明記した確実な資料はないと言わなければならないが、最澄の弟子で大乗戒壇設立に奔走した光定の『伝述一心戒文』という書に武蔵出身を示唆する表現があり、『叡山大師伝』『元亨釈書』などは東国に居るのが当然と言ったニュアンスで書かれている。彼の東国移住は、師寂して後の鑑真思想具現のための帰国だったのではなかろうか。

「東国化主」という評価も道忠のそうした動きを指してのものと思われる。事実、吉田靖雄氏によれば、「化主」と称されていた人々は、「化他行《けたぎょう》利他行の実践」者で、「彼等の活動した範囲は、少なくとも郡程度から数カ国にわたっていた」とされ、当時確実に「化主」と称された人物として、和歌山県伊都《いと》郡花園《はなぞの》村医王寺旧蔵「大般若経」奥書（天平勝宝六年）に見られる河東化主諱《いみな》万福法師、来日以前の揚州における鑑真と道忠の三人を挙げている。鑑真が同じく「化主」と称されていたことはとくに注目され、「鑑真和上持戒第一の弟子」とする評価と「東国化主」の呼び方には深い繋がりが想定される。

また吉田氏は、「利他行の実践ということと活動の広範囲であったことの二点は、菩薩と称された僧の行動面と一致しており、『化主』と『菩薩』とは、同じ内容をもった異称であることがわかる」として、道忠の弟子で菩薩と称された広智について、「鑑真―道忠―広智の師弟は、たんに戒律という法脈に連なるということばかりではなく、民衆に対する菩薩利他行の実践という点で一貫して連なっている」と結論づけている（吉田靖雄『日本古代の菩薩と民衆』吉川弘文館、一九六八年）。菩薩行は、広く東国周辺の仏者に共通する実践の姿であり、東国仏教の深さと広さ、質の高さ、リアリティを物語る。

そこで改めて、道忠の思想と実践を継承しつつ最澄と関わった人々の動向を概観することを通して、道忠教団の内実に踏み込んでみよう。

浮かび上がる道忠・広智教団

道忠の弟子としてまず挙げたいのは、一切経助写二千余巻を持って叡山に登り最澄の弟子となった第二代天台座主円澄（七七二～八三七）である。『元亨釈書』によれば、円澄は武蔵国埼玉郡の人で本姓壬生氏。延暦六年（七八七）十八歳をもって道忠に師事、菩薩戒と法鏡行者の名を授けられ、延暦十七年（七九八）二十七歳の時に「叡嶺に登り到り、先の師（＝道忠）と共に一切経を写し経蔵に収む。先師の後に従いて一切経を供う」（『伝述一心戒文』）「伝教（＝最澄）に従い落髪す」（『元亨釈書』）とある。円澄の名は、この時、最澄より一字を分けて与えられたものだが、それまでの九年間、いわば俗体のまま、道忠より授けられた菩薩戒に立って、道忠とともに写経や利他行に携わっていたことは大いに注目される。

第二に挙げるべきは広智である。その生没年は不祥だが、最澄の東国巡錫、上野・下野両国への宝塔建立に関わる『叡山大師伝』の記載によれば、道忠の一切経助写に関わっていたと見られる。また彼の弟子、円仁（七九四～八六四）の卒伝（『日本三代実録』貞観六年正月十四日条）などは、円仁生誕の延暦十三年（七九四）頃には大慈寺に居て下野国人に広智菩薩と称されていたと記している。そして承和二年（八三五）十一月五日付広智宛の円澄書簡からその時までの生存が確認できるが、円澄からの入京の誘いに応えられなかったことを考慮すればすでに相当の高齢に達していたと見られる。おそらく円澄が菩薩戒を授けられた頃には既に道忠の弟子となっており、道忠と共に大慈寺を開き、鑑真―道忠の衣鉢を継いだ、円澄よりやや年長の人物と見られる。

他の弟子、孫弟子については割愛したいが、先の『叡山大師伝』の記載は、上野国浄土院（緑野寺）・下野国大慈寺（小野寺）を中心に数多くの僧侶を挙げている。また、武蔵国慈光《じこう》寺（埼玉県比企《ひき》郡都幾川《ときがわ》村）も道忠を開山と伝える。

名の分かっている人物だけでも整理すれば道忠の法脈は図の通りとなる。このように整理すれば、道忠及び広智とその教団が最澄―天台教団との間に持っていた関係は尋常ならざるものであったことが理解される。

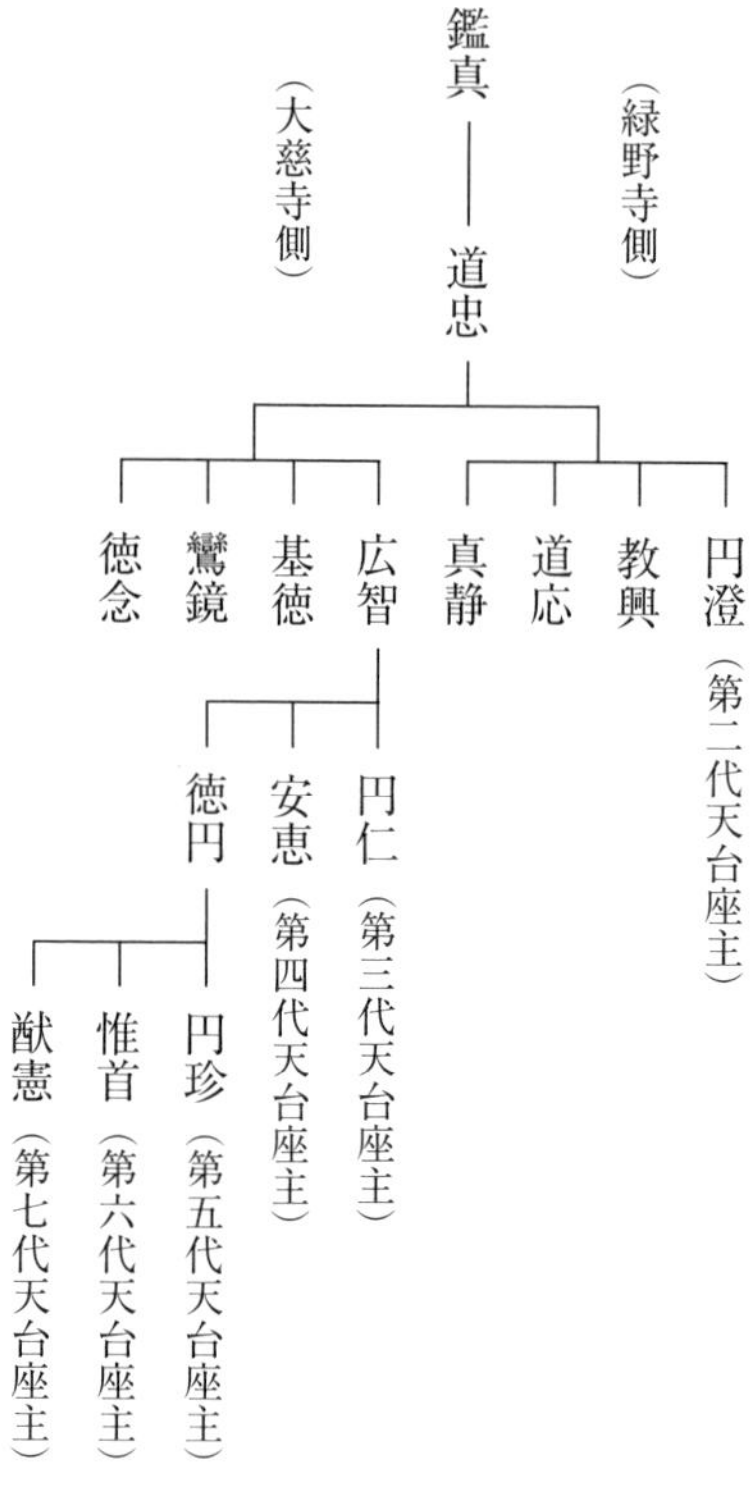

初期天台教団は道忠教団と言ってよいほどである。

なぜ、そうなりえたのか。そのことを考えるためには道忠・広智教団の社会像をさらに掘り下げてみる必要がある。

壬生君・壬生吉志――道忠・広智教団を支えた人々

道忠・広智教団の社会像としては次の四点が指摘できる。
（一）円仁の俗姓は壬生氏で、壬生氏は円澄の俗姓でもあったこと。
（二）緑野寺に一切経があることは広く知られており全国から注目されていたこと。
（三）幾つもの寺院を建立し一切経を書写できるだけの経済的基盤を有していたこと。
（四）菩薩戒に立った利他行を活動の中心としていたこと。

まず円仁・円澄の氏の名である壬生氏だが、佐伯有清氏が『円仁』（吉川弘文館、一九八八年）で紹介している「熊倉系図」（鈴木真年編『百家系図稿』所収）によれば、円仁の姓《かばね》は公《きみ》（君）で、その家系は下毛野君の祖とされる奈良君に始まり、父は都賀郡三鴨《みかも》駅長で大慈寺厳堂を建立したと言う。円仁卒伝などでも円仁の家は大慈寺の檀越とあり、円仁を上毛野君・下毛野君の家系に連なるとみなす意識は『元亨釈書』『明匠略伝』『天台座主記』などに共通しており、『明匠略伝』も円仁の俗姓を壬生公としている。

壬生氏は大王家の子女たちの養育料を負担させられた部＝壬生部の伴造（統率者）で、多く地方の優勢豪族がその地位についたとされ、東国の諸国造の系譜を引くとみなされる氏族には壬生の名を負う氏族が少なくない。古代身分秩序の根幹に関わる姓の違いに注意しながら、壬生の名を負う地方有姓者の動向を八～九世紀の史料から要約して抽出してみると、君（公）姓は円仁自身を含めて上野・下野に、直あるいは連姓は常陸・相模・甲斐の東海道に属する東国諸国に、吉志姓は武蔵に、首姓は山陽道にという分布が確認される。「熊倉系図」の信憑性はともかく、円仁は、朝臣姓に登りうる格を持って上毛野君・下毛野君との同祖性を主張できる社会階層に属していたと言ってよいであろう。

ただし壬生公は、東国六腹の朝臣には数えられない氏族で、朝臣賜姓も貞観十二年（八一三）と新しく、官位も低く、中央官人としての活躍も知られていないから、東国六腹の朝臣に比べればセカンダリークラスに属す氏族と見られる。一般に郡司クラスと称される人々、おそらくは上毛野坂本朝臣、上毛野佐位朝臣などと同様に、七世紀半ば以降、東国六腹の朝臣が中級貴族官人として殿堂入りしていった後を受けて在地の権力を掌握していった階層と思われる。

壬生公（朝臣）の主たる勢力基盤としては上野国甘楽郡・群馬郡、下野国都賀郡を中心とする地域が挙げられるが、富岡市下高尾《しもたかお》（旧甘楽郡小野郷）の仁治《にんじ》の碑（一二四三年）には壬生姓の者五名の名が刻まれており、一三世紀半ばまで甘楽郡にその勢力を維持していたことがうかがわれる。仁治の碑には解読不明も含めて二十余名の名が記されているが、判読できた氏族二一氏の内訳は藤原六名、壬生五名、小野三名、春日・六人部《むひとべ》各二名、物部・安部・大宅各一名で、壬生氏の占める割合はかなり高い。

緑野郡との近接性を考えれば、緑野寺の造立に壬生公が関与していた可能性も低くない。

武蔵における壬生吉志の社会的地位もよく似ている。壬生吉志は、東松山市・吉見町あたりに設けられた横渟屯倉の管掌者として六世紀後半代に武蔵に派遣された渡来系氏族で、横渟屯倉の置かれた横見《よこみ》郡から比企郡、男衾《おぶすま》郡に勢力を延ばしたと見られている。史料によれば、壬生吉志福正は、武蔵国分寺七重の塔を再建し、二人の息子の一生涯に及ぶ調庸の前納を行なうなど、巨大な経済力と技術・人間の動員力を持っていた。

議論を壬生吉志と道忠・広智教団との具体的関係に絞れば、武蔵国分寺七重の塔の再建と並んで、比企郡の慈光寺（比企郡都幾川村）の開山を道忠としていることなどが注目される。壬生吉志と道忠・広智教団との間には浅からぬ関係があったと見てよいであろう。

菩薩行を支えた東国在地の成熟

緑野寺、大慈寺、慈光寺を建立、経営した主体のこうした類似性と、そこを主たる展開の場とした道忠・広智教団の、利他行や知識（＝講）による写経活動を柱とする仏教との間には深い繋がりがあったのである。

すなわち、先に挙げた有姓の壬生氏の多くは、窮民に代わって調庸を納め、戸口増益に功があったとされており、壬生君（公）・壬生吉志、及び彼らと同じ社会階層に属する人々は、氏姓を異にしながらも、民衆に密着した地域有力者として、地域民衆の「利生」に身を尽くしたと見られる。彼らのそうした行為を実践的に裏うちする思想こそ大乗仏教の菩薩行、利他行に他ならない。現に「化主」あるいは「菩薩」と呼ばれた僧侶の行った架橋、造寺、衆僧供養、病患者の治癒、飢者への施食、寒者への給衣などは華厳《けごん》経や梵網《ぼんもう》経では福田《ふくでん》つまり菩薩行の内実とされている。

言い換えれば、地域最優勢氏族による多分に勢力誇示的な造寺行為ではなく、地域民衆の学習・修行・救済センターとして寺を建てようとする意識の高まりという社会基盤の成熟があってこそ、東国化主としての道忠・広智の菩薩行は具現化できたものと見られる。そのことが最澄に大きな影響を与えたのである。

しかも福田あるいは菩薩行と称される行為が勝れて技術的な内実を持つことは、彼らの民衆済度の志を具現させられるだけの技術・学識が地域の中に蓄積されていたことを示唆する。

現に緑野郡周辺及び慈光寺建立の武蔵国比企郡や隣接する円澄の出身地埼玉郡は、六世紀東国を特徴づける人物埴輪の供給センターの一つであり、緑野寺と隣接する多胡郡には早くから機織や瓦焼成の技術が定着していた。多胡郡に伝わる「羊太夫伝承」には採鉱・冶金、金属加工の定着の様子が見られ、また、上野国分寺跡出土の大量の文字瓦のうち多胡郡に関わる瓦には、他の郡域の場合とは異なって、個人名まで篦書きされたものが多く、多胡郡域を中心に国分寺瓦が焼かれていたことを示唆する。

大慈寺の建てられた下野国都賀郡も下野国府が開かれた地域として同じような技術の蓄積をもっていた地域で、とくに「熊倉系図」が円仁の父がその駅長であったと記す三鴨の地は「氈《かも（せん）》」（毛織の敷物）生産の中心地であったと言われ、『令義解』『延喜式』などには「下野の氈」が見えている。壬生吉志福正が息子二人の庸として紙を大量に前納しえたことも注目される。

結論を急げば、道忠・広智教団が活動した八～九世紀の東国は、農業生産以外の各種手工業生産によって、当時の平均的人口密度を数倍するほどの人口を食べさせられるだけの成熟を遂げていたと考えられるのである。これら手工業生産は当時の最先端の産業技術であり、それらによって高い人口密度が維持されていたとすれば、そこには、いわば古代の地方都市が芽生え始めていたと言ってよいであろう。道忠・広智教団の登場は、古代東国社会が「地方都市」を析出させるまでに成熟していたことの宗教的、思想的表象とさえ言えるのである。

つまり、道忠・広智教団に結集した人々は、苛酷な律令国家の収奪体制から逃れようとした人々ではなく、手工業生産という付加価値の高い産業技術をもって自立性を高めようとした人々だった可能性が高いのである。だからこそ進んで、その中から多くの菩薩僧を出して中央―世界の最高の学問を吸収させようとし、自ら一切経を揃えんとしたのである。しかも、そうした状況が上野、下野、武蔵の各「地方都市」をネットワーク化する形で生じていたことに注目したい。東国はまさに一つの世界として「地方都市」を生み出し始めていたのではなかろうか。これこそ道忠・広智教団登場の社会的背景と言ってよいであろう。

知識写経と経塔建立の意義

そうした社会背景をもって登場した道忠・広智教団には、知識（＝講）による写経と経塔建立を頻繁に行った形跡が見られる。

金井沢碑の「知識」はその走りであり、知識写経と経塔建立のハイライトをなすのは最澄東国巡錫時のことと考えられる緑野寺・大慈寺の法華経塔の建立だが、その前段階として延暦二十年（八〇一）の山上多重塔建立がある（図35）。

山上多重塔を詳しく研究された柏瀬和彦氏は、石碑の加工技術や書体などから延暦二十年の時期に造立されたもので贋

図35　山上多重塔（右）と拓影反転図（中・左）

作ではないと指摘され、経塔であると明言されている。氏の釈読に従えば次のように読み下せる（柏瀬和彦「山上多重塔の基礎的研究」『群馬県史研究』27、一九八八年）。

（本塔は）如法経の坐（＝安置する塔）なり。
朝庭（＝朝廷）、神祇、父母、衆生、含霊の為に奉る。
小師道輪、延暦二十年七月十七日（に建つ）。
无間（地獄）に苦を受く衆生を愈《いや》し永く安楽を得て彼岸に登らしむ為に。

字義等、なお議論があろうが、「特別に宗教的条件を整え、定められた法式に従い、敬虔な気持ちで書写した経」である「如法経」を納めるために延暦二十年の時点で経塔が建てられたことが核心をなす。

その「如法経」の実態について、柏瀬氏は、一般に如法経書写は、円仁の天長十年（八三三）の行為が最初とされていることを考慮して、この段階では「法華経の可能性はあるが、断定することはできない」と慎重な言い回しをされているが、同塔塔身部にうがたれた穴の大きさが法華経八巻を納めるのに適した大きさを示している点や後世の例、あるいは他の経典とは異なって、法華経自体が「まさに一心に受持・読・誦《じゅ》・解説《げせつ》・書写して、説の如く修行すべし」（如来神力品《にょらいじんりきほん》）と主張し、「受持・読・誦・解説・書写」は五種法師の行として重視されたことなどから見て、法華経と考えてよいと思う。

円仁が如法経書写を行う三〇年も前に、円仁の出身地に近い東国の地で如法経の書写と経塔建立が行われていたのである。延暦二十年とは、道忠が最澄の一切経助写を実行した四年後、最澄入唐の二年も前のことであった。

元々法華経を塔の中に納める風習は法華経成立時代（紀元一〜二世紀）から存在し、とくに法華経の最終成立年代にあたっては、舎利を納めたストゥーパ（stūpa）よりも経（法華経）を納めたチャイトヤ（caitya）の方が重視されるに至るが、田村芳朗氏は、とくに写経を重視するようになる西暦一〇〇年頃から菩薩行も強調されると指摘され、経塔の重視は「批判と反省をとおして僧院主義と在俗主義の両者を止揚し、大乗菩薩道の真精神を確立しようとした結果の産物」であり、菩薩行と写経・経塔建立を重視する法華経作成者の属する社会としては「商業生産を主とする社会」が想定されると言われる（田村芳朗『法華経』中央公論社、一九六九年）。

田村氏の言われる法華経成立史とそこにおける経塔重視の意味、法華経作成者の属する社会状況を道忠・広智教団の社会的背景に照し合わせた時、その類似的性格を指摘することができるだろう。道忠・広智教団の背後に横たわる社会階層は古代社会の成熟段階で最前線に登場した手工業生産に関わる自立を求める人々であり、地縁・職縁をもって知識を結成し始めた人々であった。その人々は、優れたリーダーの下に大乗戒をもって在俗のままで仏者となり、自らと地域の発展のために菩薩行に積極的に関与しようとした。とすれば、八〜九世紀東国における法華経信仰の受容は単に新しい思想やスタイルの受容ではなく、受容、定着の必然性があったのである。

そこでさらに注目されることは、柏瀬氏が、「多重塔は塔身部に経典を納めていた。このような形式をもつ石造塔は、当時のものには現在のところ他に例をみない。ただ材質などは異なるが類似するものとして瓦塔があげられる。とくに群馬県は瓦塔が多く出土されており、時期的にも多重塔と一致するものが多い」とされていることで、たしかに瓦焼成の技術は、道忠・広智教団を支えた社会階層に深く関わる技術であり、知識写経という形態は、在俗の有力な家に法華経を納める施設を必要としたであろう。道輪と道忠・広智教団との関わりはなお不明だが、山上多重塔や瓦塔の登場は、道忠・広智教団の活動と深い関わりがあったとしてよいであろう。

従来、塔といえば、ストゥーパ（舎利塔）ばかりに注目がいっているが、チャイトヤ（経塔）という観点から見直していく必要があるだろう。『法華経』を経の語るとおりに納めた経塔を最澄の渡唐以前に形作り、赤城山に向けて建てたことの意味を考えなくてはならない。その点にも意識しながら、本章の最後に、上毛野国と上毛野君関係氏族の中国文明への進取の気性に関連して、一つの夢を記しておきたい。霊峰赤城に関する夢である。

赤城にさす影

霊峰赤城への夢

もう四半世紀も前になるが、私は、老荘哲学・道教哲学の世界的権威である福永光司先生のご教示で、孫綽《そんしゃく》の「天台山に遊ぶ賦《うた》一首ならびに序」を繙く機会を得た。『文選』のなかのこの一首を読もうとしたのは他でもない。赤城《あかぎ》山とその名を同じくする中国浙江省天台山系の一峰赤城山との繋がりを調べてみたかったからである。

赤城は、聖なる山の一つであり、櫃石《ひついし》（前橋市三夜沢町）・宇通《うつう》遺跡（前橋市粕川町）・三夜沢《みよさわ》赤城神社（前橋市三夜沢町）などの興味深い宗教遺跡に富んでいる。

しかし、その名の由来については古くから疑問が持たれており、つとに鎌倉三代将軍、源実朝の歌（『夫木集』）に、

上野のすた（勢多）の赤城のから社やまとにいかで跡を垂れけん

と、「やまと」と対比される「から社」が赤城にあったことが注目されている。この「から社」については、「空社」とする説もあるが、「やまと」と対比されているのであるから、「韓（朝鮮）社」あるいは「漢（中国）社」のいずれかと考えるのが理にかなっている。私自身は、上毛野国・上毛野君関係氏族と朝鮮文化との密接な関係から、この「から社」を「韓

社」と考えてきたが、赤城と名を同じくする中国道教の聖山赤城山が天台山系に存在することを考えれば、中国文明とのかかわりも無視するわけにはいかない。そこで問題となるのが、中国道教の聖山赤城山のことを記す孫綽（三二〇〜三七七）の「天台山に遊ぶ賦一首ならびに序」である。

天台山は、隋代に、かの天台智顗《ちぎ》が現われて、そこに籠って中国仏教を大成し、やがて、最澄によって、その教えが日本に伝えられ天台宗が開かれることから、仏教の山として知られているが、もともとは道教の聖山である。

孫綽は、その賦で、天台山は「立つ所冥奥にして、その路の幽廻なるをもって」か五嶽に列していないが、「けだし山獄の神秀なる者なり、海を渉れば方丈、蓬莱あり、陸に登れば、すなはち天台あり」と口火を切り、赤城山のことを次のように歌い上げる。

　霊仙の窟宅する所……理は隠るとして彰《あらわ》れざるはなく、二奇を啓いて、もって兆を示す。赤城は霞のごとく起《そび》えて標を建《な》す。瀑布飛び流れて、もって道を界す。……羽人《せんにん》は丹丘《あかきやま》に仍《したが》ひ、不死の福庭《めでたきくに》を尋ぬ。

赤城山は、神仙の住む「福庭」に至るに必ず通らなければならない山なのである。そして、北宋代に『赤城志』がまとめられるほどに、赤城山への信仰は続いた。

これほどの聖山であれば、上毛野国の赤城山との関係を考えないほうが不自然である。しかし、壮大な謎ときに加わるには私はあまりにも準備不足である。そこで、一つの問題提起として、「赤城」の名や赤城山信仰がいつ、どのようにして、朝鮮・日本にもたらされたかを考察し、後考への投げかけとしておきたい。

新羅赤城山城の問いかけ

「遊天台山賦」が作られて直ちに倭・朝鮮諸国に「赤城」の名や赤城山信仰が伝えられたという証拠はない。おそらく、五〇二年に建国された南朝梁の黄金時代、六世紀前半、梁武帝の皇太子、昭明太子らによって編纂された『文選』を通してであろう。『文選』は、先に記した『日本書紀』雄略天皇九年条の田辺史の始祖伝承の文飾に用いられたのをはじめとして、古今、日本の知識階層に愛読され、今日なお書道の手本、文章の手本とされている。

『梁書』によれば、新羅は五二一年梁に朝貢し、これが南朝への最初の朝貢とあるが、『三国史記』新羅本紀巻四によれば、五一四年に即位した新羅法興王は、五一七年始めて兵部を置き、五二〇年律令を頒示して百官の公服・朱紫の秩を制し、五二八年肇めて仏法を行ない、五三二年金官加羅国を服属させ、五三六年始めて年号を称して建元元年とした王とある。

法興王に続く真興王について、朝鮮の歴史書である『三国遺事』は、巻第三「弥勒仙花　未尸《みり》郎　真慈師」の条で、「一心に仏を奉じ、広く仏寺を興し、人を度して僧尼となす」とともに、「また、天性風味、多く神仙を尚ぶ」と、仏教、道教、総じて古代中国宗教思想に深い関心を抱いていたと記している。

こうした状況のなかで、五四九年、梁使沈湖《しんこ》が仏舎利を新羅にもたらす。当時の梁では侯景の乱がはじまり、黄金時代から奈落の危機へと時代は急傾斜を強めていたが、茅山《ぼうざん》道教の大理論家、陶弘景《とうこうけい》の出現、武帝以下の仏教へのはなはだしい傾倒、昭明太子蕭統《しょうとう》や彼の後継者蕭綱《しょうこう》を中心とする文人貴族グループの活躍を背景として、沈湖らによって、編纂まもない『文選』が新羅にもたらされた可能性は高い。

そう推定する根拠は、「赤城」そのものの受容とも密接にかかわることであるが、一九七八年一月に大韓民国忠清北道丹陽郡赤城山頂（海抜三二三メートル）から発見された「丹陽赤城碑」の存在である。

真興王代に、新羅は、その領土を、咸鏡南道・京畿道にまでひろげ、統一前最大の版図を得ているが、当時の政治・軍事両面にわたる最高指揮官、上大等の尹史夫（伊湌の異斯夫）は各地に山城を築き、そこを軍事拠点として領土を拡張していった。その上に、真興王が新しい領土を巡狩し、新しい民に支配を明示するために巡狩碑が建てられる。今までに、慶尚南道の昌寧碑（五六一年）、京畿道の北漢山碑（五六八年以降）、咸鏡南道の黄草嶺碑・磨雲嶺碑（いずれも五六八年）の四碑が見つかっているが、一九七八年、忠清北道丹陽郡で発見された丹陽赤城碑は、新羅が北進した最初の砦であり、大韓民国学術調査団の発表によると、五四九年から五五五年（真興王十年から十六年）にかけての作と推定されている。

丹陽赤城碑で何よりも注目されるのは、碑に「赤城」の名が少なくとも三回現われ、この山城が「赤城」と命名されていたことである。以前から、この地は、古来「赤城」の名を持つと伝えられていたが、本碑の発見により、この山城が、五四九年から五五五年と推定される頃に「赤城」と命名されたことが判明したのである。「赤城」の名の意味するところは、この地域の現在の郡名である丹陽郡の「丹」とも一致する。「青丹《あおに》よし」と言われるように、「丹」は「赤」を意味するからである。

そして五四九年とは、梁使沈湖が新羅の土地を踏んだ年である。

思うに、沈湖らは、武帝が心酔した仏教の妙理、陶弘景によって深められた道教教学、ひろく中国古代宗教思想の流れを、彼らの目から見れば東夷の属国である新羅王に語り聞かせ、中国南朝、江南文化の霊峰、天台、四明、赤城の「福庭《めでたきくに》」ぶりを述べ、一方、真興王・尹史夫らは、梁武帝の仏法への捨身にひかれ、蕭統・蕭綱、両皇太子への敬慕に胸こがして、自らの政治支配・領土拡張への夢をさらにふくらませたであろう。

その思いが、北進最初の砦への「赤城山城」命名として表わされたと考えられないだろうか。赤城山城のかなたに、より豊かな土地、神仙境、福庭を夢見たのかもしれない。

ちなみに、真興王の前々代、智証麻立干（王）は、はじめて国号を新羅とし、自ら王を号したが、彼の即位の前後、西暦五〇〇年前後、新羅には中国道教にその名のいわれを持つ神宮《しんきゅう》が建てられたといわれ、その神宮と、日本の神宮《じんぐう》との系譜関係も問題とされている。当初、日本で神宮と呼ばれたのが、伊勢神宮ではなく、石上部（君）との関係が想起される石上神宮（奈良県天理市）であることも何とも示唆的である。五～七世紀にかけて、新羅ばかりでなく、百済、高句麗、加羅諸国、倭において、中国古代宗教思想全般に対して並々ならぬ関心があったことを軽視してはならないと思う。

赤城（せきじょう）から赤城（あかぎ）へ

では、赤城《あかぎ》山の名は、中国の赤城山信仰や新羅での受容とどのように繋がるのであろうか。そのためには、まず「赤城」の名がいつ頃から使われたのかを確認しなければならないが、史料的には、『続日本後紀』承和六年（八三九）六月甲申条に「上野国の无位抜鉾《ぬきほこ》神、赤城神、伊香保神に並めて従五位下を授け奉らむ」とあるのが一番古い。実は承和六年六月には「甲申」の日はなく、この記事自体が問題なのだが、『万葉集』などでは赤城山は「久呂保嶺《くろほね》」と呼ばれていて「赤城」の名を確認することができない。他方、ここに見える三神は、この順序通り、上野国の一の宮、二の宮、三の宮であった。

赤城神の名の現われ方はこの通りだが、『延喜式神名帳』によれば、赤城神社は大社であり、小社である山田郡の賀茂神・美和神、那波郡の火雷《ほいかづち》神が、延暦十五年（七九六）、相並んで官社（神祇官によって祀られる神）に列していることを思えば、それ以前に赤城神が成立していたと考えるのが自然であろう。あるいは、伴信友が推定した慶雲三年（七〇六）の「神祇官記」にその名は記されていたのかもしれない。

今のところ、こうした状況なので、まだ絞り込むことができないが、新羅に赤城山信仰がもたらされたと考えられる六世紀半ばから、平城遷都までの間、おそらくは七世紀代に赤城の名が成立したと考えるのが可能性としては一番高いと思われる。その時代とは、まさに上毛野君―東国六腹の朝臣が東国に覇をなし、徐々に中央の貴族官人としての姿を明らかにしてくる時代である。櫃石の信仰が六世紀以降と考えられていること、赤城の名が主として南麓からの呼び方で外来的色彩が強く、上毛野君らの祖先神とは考えられないことも、こうした推定と矛盾しないと思う。

赤城の神ムカデ、鏡、そして綿貫観音山古墳

また、赤城の神がムカデだという伝えも、中国古代宗教思想史、道教史のなかで考え直すことができる。

ムカデを神とする信仰は赤城と近江の霊峰・三上《みかみ》山が有名だが、和銅発見に因むと見られる秩父黒谷《くろだに》の聖《ひじり》神社には元明

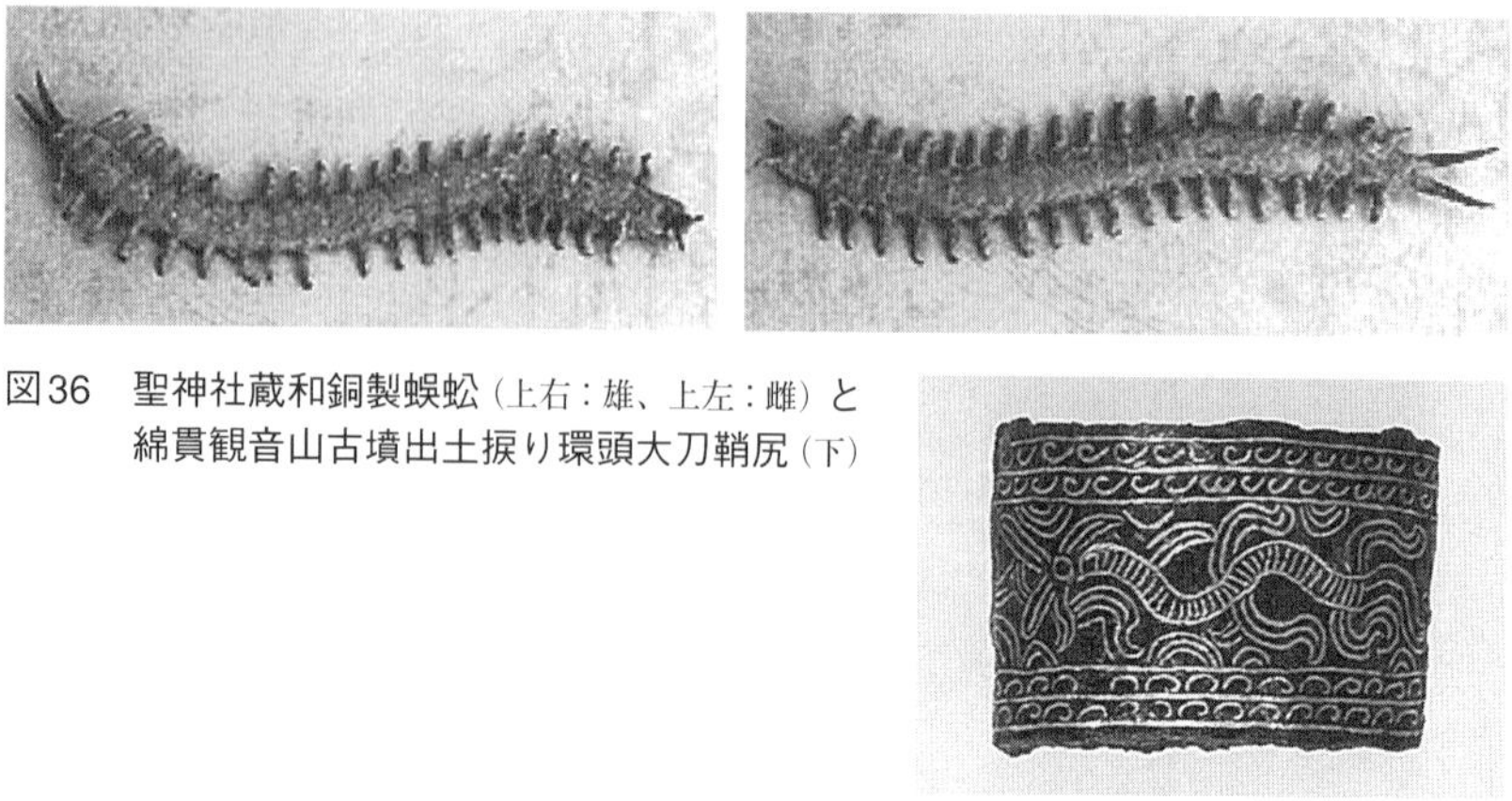

図36　聖神社蔵和銅製蜈蚣（上右：雄、上左：雌）と
綿貫観音山古墳出土振り環頭大刀鞘尻（下）

図37　綿貫観音山古墳出土「三人童女」埴輪（上：正面、下：背面）

天皇下賜と伝わる銅製のムカデ一対がある（図36上）。福永光司先生のご教示によれば、これは、山西省丹陽郡の道士、葛洪《かっこう》（抱朴子《ほうぼくし》）が三一七年に著わした『抱朴子』の入山の技術と呪術についての章、登渉篇に見られる、「南人、入山するに、皆、竹管に盛活する呉蚣《むかで》をもってす」に基づくと考えられる。ムカデがヘビを圧するという『抱朴子』の記載を実体化したものと見られる。

ちなみに『新編会津風土記』という本に収められた「実川《さねかわ》本日光山縁起」を見ると、蟒（大蛇）である二荒《ふたら》の神（日光権現）が、小野猿麻呂なる者の助力で、蜈蚣である赤城の神に勝ったとあり、戦場ケ原は、その戦闘の故地であるという。赤城と二荒、東国の二大霊峰にさす古代中国宗教思想の影は色濃いのである。

その点、上毛野君—東国六腹の朝臣に繋がると考えられる綿貫観音山古墳（六世紀第Ⅲ四半期の築造）の出土品の中に、ムカデが毛彫された刀が存在することはきわめて興味深い（図36下）。

付け加えれば、『抱朴子』登渉篇が、年古りたるものは人に化けて肝試しをしかけるが、鏡に照らせば正体を現わすので、「入山の道士、皆、明鏡径九寸已上を以て背後に懸ける」と記しているのに対応するように、綿貫観音山古墳埴輪列の中核に位置する「三人童女」と呼ばれる埴輪は背に二面ずつ計六面の鏡を背負い、他方、指に弓の弦を張って鳴動させている（図37）。序章で紹介した上毛野君形名の妻に率いられた数十人の女人の行動を髣髴とさせるとともに、東国六腹の朝臣の間に抱朴子道教が思想・規範として受け入れられていた可能性を示唆する。

銅製容器の明器としての古墳埋納も含めて、六〜七世紀東国の思想状況として、道教思想と正面から向きあって考える必要がありそうである

第五章　蒼海を渡りて

――上毛野君朝鮮派遣伝承の前提

荒田別・鹿我別の伝承

荒田別・鹿我別の伝承

『日本書紀』神功皇后摂政四十六～五十二年条（『日本書紀』編年で二四六年から二五二年）によれば、当時、倭国は、千熊長彦（職麻那那加比跪）という人物を百済に派遣し、あるいは百済王の要請をいれて上毛野君の祖と記される将軍荒田別・鹿我別を朝鮮に派遣し百済との共同軍事行動に従事させたという。荒田別・鹿我別の名は四十九～五十年条に現われて、次のような活躍をしたという。

> 四十九年春三月、荒田別・鹿我別を以て将軍となす。すなはち（百済の使者）久氐《くてい》らと共に兵を勒《ととの》へて度る。卓淳国に至りてまさに新羅を襲はんとす。時に或《あるひと》曰く、「兵衆少なし。新羅を破るべからず。更に復、沙白・蓋盧を奉上して軍士を増さむと請へ」とまうす。すなはち、木羅斤資《もくらこんす》・沙沙奴跪に命《みことおほ》せて――この二人、その姓を知らず、但し木羅斤資は百済将なり――、精兵を領ゐて、沙白・蓋盧と共に遣はす。倶《とも》に卓淳に集ひて新羅を撃ちて破りつ。よりて比自《ひし》炑《ほ》・南加羅《ありしひのから》・喙国《とく》・安羅《あら》・多羅《たら》・卓淳《とくじゅん》・加羅《から》の七国を平定《ことむ》く。よりて兵を移して西に廻りて古奚津《こけいつ》に至りて南蛮忱弥多礼《とむたれ》を屠《ほふ》りて、以て百済に賜ふ。是に、その王肖古及び王子貴須、また軍を領ゐて来会《まうけ》り。時に比利《ひり》・辟中《へちう》・布《ほ》弥支《はむき》・半古《はんこ》の四邑、自然に降伏《したが》ひぬ。（以下、潤色架上の形跡がきわめて強いので省略）
>
> 五十年の春二月に、荒田別ら還れり。

新羅に対する軍事攻勢を目論んだ百済王の要請で荒田別・鹿我別は朝鮮に派遣され、百済の将軍、木羅斤資らとともに、加羅諸国の一つである卓淳国を足場に、比自炑・南加羅・喙国・安羅・多羅・卓淳・加羅と記される加羅諸国（朝鮮半島南端部）と比利・辟中・布弥支・半古と記される旧馬韓諸国（朝鮮半島南西部）とをその勢力下に置いたというのである。

『日本書紀』のこの話をそのままに信ずることはできないし、地名の比定や細かい所についてもなお多くの問題があるが、この一連の話の出典の一部が『百済記』と呼ばれる朝鮮側史料によっていると考えられることから、『日本書紀』の編年を干支二運一二〇年繰り下げた三七〇年頃に、倭国がこうした政策を採り、それが、高句麗好太王の南下政策と倭国との衝突の前史を形作った可能性が高いと見る向きも少なくない。『百済記』という書物が引用された神功皇后摂政条から応神天皇条にかけてのあたりは、干支二運一二〇年ほど繰り上げて編年されていて、『百済記』に基づくと考えられる部分はある種の史実を含んでいるという考え方が定説化しているからである。

だがはたして、『日本書紀』のこの話は、三七〇年頃のことを記す『百済記』に基づくものなのか。『百済記』はそもそもどのような史料的価値を持つのか。荒田別・鹿我別の名が現われる根拠はどこにあるのか。そうしたことが再度問われなければならない。本書の性格から、詳しく論じる余裕がないが、このことを考えていくことは、上毛野君関係氏族朝鮮派遣伝承の前提を考えるうえでは避けて通れない。やや回り道となるが、『百済記』の史料的性格を中心として議論を加えておこう。

問題となる『百済記』

つとに『百済記』を含む百済三書（『百済記』『百済新撰』『百済本記』）の史料的価値については、用いられた固有名詞借音漢字の分析から、西暦六〇〇年前後の推古期遺文と類似し、あるいはそれを遡ることが、木下礼仁氏によって明らかにされており（「『日本書紀』にみえる百済史料の史料的価値について」上田正昭・井上秀雄編『古代の日本と朝鮮』所収、学生社、一九七四年）、『日本書紀』素材論・編纂論の重要な一角を成している。しかし、百済三書そのものが描き出す時代や性格、書き手の主体的問題については、なお検討の余地があるように思われる。

検討の一歩として、まさにこの『日本書紀』神功皇后摂政四十六〜五十二年条の文献批判を一つの課題として、『百済記』の史料的価値ならびに『百済記』が描き出す史像の虚実を考え、そのことをもって上毛野君朝鮮派遣伝承の前提を浮かび上がらせたいと思う。

問題をそのように立て直した時、山尾幸久氏の「政治権力の発生」（一九七五年版『岩波講座日本歴史1』）の補注六〇の指摘は示唆に富んでいる。山尾氏によれば、『日本書紀』への『百済記』採用にあたっての干支繰り上げ操作は、従来通説となっている二運一二〇年ではなく、三運一八〇年である可能性が高いという。なお、『百済記』干支三運繰り上げ説は、八〇年以上前の津田左右吉博士の「百済に関する日本書紀の記載」（『古事記及日本書紀の研究』一九二四年。『日本古典の研究　下』再録、岩波書店、一九四六年）に示唆がある。

また、坂元義種氏によれば、『晋書』から『梁書』にいたる中国史書百済王暦と、『三国史記』や『日本書紀』が採用した百済王暦との間には見過ごせない齟齬があると言われる（「中国史書における百済関係記事の検討」『百済史の研究』所収、塙書房、一九七八年）。その齟齬と、『百済記』が描く百済史、倭済交渉史との再検討のなかに、一つの大きな問題があるようである。

『百済記』への接近

『百済記』の定点記事

『日本書紀』は、『百済記』を、神功皇后摂政四十七年条（①）・同六十二年条（②）・応神天皇八年条（③）・同二十五年条（④）・雄略天皇二十年条（⑤）に引用している。

引用された『百済記』のうち、干支を記載しているのは、②の「壬午年」と⑤の「蓋鹵王乙卯年」である。

⑤は、干支繰り下げ操作なしに『三国史記』の記載に一致し、内容も、「百済記云ふ、蓋鹵王乙卯年の冬、狛《こま》の大軍来たりて、大城《こにさし》を攻むること七日七夜、王城《こきしのさし》降陥《やぶれ》て遂に尉礼《ゐれ》を失ふ、国王《こきし》及び大后《こにおるく》、王子《せしむ》ら皆敵の手に没しぬ」と簡潔で潤色

も少ない。⑤を引用する雄略天皇二十年の『日本書紀』編年は四七六年で、蓋鹵王乙卯年（四七五年）と一年の差があるが、⑤は、四七五年のことを記す史実性の高い確実な定点記事と考えられる。

一方、②の「壬午年」の史実性・定点性はどうか。『百済記』として最も長い文章を載せている箇所である。

百済記云ふ。壬午年、新羅、貴国に奉らず。貴国、沙至比跪《さちひこ》を遣して討たしむ。新羅人、美女二人を荘飾《かざ》りて津に迎へ誘《おこつ》る。沙至比跪、その美女を受けて反りて加羅国を伐つ。加羅国王己本旱岐《こほかんき》及び児百久至《はくくち》、阿首至《あしゅち》、国沙利《こくさり》、伊《い》羅麻酒《らましゅ》、爾汶至《にもんち》ら、その人民を将《ゐ》て百済に来奔《に》ぐ。百済、厚く遇《みあ》ふ。加羅国王の妹、既殿至《けでんち》、大倭に向きて啓《まう》して云《まう》さく、「天皇、沙至比跪を遣して以て新羅を討たしむ、しかるを新羅の美女を納れて捨てて討たず、反りて我国を滅す、兄弟人民皆為流沈《さすらへ》ぬ、憂慮にえ任《しの》びず、故、以て来たり啓す」とまうす。天皇、大きに怒りて、すなわち木羅斤資を遣して、兵衆を領ゐて加羅に来たり集ひて、その社稷《くに》を復したまふ。

加羅を足場として新羅と戦うべく派遣されたはずの倭国人沙至比跪が、かえって新羅の誘いをいれて加羅を侵略し、加羅国王らは百済に逃げ、木羅斤資軍が沙至比跪勢を駆逐して加羅の社稷《くに》を復したという話である。

そこで問題となるのは、木羅斤資の実在年代と、本条にいう加羅の地域特定である。

木羅斤資と加羅

まず木羅斤資については、④に、「百済記に云ふ、木満致《もくまち》は、これ、木羅斤資、新羅を討ちし時、その国の婦を娶りて生める所なり、その父《かぞ》の功を以て任那《みまな》に専《たくめ》なり」という記載がある。ここに見える「木満致」なる人物は、『三国史記』百済本紀蓋鹵王二十一年（四七五）条にその存在が確認される百済の権臣・木劦満致《もくらまち》のことである。

木羅斤資をその父とすれば、木羅斤資の活躍年代は、五世紀前半から半ばとすることが最もふさわしい。その期間で「壬午年」を求めれば四四二年となり、山尾氏の言われる干支三運一八〇年繰り上げの一例となる。神功皇后六十二年の

『日本書紀』編年は二六二年だからである。

また、『日本書紀』編者は、④を引用する応神天皇二十五年条において、木満致を直支王から久爾辛王代にかけての権臣であるかのように記すが、それを史実とみなしえないことは後述する。

一方、『三国史記』によれば、毗有王七～八年にかけて、百済が新羅に和を請い、それが実ったとあり、毗有王初年の四三〇年頃、百済と新羅の間で戦火が交えられたことがうかがえる。その頃、木劦満致が新羅人の腹に生まれたとすれば、蓋鹵王敗死の四七五年には四〇代半ばとなり、文周王を擁して南に逃げたという『三国史記』の記載と矛盾なく重なる。したがって、四三〇年頃の百済・新羅間での軍事衝突とそこでの活躍の上に、四四二年頃、木羅斤資が、加羅からの沙至比跪勢の駆逐のために派遣されたと考えてよいであろう。

次に、加羅の用例には、加羅諸国全体を指す例、大加羅国（高霊加羅）を指す例、南《ありひしの》加羅国（金官加羅）を指す例があるが、この場合は、加羅国王として個人名があげられているから、加羅諸国全体を指すとは考えられない。そして、『日本書紀』では、金官加羅を特定する場合には南加羅と書く傾向が強く、『百済記』の採用と密接にかかわる神功皇后摂政四十九年条でも、金官加羅を南加羅、高霊加羅を加羅と記しているから、②の「加羅」も高霊加羅を指すと考えられる。高霊加羅が内陸部の加羅で、百済に近く、新羅との係争地であることも注目される。

したがって、②は、四四二年頃の百済・高霊加羅と倭国あるいは新羅との関係と、当時の高霊加羅の王族名を知らせてくれる貴重な定点史料とみなすことができる。そのことは、また、『百済記』が、その採用にあたって、少なくともその一部は干支三運一八〇年繰り上げて利用されたらしいことをうかがわせる。

沙至比跪事件の読み方

以上の準備の上に、あらためて②を文脈にそって読み直すと、②が、一連の史料でありながら、倭国に対して「貴国」

と「大倭」の二通りの呼び方をしていることに気づく。

一般に百済三書は、倭国の呼称として、「貴国」、「倭」あるいは「大倭」、「日本」を用いているが、その用例は、『百済記』では「貴国」、『百済新撰』では「倭」あるいは「大倭」、『百済本記』では「日本」と、見事なまでに分化している。

唯一の異例が②の「大倭」である。なぜ「貴国」を通例とする『百済記』が、②においてのみ「大倭」を用いているのか。しかも、同じ②のなかには「貴国」も用いられているのである。

まず、「貴国」と「大倭」の違いを考えれば、『日本書紀朝鮮関係記事考証・上巻』（吉川弘文館、一九六二年）で、三品彰英氏が指摘されたように、「貴国」は、『百済記』作者の「我国」から見た敬意をこめた第二人称として使われており、「大倭」は、美称としても第三人称的である。その意味では、第一人称である「我国」、第二人称である「貴国」に固執した感のある『百済記』が、第三人称的な「大倭」を用いているのは奇異である。

次に、②では、『百済記』作者の「我国」に関する記載がなく、沙至比跪事件が『百済記』作者の「我国」と直接関係しない可能性が高い。②の「我国」は明らかに加羅（高霊加羅）を指しているからである。

つまり、第三人称的な呼称である「大倭」を用い、加羅を「我国」と呼ぶ②の原史料は、『百済記』作者の実体験に基づくものではないと考えられるのである。『日本書紀』編者が、『百済記』などを参照史料として本文を作りながら、文注の形でさらに『百済記』などを引用したように、『百済記』作者も、ある参照史料を元に②の本文を作り、そこに、引用を明記せずに参照史料を引用したため、「貴国」と「大倭」が相並ぶことになったのであろう。

そこで問題となってくるのは「加羅国王の妹既殿至」以下の部分である。

『百済記』作者は、参照史料引用に際して、「加羅国王」と「妹既殿至」の間に本来はあった「云」を脱落させたのではないかという疑問がわいてくる。当時、高霊加羅の国王一族は百済に「来奔」し「厚遇」を得ていたのであるから、百済にこそ提訴して救援を仰ぐのが理にかなっているからである。実際、百済の将軍、木羅斤資が加羅の社稷を復したのである。

全体の理解を進めるために、冒頭から再度引用するが、「加羅国王」以下は、「云」を挟んで、加羅国王の百済への提訴として、次のように読まれるべきだと思う。

百済記云ふ。壬午年、新羅、貴国に奉らず。貴国、沙至比跪《さちひこ》を遣して討たしむ。新羅人、美女二人を荘飾《かざ》りて津に迎へ誘《おこつ》る。沙至比跪、その美女を受けて反りて加羅国を伐つ。加羅国王己本旱岐《こほかんき》及び児百久至《はくくち》、阿首至《あしゅち》、国沙利《こくさり》、伊《い》羅麻酒《らましゅ》、爾汶至《にもんち》ら、その人民を将《ゐ》て百済に来奔《に》ぐ。百済、厚く遇《みあ》ふ。加羅国王（云）さく、「妹、既殿至《けでんち》、大倭に向きて啓《まう》して云《まう》さく、『大王（倭国王のこと）、沙至比跪を遣して以て新羅を討たしめん』とまうす、しかるを（沙至比跪）新羅の美女を納れて捨てて討たず、反りて我国（高霊加羅）を滅す、兄弟人民皆為流沈《さすらへ》ぬ、憂慮にえ任《しの》びず、故、以て来たり啓す」とまうす。（百済）王（原文は天皇）、大きに怒りて、すなわち木羅斤資を遣して、兵衆を領ゐて加羅に来たり集ひて、その社稷《くに》を復したまふ。

文献批判において、誤字・脱字を問題にするのは最後の手段だといわれるが、このように読めば全体は整合性を持ち、木羅斤資派遣の主体を百済王とすることができる。「大倭」という第三人称的な呼称も、加羅国王から百済王への提訴の中での言葉とすれば無理なく受け入れることができるであろう。

『百済記』の性格と描く世界

『百済記』作者の故地

いささか、②に深入りしすぎたかもしれないが、『百済記』の性格とその描く世界の感触をつかんでいただけたことと思う。そこで、次に、『百済記』にいう「我国」について少し考えておこう。

史料④は、先の引用部分に続いて次のように記す。

（木満致は）その父の功を以て任那に専なり。来りて我国に来りて貴国に往還《かよ》ふ。制を天朝に承りて我国の政を執る。権重《いきおい》世に当れり。しかるを天朝、その暴《あしきこと》を聞こしめして召す。

④は、②とは異なって、『百済記』作者の体験に基づくと考えられるが、木（劦）満致は、父の功を引き継いで、任那つまり加羅諸国や百済の南部地帯に勢力を張り、『百済記』作者の故地を執政下に置き、そこを足場として百済・倭国間の交渉権を掌握していたというのである。

一体、④にいう「我国」、つまり『百済記』作者の故地はどこなのだろうか。書名に引かれて百済と考えがちだが、すでにその父・木羅斤資が将軍としての確固たる地位を固めていた百済に「来入」するはずはなく、木満致が、百済以外の国の「制を承」って百済の政を執るなどとは考えられない。「我国」は、百済と倭国とを結び、加羅諸国に近接する地域と考えるのが妥当な見方である。

そこで注目したいのは、③にも「我国」を意味する表現が、「百済記云ふ、阿花王立ちて貴国に礼なし。故《かれ》、我が枕弥多《とむた》礼《れ》、及び峴南《けんなむ》、支侵《ししむ》、谷那《こくな》、東韓《とうかん》の地を奪ふ」と見えていることである。③は続いて百済の王子直支の倭国派遣を記すが、引用部分では、百済阿花王が「我が枕弥多礼」を奪ったというのである。

「枕弥多礼」の語は神功皇后摂政四十九年条にも見えており、「兵を移して西に廻りて古奚津に至りて南蛮忱弥多礼を屠《ほふりさき》きて、以て百済に賜ふ」とある。「枕（忱）弥多礼」の用例はこの二例だけで、『百済記』固有の用例と考えられる。「以て百済に賜ふ」は『日本書紀』編者の百済属国史観による表現だから、本来神功皇后摂政四十九年条は百済軍が古奚津に至り百済の南にあたる「枕（忱）弥多礼」を攻略したという記録に基づくものであろう。

古奚津比定地としては、『三国志』魏書東夷伝韓条にいう「馬韓狗奚国」、今日の大韓民国全羅南道康津地方とするのが定説で異論はほとんどない。「枕（忱）弥多礼」も全羅南道康津・海南地方の旧馬韓地域に求めるのが理にかなっている。

古奚津から海を渡った済州島の古名耽羅《とむら》の「耽」が「枕（忱）弥」と通音になることから、済州島をもって「枕（忱）弥多礼」とする考え方もあるが、済州島が百済と関係を持つのは、『三国史記』では四七六年、『日本書紀』では五〇八年とし、両書ともに、その交渉を済州島側からの友好的なものと記し、五世紀後半、済州島は百済に対してかなり独自な立場にあったとするから、済州島説は妥当ではない。

それに対して、私は、古奚津に隣接する全羅南道康津・海南地方の「耽津」、つまり、『三国史記』地理志の新羅陽武郡耿津県、旧百済冬音県を「枕（忱）弥多礼」とする大韓民国の歴史学者・千寛宇氏の説（「韓国史の潮流―三国時代（抄）」井上秀雄・旗田巍編『古代日本と朝鮮の基本問題』学生社、一九七四年）に与したい。「耿」は「耽」の俗字であり「忱」とは通音字である。「冬音」もまた「とむ」と読める借音字である。そして、朝鮮の地理書『東国輿地勝覧』は、耿津県の古跡として古康津・旧渓所をあげ、旧渓所は古奚津の名を伝えたものとしている。

また、神功皇后摂政四十九年条は、百済軍の枕（忱）弥多礼攻略によって、「比利・辟中・布弥支・半古の四邑」が百済に「自然降伏」したと記すが、四邑が、いずれも、狗奚国に近い旧馬韓の卑離国（全羅南道羅州）、辟卑離国（全羅南道宝城）、不弥支国（全羅南道羅州）、半姑国（全羅南道潘南）に比定されうることも、枕（忱）弥多礼を耿津とみなす考え方を支持する。

そのような性格を持つ枕（忱）弥多礼を「我が枕（忱）弥多礼」と書いているのであるから、『百済記』にいう「我国」は、全羅南道康津・海南地方の旧馬韓諸国の一国と考えるのが最もふさわしいと思う。この地は、加羅諸国に隣接し、百済と倭国とを結ぶ要衝であり、康津は良港としても知られている。

この推論を神功皇后摂政四十九年条に記された木羅斤資の軍事行動と考え合わせれば、④の語る事柄と矛盾なく繋がるであろう。

つまり、『百済記』にいう「我国」は、百済阿花王代に攻略を受け、やがて木羅斤資によって百済領に本格的に取り込まれ、木羅斤資の息子、木（刕）満致の執政下に置かれるとともに、百済・倭国交渉の展開に一役買った地域と考えられるのである。

言い換えれば、『百済記』は、百済に包摂されながらも、なお百済本国と倭国との間にあって両国の交渉に関与した康津・海南地方の旧馬韓諸国の一国から渡来した人々によって記され、倭王権に提出された可能性が高い。

『百済記』の描く世界

そこで、『百済記』の性格にもう一歩踏み込むべく、③・④が、その記載の中に干支記載を持たない理由を考えてみよう。

まず、③を引用する応神天皇二十五年条は、『日本書紀』編年では二九四年、干支二運繰り下げれば四一四年となり、『日本書紀』本文は、この年、百済久爾辛王が即位したと記すが、『三国史記』の同王即位年は四二〇年で、齟齬が生じている。

『三国史記』と、干支二運繰り下げた『日本書紀』百済王暦とは（近）肖古王の薨去から久爾辛王の前王とされる直支王の即位までほぼ一致しているから、この齟齬は軽視できない。しかも、中国史料によれば、久爾辛王の即位自体が疑問視されている。そして木（劦）満致の活躍年代を四一四年以前からとすることは『三国史記』の記載から考えて無理があり、木（劦）満致の出生は、いま述べてきたように四三〇年前後と考えられるのである。したがって、④が四一四年甲寅のこととして記されていたとする根拠はない。

おそらく、四一四年にある百済王が即位したという記憶ないしは記録と、木（劦）満致に関する『百済記』の記載とを、『日本書紀』編纂史局で結び合わせたものが応神天皇二十五年条であろう。

他方、③は、先の引用部分に続いて、「是を以て、王子直支を天朝に遣して、以て先王の好を修む」と記しており、この記載は、『三国史記』とも合致するが、この時代の百済王暦は引き伸ばされている可能性が高く、また、③の記載内容である、阿花王の即位、百済による枕（忱）弥多礼などの攻略、直支の倭国派遣を単年度のことと考えてよいかは不明だから、年時の一致にこだわらないほうがよいと思う。

今のところ、③は、その中に干支記載を持たないことを尊重して、百済阿花王が枕（忱）弥多礼などを攻略し、その王代に王子直支が倭国に派遣されて「先王の好を修」めたということを主張するにとどまるとしておくべきであろう。

したがって、干支記載を持つ定点史料②・⑤と、干支記載を持たない③・④とは、性格を異にすると考えられる。

以上を整理すれば、『百済記』の性格として次の点が指摘される。

（一）『百済記』作者の出身地は、旧馬韓の狗奚国・枕（忱）弥多礼（今日の全羅南道康津・海南地方）あたりである可能性が高い。

（二）その地は、百済阿花王代に攻略を受け、やがて木羅斤資によって百済領に本格的に取り込まれ、木羅斤資の息子、木（劦）満致の執政下に置かれるとともに、百済—倭国交渉の展開に一役買った地域と考えられる。

（三）したがって、『百済記』述作の一つの動機は、枕（忱）弥多礼あたりから倭国に渡来した人々が、渡来後、母国がかつて百済・倭国間交渉に一役買っていたことを主張することにあったと考えられる。そう考えてこそ、倭国を、敬意をこめた第二人称的呼称「貴国」でよんだ態度も理解できる。

（四）『百済記』作者の目は、木羅斤資・木（劦）満致父子に注がれており、いわば二人を主役としている。『百済記』作者の出身地が、木羅斤資父子によって、百済勢力圏に本格的に取り込まれたためであろう。

（五）『百済記』の中には、干支記載を持つ史料と持たない史料があり、後者は、安易に、それを引用する『日本書紀』本文の編年と関連づけて議論できるような史料的性格を持つものではない。

（六）他方、定点記事である②と⑤は、それぞれ四四二年と四七五年の事件に関係する史料であり、その引用方法と『日本書紀』本文の編年との間には、一律な関係があるわけではない。

（七）むしろ、より注目すべきは、『百済記』が五世紀半ばを中心として事件を記している点にある。

（八）（五）から考えて、『百済記』が編年体の書物であったとはみなしがたい。干支記載を持つ定点史料②・⑤が、『百済記』作者の父祖たちの実体験に基づく可能性の低いこと、逆に干支記載を持たない③・④が実体験と考えられることも、そうした推定を支持する。

総じて、『百済記』は、五世紀半ばを中心とした、非編年体の、旧馬韓国の一国、おそらくは狗奚国から見た倭・済交渉史という性格を持つ書物と言えよう。

朝鮮派遣伝承への切り込み

神功摂政四十九～五十年条

以上の準備の上で、いよいよ、神功皇后摂政四十九～五十年条に記される荒田別・鹿我別の朝鮮派遣伝承について切り込んでみたいと思う。そこで注目したいことは、この話が、四十六年から五十二年にかけての一連の話の中で語られていることである。

それは、おおまかに言えば次のような話である。

倭国との国交を望んだ百済は、加羅諸国の一つである卓淳国の仲介で倭国に通じたが、百済の使節久氐《くてい》らが倭国に向かう途中、新羅に妨害されて貢ぎ物を取り替えられた。そのことに対して、倭国は、事実を調査するために千熊長彦を新羅に派遣し、新羅の奸策を暴いた。さらに、倭国は、久氐らとともに将軍荒田別・鹿我別を卓淳国に派遣し、木羅斤資らとともに新羅を攻めて、加羅七国、比利などの四邑をその勢力下に置いた。その時、百済王と千熊長彦は盟約を結び、やがて、千熊長彦とともに倭国に来た久氐らは、七枝刀《ななつさやのたち》などを献上した。この間、百済と倭国との間では、しきりと使節が行き交ったという。

上記の議論において、あえて史料①（「百済記云ふ、職麻那那加比跪は蓋し是か」）を議論の枠外に置いてきたのも、①を文注の形で含む一連の話が神功皇后摂政四十六年条から五十二年条にかけて物語られ、四十九年条には「枕（忱）弥多礼」と「木羅斤資」が見えているからである。そうした一連の話の中での四十九年～五十年条の特徴は何か。

本当に一連の話か

本書の性格から、条文を逐一引用することはできないが、「久氐ら、千熊長彦に従ひて詣り、すなわち七枝刀一口・七子《ななつこの》鏡《かがみ》一面、および種々の重宝を献る云々」と記される五十二年秋九月丁卯朔丙子条は、上田正昭先生が指摘されたように、石上神宮所蔵の七支刀を「百済王献上の七枝刀」とみなして、そのゆえんを説明するために作文された節が見える（上田正昭『倭国の世界』講談社現代新書、一九七六年）。本条の干支記載が日にまで及んでいて、七世紀末採用の儀鳳暦二五二年としか合致しないことも、後の挿入を思わせる。

そうした意味では、四十六年春三月乙亥朔条の記載干支も儀鳳暦二四六年としか合致せず、四十七～五十一年条の年月記載とは趣を異にしている。条文を引用しないのでご理解いただけないかもしれないが、四十六年の「話」の中に見える「甲子年七月中」あるいは「卓淳国」を生かして四十七年（干支では丁卯年）条以下に繋げるために、ここに採用されたのであろう。四十六年条展開の中心となるのは「斯麻宿禰《しますくね》・爾波移《にはや》・過古《かこ》」という人物たちだが、その人々が四十七年条以下に現われていないことも、四十六年条、ひいては、それを生み出した「甲子年七月中」の伝えが、四十七年条以下とは本来繋がりのない所伝に基づくことを示唆する。

次に四十七年条は、四十六年条と四十九年条以下とを結びつける役割を果たしているが、そこで語られる百済の貢物を新羅が簒奪したという話は『日本書紀』編者常套の作り話で、四十九年条以下を、倭王権による新羅征討・百済従属化譚に仕立て上げるための布石に過ぎないと考えられる。四十七年条に百済の使節と記される「久氐《くてい》・弥州流《みつる》・莫古《まくこ》」のうち

「弥州流・莫古」の両人が、四十六・四十七年条にしか見えないことも、「弥州流・莫古」の名が、「久氐」とは相異なる所伝から求められたことを示唆する。

このように見てくれば、一連の話として語られる四十六〜五十二年条の話は、本来一つながりの話として記録されていたとは考えにくい。四十六年条に見える「甲子年七月中」の記録や「弥州流・莫古」という百済使節名については、今後考えていかなければならないと思うが、『百済記』との関係が推測される部分は、四十九〜五十一年条であると結論づけてよいのではないだろうか。ここに、久氐・木羅斤資・千熊長彦（職麻那那加比跪）あるいは枕（忱）弥多礼と並んで、上毛野君の祖とされる荒田別・鹿我別が現われるのである。いよいよ問題の核心に近づいてきたと言えよう。もちろん、荒田別らの名が初めから『百済記』にあったなどと言うつもりは毛頭ないが、『百済記』に基づくと考えられる部分に荒田別らの名が挿入されたということを軽視してはならないだろう。

四十九年条への絞り込み

四十九年〜五十一年条とはどのような条なのか。

「荒田別ら還る」とのみ記された五十年二月条は、四十九年条を受けるものだが、これだけでは何とも言いようがない。また五十年五月条では、史実性を吟味するうえで対象となるのは、「千熊長彦・久氐ら、百済より至る」だけで、以下は明らかな作文である。「千熊長彦」という名も『百済記』の「職麻那那加比跪」から作り出されたものであろう。

次に五十一年条は、全体として潤色が著しいが、久氐らとともに千熊長彦（職麻那那加比跪）が百済に派遣され、「今、復、厚く好を結ぶ」という下りは、注目に価する。「結好」あるいは「修好」という用例は、『百済記』史料③、雄略天皇五年条所引の『百済新撰』、『三国史記』百済本紀阿莘王（阿花王）六年五月条などにも見え、蕃国史観に基づく潤色がほとんど感じられないからである。

したがって、考察の対象を「木羅斤資」「枕（忱）弥多礼」が見える四十九年条に絞り、それに、五十年・五十一年条に部分的に見える史料的価値の高い記載を組み合わせて考えていくことで、荒田別らの名が挿入された事件の内容に迫り、そこから、荒田別らの挿入の理由を考えていくこととしよう。

そこで問題となるのは①（「百済記云ふ、職麻那那加比跪は蓋し是か」）の取り扱いだが、①には干支記載がなく、人名に対するまったくの文注の形をとっているから、四十九年条を中心とする話に登場する「千熊長彦」なる人物が、『百済記』には「職麻那那加比跪」と記されていたと考えればよいと思う。四十九年条を再度引用してみよう。

　四十九年春三月、荒田別・鹿我別を以て将軍となす。すなはち（百済の使者）久氐《くてい》らと共に兵を勒《ととの》へて度る。卓淳国に至りてまさに新羅を襲はんとす。時に或《あるひと》曰く、「兵衆少なし。新羅を破るべからず。更に復、沙白・蓋盧を奉上して軍士を増さむと請へ」とまうす。すなはち、木羅斤資《もくらこんす》・沙沙奴跪に命《みことおほ》せて——この二人、その姓を知らず、但し木羅斤資は百済将なり——、精兵を領ゐて、沙白・蓋盧と共に遣はす。倶《とも》に卓淳に集ひて新羅を撃ちて破りつ。よりて比自《ひし》炑《ほ》・南加羅《ありしひのから》・喙国《とく》・安羅《あら》・多羅《たら》・卓淳《とくじゅん》・加羅《から》の七国を平定《ことむ》く。よりて兵を移して西に廻りて古奚津《こけいつ》に至りて南蛮忱弥多礼《とむたれ》を屠《ほふ》きて、以て百済に賜ふ。是に、その王肖古及び王子貴須、また軍を領ゐて来会《まうけ》り。時に比利《ひり》・辟中《へちゅう》・布《ほ》弥支《むき》・半古《はんこ》の四邑、自然に降伏《したが》ひぬ。

おおよその意味は、現代語訳せずともご理解いただけるであろう。

ところで、百済の王・王子として、肖古王と貴須王とが現われているが、木羅斤資の活躍年代をそこまで遡らせることはできない。肖古王と貴須王の登場は、『日本書紀』編者が、本条を神功皇后摂政四十九年（『日本書紀』編年で二四九年、干支二運繰り下げて三六九年）としたための架上挿入と考えられよう。そうした架上挿入を除き、本条展開の主体を倭国王とする『日本書紀』編者の史観を解き放てば、本条はどのような問題を投げかけてくれるであろうか。

（一）本条にも、「木羅斤資」「枕（忱）弥多礼」という『百済記』においてとくに注目された人名・地名が見え、本条の中心的内容は、百済木羅斤資軍による対新羅軍事攻勢とそれを契機とした加羅諸国への軍事的圧迫、そして枕（忱）弥多礼を含む馬韓南半諸国の百済への本格的取り込みを主張するところにある。

（二）この内容から推して、本条原史料を、現在知られている史料の中に求めれば、『百済記』とするのが最もふさわしい。そして、木羅斤資の活躍年代、史料②・③・④および前述した百済毗有王七～八年条の記載から考えれば、本条原史料は、五世紀前半から半ばにかけて、おそらくは四三〇年前後のこととして記録されていた可能性が高い。あえて神功皇后摂政四十九年条の編年干支（己巳年）に関連づければ四二九年となるが、本条中には干支が記載されていないから、そこまで推定することは危険である。また『百済記』では、『百済記』作者の父祖たちの実体験に基づくと考えられる部分に干支記載があったかどうかは疑問である。

（三）本条に見える地名の性格を考えれば、卓淳（今日の大邱市付近と推定されている）を足場に新羅に対する軍事攻勢をかけたという内容は、当時の百済の勢力圏から考えて矛盾が少ない。加羅七国の記載は、当時、加羅地方が大きく七つの固まりになっていたと考えればよいだろう。また前述したように、古奚津（狗奚国）・比利（卑離国）・辟中（辟卑離国）・布弥支（不弥支国）・半古（半姑国）は、いずれも、枕（忱）弥多礼に近い旧馬韓諸国である。これらの馬韓諸国の名は本条以外には見えないから、加羅七国はともかく、古奚津や馬韓「四邑」の名は、『日本書紀』編纂史局での挿入とは考えられない。

（四）本条において、木羅斤資とともに軍事行動の軸となった「沙沙奴跪」は倭国人である可能性が高い。『日本書紀』編者は、彼を倭国の人名に比定できないでいるが、「某奴跪」なる人名は、四二九年のことを記す『百済新撰』の倭国の使者「阿礼奴跪」、欽明天皇五年二月条所引の『百済記』の「津守連《つもりのむらじ》己麻奴跪」のように、倭国人の朝鮮での表記例であり、逆に、百済三書の朝鮮人名には一つとして「某奴跪」は見えないからである。なお、「奴跪」の訓みは、国史大系本では「とく」、日本古典文学大系本では「なこ」であるが、『三国史記』列伝・昔于老《せきうろう》伝に、倭国人「葛那古（そなこ）」が見えることと考え合わせると、「なこ」の方がよりふさわしいと思う。「奴跪」は「根子《ねこ》」の借音表記であろうか。『万葉集』の表記では「奴」は「ノ乙類」の音に当てられているから「ぬ」の音に近い。そこから考えると、「のこ」ではなく「ねこ」の可能性が高いと思う。

（五）こう考えてくれば、本条に記載された百済軍の軍事行動に倭国人あるいは倭国軍が関与した可能性が開ける。四四二年に沙至比跪《さちひこ》が朝鮮半島に派遣されて軍事行動をおこしたこと（２）を考え合わせれば、四三〇年頃、百済の軍事行動に倭国人あるいは倭国軍が関与した可能性は高まるであろう。このことは、五世紀の東アジア史、倭・済交渉史にとってきわめて重大な問題である。

（六）本条核心部には「久氏」「職麻那那加比跪」という倭・済両国の使者は現われない。「久氏」「職麻那那加比跪」による両国の国交は、本条核心部の内容とは別のこととして『百済記』に記載されていたと考えてよいのではなかろうか。しかし、時代的には重なっていたと思われる。五十一年条に見える「今、復、厚く好を結ぶ」という内実こそ、両者の果たした役割であろう。

「荒田別」挿入の理由

以上のような性格を持つ四十九年条に、上毛野君の祖とされる荒田別・鹿我別の名が挿入された理由は何か。まず、（四）で指摘したように、この事件において、倭国人あるいは倭国軍が関与した可能性が高いことが前提としてあげられる。また、第四章で指摘した多奇波世君や男持君の朝鮮での活躍を考えれば、四三〇年頃の百済軍の軍事行動に上毛野君関係氏族の祖とされる人々が関与したという伝承を上毛野君関係氏族が持っていたと考えることも、そう無理ではない。しかし、なぜ、ここに挿入されたのが上毛野君の祖とされる人々なのか。

そのことを検討する一つの方法として、『日本書紀』巻九から巻十一つまり神功皇后摂政条から仁徳天皇条にかけての朝鮮派遣伝承を考えてみると（以降安康天皇条までは朝鮮関係記事がほとんど見られない）、そこに現われる人物は、井上秀雄氏が指摘されたように、「武内宿禰《たけしうちのすくね》の子」とされる人々と上毛野君関係氏族の祖とされる人々だけである（井上秀雄『古代朝鮮』ＮＨＫブックス、一九七二年）。

武内宿禰伝承の成立は七世紀後半以降と考えられており（岸俊男「たまきはる内の朝臣」『日本古代政治史研究』塙書房、一九六六年）、「武内宿禰の子」の朝鮮派遣伝承そのものは全くの架上挿入と思われるが、架上挿入の前提として、雄略天皇九年条などに見られるような、五世紀半ばにおける蘇我臣や紀臣つまり武内宿禰の後裔を名のる氏族の朝鮮への派遣が考えられる。『日本書紀』の記載をそのままに信ずることはできないとしても、倭王武の宋朝への上表文にあるように、倭国が海を渡って朝鮮の軍政に関与したことまでは疑えず、五世紀半ばにあって、蘇我臣や紀臣に繋がる人々が朝鮮に派遣されたことは否定できないであろう。

同様に、上毛野君関係氏族の祖とみなしうる人々が五世紀半ばから後半にかけて朝鮮に派遣され、その後裔を称する人々が朝鮮南部、おそらくは百済勢力圏で氏族形成をなした後、西暦五〇〇年前後以降倭国に再渡来した可能性はきわめて高いから、そのことが、荒田別らの神功皇后摂政四十九年条への架上挿入の前提となったと考えてよいであろう。

その点、先にも引用したように、『日本書紀弘仁私記』の序が引く「諸蕃雑姓記註」が、「田辺史・上毛野公・池原朝臣・住吉朝臣らの祖、思須美・和徳両人、大鷦鷯天皇《おほさざきのすめらみこと》（仁徳天皇）御宇の年、百済より化来す、而して言ふに、己らの祖、是、貴国将軍上野公竹合（多奇波世君・竹葉瀬）なりてえり、天皇、矜憐して彼の族（上毛野氏関係氏族）に混づ」と、倭国を「貴国」と記していることはきわめて示唆深い。「諸蕃雑姓記註」の成立は九世紀初頭に下る可能性が高いし、田辺史らの渡来も、第四章で検討したように、西暦五〇〇年前後以降と考えられるから、この所伝はあくまでも参考でしかないが、『百済記』固有の用例である「貴国」をもって倭国を呼んでいるからである。

想像をたくましくすれば、五世紀代に上毛野君関係氏族の始祖とされる人々が派遣され後裔の氏族形成が図られたのは、

『百済記』作者の出身地に近い所であった可能性が浮かびあがる。

そうした事情が、神功皇后摂政四十九年条への荒田別らの架上挿入となり、また第四章で指摘した王仁招請の主体としての荒田別らの登場となったのではなかろうか。そのことは、また、上毛野君関係氏族の祖として、荒田別という人物がかなり早い時期から意識されていたことを示唆する。

第六章　もう一つの故郷（ふるさと）

―上毛野君関係氏族と倭王権

和泉グループへの視角

知られざる始祖—倭日向武日向彦八綱田命

いささか回りくどい議論におつきあいいただいてお疲れのことと思う。ここで議論を戻して、第三のグループつまり和泉グループに視点を移していこう。

第三のグループは、『新撰姓氏録』和泉国皇別・未定雑姓和泉国に見える佐代公《さじろのきみ》・珍県主《ちぬのあがたぬし》・登美首《とみのおびと》・葛原部《ふじはらべ》・茨木造《うばらきのみやつこ》・丹《たじ》比部《ひべ》・軽部君《かるべのきみ》・我孫公《あびこのきみ》らが形作る氏族グループである。『新撰姓氏録』は次の系譜伝承を載せている。

佐代公　上毛野朝臣同祖。豊城入彦命の後なり。敏達天皇、吉野の川瀬に行幸し時、勇事あるにより佐代公を負ひ賜ふ。

珍県主　佐代公同祖。豊城入彦命の三世孫、御諸別命《みもろわけのみこと》の後なり。日本紀漏。

登美首　佐代公同祖。豊城入彦命の男、倭日向建日向八綱田命《やまとひむかたけひむかやつなだのみこと》の後なり。日本紀漏。

葛原部　佐代公同祖。豊城入彦命の三世孫、大御諸別命の後なり。日本紀漏。

茨木造　豊城入彦命の後なり。

丹比部　上に同じ。日本紀漏。

軽部君　倭日向建日向八綱田命の後なり。雄略天皇の御世、加里の郷を献ず。すなはち、姓、軽部君を賜ふ。

我孫公　豊城入彦命の男、倭日向建日向八綱田命の後なり。

従来、このグループは、東国との縁が薄く、渡来の伝承も持たず、また、奈良朝における活躍がほとんど知られていないため、高い関心が払われていないが、注目すべき二つの特色を持っている。

第一の特色は、和泉地方に集まり住んでいること。

第二の特色は、東国六腹の朝臣系（第一グループ）や多奇波世君・男持君後裔系（第二グループ）では影の薄い「豊城入彦命の男、倭日向建《武》日向（彦）八綱田命」の後裔を称している氏族が散見されること。八綱田の名は『日本書紀』にも見えるが、とくに八綱田を始祖としてあげているのはこのグループだけである。

したがって第三グループの存在は、上毛野君関係氏族が豊城入彦命以下の系譜を主張する根拠を考える手がかりを与えていると言ってよいだろう。

このグループに関して『日本書紀』は、二つの興味深い伝承を載せている。垂仁天皇五年条の八綱田の話と、雄略天皇十四年条の茅渟県主（珍県主）の話である。この二つの伝承の考察を、第三グループのありようを求めるよすがとしてみよう。

根使主征討伝承と茅渟県主

雄略天皇十四年条は、大王位継承権を持つと考えられる二つのグループ、大草香皇子《おほくさかのみこ》（仁徳天皇の息子で、安康天皇・雄略天皇の叔父にあたると伝わる）グループと、安康・雄略グループとの間の政争と婚姻にまつわる話で、その政争のなかで安康・雄略グループに打倒された根使主《ねのおみ》（紀臣関係氏族の一員である坂本朝臣の始祖と伝わる）一族の「一分《なかば》」が茅渟県主《ちぬのあがたぬし》の「負《ふくろ》嚢者《かつぎひと》」にされたという。話は、雄略天皇の前代、安康天皇の頃から始まる。おおよそ次のような話である。

安康天皇の元年（『日本書紀』編年で四五四年）、天皇は、大泊瀬皇子《おほはつせのみこ》（後の雄略天皇、安康天皇の同母弟という）のために、坂本臣の祖、根使主を遣わして、大草香皇子の妹、幡梭皇女《はたびのひめみこ》を迎えようとした。大草香皇子も、それをいれて、その約束として「私の宝、名は押木珠縵《おしきのたまかづら》」を根使主に渡し、天皇に献上しようとした（押木珠縵とは、木の枝の形をした立飾のある金製もしくは金銅製の冠で、それに珠を綴じたものと考えられている。山王金冠塚古墳出土の冠はその例と見られる）。

ところが、押木珠縵を見た根使主は、そのあまりの麗美さに心を奪われて、それを盗み、天皇には、大草香皇子は拒否したと嘘の報告をした。天皇は、根使主の言を信じて怒り、兵を起こして大草香皇子の家を囲み、彼を殺してしまった。この時に、難波吉師日香香《なにわのきしひかか》父子は、大草香皇子に仕えていたが、共にその君の罪なくして殺されたことを傷《いた》んで、父は王の首を抱き、ふたりの子はそれぞれ王の足を執えて絶叫、自らの首をはねて殉死した。この親子のあまりに凄じい死には、安康天皇軍の兵士までが涙を流したという。

かくて安康天皇は、大草香皇子の妻、中蒂《なかし》姫を自らの宮内に納れ、幡梭皇女を大泊瀬皇子にあわせたが、やがて時はたって、雄略天皇十四年（『日本書紀』編年で四七〇年）、天皇は、呉《くれ》人を接待することとなったのに際して、呉人の共《あひ》食者《たげひと》として誰が良いかを群臣《まへつきみたち》に問うたところ、一同は、根使主を推薦した。石上《いそのかみ》の高抜原《たかぬかのはら》で呉人を接待したが、根使主の玉縵（冠）はきわめて素晴らしいものだったとの報告があった。

天皇も一度それを見たいと所望したところ、根使主は、くだんの玉縵をして現われたが、皇后（幡梭皇女）は、それを見て、天に仰ぎて歔欷《なげ》き、啼泣《いさ》ち傷哀《かなし》んだ。不審に思った天皇が問うと、皇后は言った。「この玉縵は、昔、私の兄、大草香皇子が、穴穂天皇（安康天皇）の申し出をいれて、私を陛下に進めた時に、私のために献上した物です。それで、私は、疑いを根使主に抱いて、不覚にも涙を流したのです」と。

天皇は、その話を聞いて驚き、大いに怒り、深く根使主を責めた。根使主は答えた。「まことにそのとおりです。死罪になってもしかたがない」。そこで、天皇は言った。「根使主は、今より以後、子子孫孫八十聯綿《うみのこやそつづき》にいたるまで、群臣の例にいれない」と。

だが、根使主をまさに斬ろうとした時、根使主は逃げ匿れて、日根（和泉国日根郡あたり）に至った。稲城《いなき》を造って、彼の一族は戦いを挑んだが、遂には天皇の軍のために殺されてしまった。天皇は命じた。根使主の子孫を二つに分けて、「一分《なかば》をば大草香部の民として、皇后に封《よさ》したまふ。一分をば茅渟県主に賜ひて、負嚢者《ふくろかつぎひと》とす」と。そして、難波吉師日香香の子孫を求めて、大草香部吉師《おほくさかべのきし》の姓を与えたと。

そのことが解決したかにみえた時、根使主の子である子根使主《をねのおみ》は、夜、人に語って言った。「天皇の城《き》は堅からず、我が父の城は堅し」と。天皇は、このことを伝え聞いて、根使主の宅を見させ、子根使主らを殺したと。『日本書紀』編者は言う。「根使主の後の坂本臣《さかもとのおみ》となること、これより始れり」と。

五世紀半ばから後半にかけての大王位や権力構造にかかわる話だけに、種々の検討がなされてきた物語である。そのなかで藤間生大氏は、この話には、五世紀半ばから後半にかけての和泉地方における勢力関係が映し出されていると言われる。藤間氏の論考、「古代豪族の一考察」（『歴史評論』八六号）を参考にさせていただきながら、茅渟県主に関する問題点を整理してみよう。

まず、話の展開から推して、茅渟（珍）の県は、根使主打倒の事後処理として設けられたというよりも、それ以前から置かれていたと考えられる。一般に、県《あがた》は、四～五世紀代に、「畿内」を中心として設けられた大王直轄の地域と見られていることも、そうした推定を支持する。

藤間氏は、茅渟の県の領域あるいは茅渟県主の勢力圏を、「陶邑《すえむら》」「有真香邑《ありまかむら》」を含む、後の和泉郡域と大鳥郡南部とされた（図33参照）。「陶邑」は現在の堺市東南部の陶器山からその西方にかけて、「有真香邑」は貝塚市東北部から岸和田市西南部と推定されているが、中村浩氏によれば、このあたりは、上毛野君関係氏族の軽部君・丹比部・佐代公・登美首・葛原部の本拠地である（中村浩「和泉陶邑窯の成立」横田健一編『日本書紀研究第七冊』所収、塙書房、一九七三年）。

『新撰姓氏録』には、和泉郡軽部郷を本貫とする軽部君は、雄略朝に「加里之郷」を献じたがゆえに軽部君を賜姓されたとあり、丹比部と関係する河内国丹比郡は和泉国に隣接する地域で、その一郷狭山郷は茅渟県陶邑の一角と考えられている。彼らが一つのグループとして、遅くとも五世紀代には、和泉地方にかなり大きな勢力を張っていたことは認めてよいことだと思う。なお、「加里之郷」の「里」は、「ろ」あるいは「る」と読め、第四章で指摘したように、古い借音用例に属す。

大鳥郡には、いわゆる仁徳天皇陵古墳（大山《だいせん》古墳）をはじめとして、五世紀代の大王クラスの墳墓と考えられている百舌鳥古墳群があり、「陶邑」が日本最古の須恵器生産地の一つと考えられていることも興味深い。

次に根使主一族が茅渟県主の負嚢者（奴隷的存在）とされた理由の一つは、その勢力圏が隣接していたためだろうが、それだけであろうか。

藤間氏は、その問題に対して、茅渟県主も、大草香部の民を封じられた幡梭皇女や大草香皇子に殉じた難波吉師日香香と「同じ事件にひっかかって、被害を受け、両人と一緒につぐないをされても不思議はないということが、一個の知識として、書紀の編者にいだかれていたにちがいない」という論評を加えられておられるが、茅渟県主の被害のことは安康天皇即位前紀にも見えないから、根使主打倒戦に茅渟県主は県の兵を率いて参戦し、その功をもって根使主一族の管理、奴隷的使役を任されたと考えたほうがよいと思う。

茅渟県陶邑は、『日本書紀』崇神天皇七〜八年条によれば、大物主《おほものぬし》の子を称す大田田根子《おほたたねこ》が見い出された地域とあるが、大物主は三輪山（御諸山《みもろやま》）の大神《おおみわ》神社に祀られる神で、崇神天皇の皇女によってはその神を祀ることができず、陶邑で見い出された大田田根子をもってはじめて祀ることができたと伝わっている。つまり陶邑は、大神神社、大物主の祭祀、したがって三輪君関係氏族と深い関係を持つ地域である。

『古事記』は、大田田根子（『古事記』では意富多々泥古）発見の地として、『日本書紀』の「陶邑」という表現に対して、「河内美努《みの》村」と表現しているが、中村浩氏の先の研究によれば、「河内美努村」は、陶邑に含まれる大鳥郡域の堺市見野《みの》と考えられる。そして、見野のごく近くに、上毛野君の始祖のひとりと古くから意識されていた荒田別の名を髣髴とさせる式内社（『延喜式』神名帳に載せられた由緒ある神社）陶荒田神社が鎮座する。

さらに、上毛野君は、豊城入彦命が「自ら御諸山に登りて東に向きて、八廻弄槍《やたびほこゆけ》し、八廻撃刀《たちかき》し」た夢を見たため、東国を治めることになったというが（『日本書紀』崇神天皇四十八年条）、豊城入彦命の息子と伝わる倭日向建《武》日向（彦）八綱田に関係を持つと考えられる神坐日向神社《みわにいますひむか》が三輪山に鎮座する。『延喜式』神名帳にいう「大和国添上《そふのかみ》郡大和日向神社」は、この神社のことであろう。あるいは、その名も御諸別《みもろわけ》王と称す始祖（豊城入彦命三世孫と伝わる）を持つなど、上毛野君の始祖伝承と三輪山（御諸山）信仰とのかかわりは深いが、今のところ、神坐日向神社の存在以外、上毛野君関係氏族と三輪山周辺地域との関係についての明証はないので、三輪山（御諸山）信仰と上毛野君関係氏族との関係は、茅渟県陶邑を媒介としていると考えておくべきあろう。陶邑に含まれる大鳥郡域には上神郷《かむつみわ》が存在し、陶邑比定地内の上《に》神《わ》谷がその遺称地と推定されている。

こうした状況を要するに、五世紀頃に、大田田根子に象徴される茅渟県陶邑あたりを出自とする集団が、三輪山（御諸山）の祭祀を主宰していくなかで、茅渟県の管掌者である茅渟（珍）県主をその一族に持つ上毛野君関係氏族の母胎集団は、三輪山（御諸山）信仰との関係を自らの始祖伝承に取り込み、倭日向建日向（彦）八綱田にかかわる日向神社を三輪山に祀っていったと考えられる。

このように考えてくると、『日本書紀』が、大田田根子の曽祖父を「陶津耳《すえつみみ》」あるいは「奇日方天日方武茅渟祇《くしひかたあめひかたたけちぬつみ》」と記していることは興味深い。「奇日方天日方武茅渟祇」という名は、「倭日向建（武）日向（彦）八綱田」と「茅渟（珍）県主」の名を共に思い起こさせるからである。

伝承のなかの八綱田

豊城入彦命の息子とされ、この和泉グループの始祖と伝わる倭日向武日向彦八綱田（『新撰姓氏録』では倭日向建日向八綱田）について、『日本書紀』垂仁天皇四〜五年条は、次のような話を載せている。

垂仁天皇四年の秋に、皇后・狭穂《さほ》姫の兄、狭穂彦《さほひこ》王には謀反の心があり、国を傾けようとした。皇后がひとりで居た時に、狭穂彦王はひそかに、「兄と夫とどちらを愛しているのか」と尋ねた。狭穂彦の下心がわからぬまま、皇后は

「兄ぞ」と答えた。

するとと、狭穂彦はたたみかけて言った。「おまえは容色をもって天皇に仕えているが、やがて容色が衰えるとともに、寵愛というものは薄れるものである。容色ばかりに頼むことができようか。そこで相談だが、もし自分が皇位に登れば、おまえと共に天下に臨もう。兄がいとおしいと言うならば、私のために天皇を殺せ」と。

そして、狭穂彦は狭穂姫に短剣を渡し、「天皇が寝ている時に、その首を刺せ」と命じた。皇后は、事態の恐ろしさに戦慄し、どうしてよいかわからなくなってしまった。しかし、兄の心を図るに、容易に兄をあざむけないと知って、ひそかにその短剣を衣の中に匿した。

やがて翌年の冬、天皇は来目《くめ》に行幸し、皇后の膝枕で昼寝をした。皇后は、事を遂げるとすれば今と、空しい心を抱いて悩んでいると、思わず涙が天皇の顔に落ちた。と、同時に、天皇は突然起きて、皇后に言った。「私は夢を見た。錦の小蛇が私の首にまといついている。また、大雨《ひさめ》が狭穂の地からやって来て私の顔を濡らした。これはどういう事の前兆なのだろうか」。

皇后は、天皇のこの言葉を聞いて、もはや隠し通せないと感じて、地に伏し、兄の謀反の心を包み隠さず申し上げた。

「兄の志に異を唱えることは妹としてできません。しかし、天皇の恩に背くこともまたできません。謀反を告げれば、兄は滅ぶでしょう。謀反を告げなければ国が傾くでしょう。私の心は恐れと悲しみで千々に乱れております。進退きわまって、私は泣き暮らしました。いま、陛下は私の膝で寝ておられます。ひとりの狂える女がいて、兄の志を遂げようとすれば、これほどたやすい時はありません。しかし、私の心は、思わず涙となりました。その涙が陛下のお顔に落ちたのでございます。陛下の夢見は必ずこのことです。錦色の小蛇とは、兄が私に授けた短剣のことです。大雨のたちまち来るのは私の涙です」。

それを聞いて、天皇は言った。「これはおまえの罪ではない」。そして、近い県《あがた》の兵を集め、上毛野君の遠祖、八綱田に命じて狭穂彦を撃たした。時に狭穂彦は兵を興し、稲城《いなき》を作って八綱田の軍を防いだ。稲城は堅くてなかなか破れず、戦いは月をこえた。その時、皇后は思った。「私は皇后であるけれども、兄を失っては何の面目があろうか」。彼女は、王子誉津別命《ほむつわけのみこと》を抱いて兄の稲城に入ってしまったのである。

天皇は、兵を増強して稲城を囲み、皇后と王子に出て来るように命じたが、二人は出て来なかった。そこで、八綱田は火をつけて稲城を焼いた。ここに、皇后は、皇子を抱いて城の上に姿を現わして言った。「私が兄の城に逃げ込んだのは、私と子とによって兄の罪が許されると思ったからです。しかし、いま罪の許されないことを知りました。私も罪人となったことを知りました。罪人として縄をうたれることを望みません。自ら首を絞めて去るのみです。私はお別れするといえども、陛下の恩を忘れません。私の後は、丹波国の丹波道主王《たにはのちぬしのおほきみ》の娘たちに後宮のことを託します」。天皇は、その言をいれた。

時に火が興り城は崩れた。狭穂彦兄妹は城の中に死んだ。

天皇は、将軍八綱田の功をほめて、倭日向武日向彦八綱田と名づけた。

垂仁皇后、狭穂姫の兄、狭穂彦の反乱とその鎮圧を物語る話で、「近き県《あがた》の卒《いくさ》」を率いて狭穂彦の「稲城」を攻略したがゆえに、将軍八綱田に「倭日向武日向彦八綱田」の称を与えたというのである。なお、ここでは詳しく述べられていないが、結局は火の中から助け出された皇子・誉津別は、口のきけない皇子で、彼の話が、鳥取部《ととりべ》・鳥養部《とりかひべ》・誉津部《ほむつべ》などの始祖伝承となっていく。

八綱田伝承の成立

『古事記』の狭穂彦反乱伝承には八綱田の名が見えないので、「八綱田」の名は後次的に挿入されたと見られるが、その挿入は、次の理由から、和泉あたりに勢力を張ったグループによってなされた可能性が高い。

まず、この狭穂彦反乱伝承は、先にあげた根使主征討伝承とよく似た要素を内包している。

（一）狭穂彦反乱伝承が、崇神・垂仁グループと、狭穂彦・狭穂姫兄妹を象徴的人格とするグループとの間での王位継承をめぐる争闘伝承であるのに対して、根使主征討伝承は、安康・雄略グループと、大草香皇子・幡梭皇女兄妹を象徴的人格とするグループとの間での王位継承をめぐる争闘伝承として語られている。

（二）とくに、狭穂姫、幡梭皇女は、いずれも皇后となり、兄の「事件」にかかわる。

また、両者ともに、兄と夫の両人に対して忠誠を誓おうと悩み、「事件」の真相暴露者という性格を負っている。

そして、両者ともに皇后の地位を与えられながら、その腹から次の天皇を生んでいない。

（三）両伝承とも「近き県の卒（兵）」を率いて反乱者の「稲城」を攻略した人物は上毛野君関係氏族ないしその祖とされる人物である。

こうした重なりを軽視できないと思う。そこから考えられることは、漠とした伝承であった狭穂彦反乱伝承に形を与えるために、根使主征討伝承が活用された可能性である。

稲城および鳥取部の関わりは、可能性を高める要素と見られる。

まず、稲藁を用いた城柵に守られた陣地である「稲城」攻防戦は両伝承に共通する重要なモチーフだが、『日本書紀』の「稲城」用例は、両伝承以外では、やはり和泉国、それも茅渟県有真香邑に関係を持つ物部大連守屋誅滅戦関連記事（崇峻天皇即位前紀）にしか見えない。八綱田が「県の卒」を率いたと記される部分は、『漢書』文帝本紀による潤色とされているが、その原像として、茅渟県主が茅渟（珍）の県《あがた》の兵を率いて根使主の稲城を攻略したことが考えられるのではなかろうか。

物部大連守屋誅滅戦関連記事によれば、守屋の従臣、捕鳥部万《ととりべのよろず》の婦の家は茅渟県有真香邑にあり、万の家もその地に営まれたというが、狭穂彦反乱伝承と重ね合わせて語られる口のきけない皇子、誉津別《ほむつわけ》の伝承は、鳥取部・鳥養部・誉津部が伝えた始祖伝承と考えられている。鳥取部にちなむ鳥取郷は和泉国日根郡に見えており、日根郡は根使主の根拠地である。今あげた捕鳥部万の伝承から考えて、茅渟県は鳥取部と関係を持っていたとしてよいであろう。八綱田ばかりでなく、誉津別伝承もまた、和泉そして稲城と重なり合うのである。『古事記』が、誉津別伝承の主旋律である鵠《くぐい》を捕える旅を、和泉に隣接する「木の国」つまり紀伊から始めていることも示唆に富む。

以上、『日本書紀』の二つの話を中心として和泉グループの五世紀頃のありようを推測してきた。彼らが、その時代、和泉地方に相当な勢力を張り、県主《あがたぬし》に任じられるなど、倭王権のなかでかなりの地位にあり、軍事において活躍していたことは認められることだと思う。朝鮮あるいは東国との関係における上毛野君始祖伝承が軍事的色彩を帯びていることも符合する。また、上毛野君関係氏族の始祖のひとりに「八綱田」が位置することの意味と三輪山（御諸山）信仰、あるいは三輪君関係氏族との関わりを考える手がかりもある程度明らかにすることができたと思う。

そうした準備の上で、『古事記』『日本書紀』が等しく上毛野君の始祖中の始祖とする豊城入彦命の伝承を検討していこう。

始祖四代の伝承の成立

初祖・豊城入彦命についての認識

豊城入彦命《とよきいりひこのみこと》の出自伝承は、表記法の違いを除けば、『古事記』『日本書紀』ともにほぼ同一である。『日本書紀』によれば、豊城入彦命は、崇神天皇と紀伊国荒河戸畔《あらかはとべ》の女、遠津年魚眼眼妙媛《とほつあゆまくわしひめ》との間に生まれ、豊鍬入姫《とよすきいりひめ》を同母妹、垂仁天皇を異母弟とすると伝わる。

伝承にそって考えれば、大彦の娘、御間城媛《みまきひめ》と結婚することで王位に就くことができた崇神天皇が、御間城媛と結ばれる以前から妻としていたのがこの遠津年魚眼眼妙媛であり、豊城入彦・豊鍬入姫兄妹と、御間城媛腹の垂仁天皇の三人は、崇神天皇の子と伝わる人物のなかで際立った存在として認識されている。そして、『古事記』『日本書紀』ともに、豊城入彦命を上毛野君・下毛野君の始祖中の始祖としている。

つまり、『古事記』『日本書紀』の編者は、豊城入彦命に関して、次の二点の認識を持っていたことになる。

（一）「荒河戸畔」の名を伝える紀伊地方（和歌山県）の一勢力が王位継承者の擁立集団として活躍した時代があったこと。

（二）その集団は、上毛野君関係氏族の一つの母胎集団と考えられること。

したがって、紀伊の「荒河戸畔」勢力の実態を掘り下げることが第一の課題となる。

「荒河戸畔」の勢力

まず、荒河戸畔は、その名を「紀伊国那賀郡荒川郷」に残しており（『和名類聚抄』）、紀の川中流域を本貫とした勢力と考えられる（図33参照）。「紀の川中流域」とすることは、「遠津年魚眼眼妙媛」の「遠津」「年魚《あゆ》」の名からもうかがえよう。

荒河戸畔の名は、『先代旧事本紀』天孫本紀にも見え、物部系の一族である長谷置始連《はせおきそめのむらじ》・高橋連・矢田部の祖とされる大新河命《おほあらかはのみこと》は、紀伊の荒川戸俾（荒河戸畔）の女、中日女《なかひめ》を妻とし、垂仁朝に物部連公《もののべのむらじきみ》の姓を得て大連とされ、神宮に奉斎したとある。大新河命の「新河」は、荒川戸俾（荒河戸畔）の「荒川」によると考えるのが道理である。

この伝えに見える「神宮」は石上神宮を指し、荒河戸畔を介して上毛野君関係氏族と物部系の集団あるいは石上神宮との関係が想定されることとなる。上毛野君関係氏族の中にも石上部君・礒部公・物部公を名のる氏族があることと合わせて留意しておきたい点である。

紀の川中流域と言えば、紀伊国那賀郡の式内社・荒田《あらた》神社の存在が浮かび上がってくる。

「荒田神社」が紀伊国でも注目すべき神社であったことは、応神天皇と仲姫《なかつひめ》の娘で仁徳天皇の同母妹と伝える「荒田皇女」(『日本書紀』)を『古事記』が「木の荒田郎女《いらつめ》」と記していることからもうかがえ、先に述べた和泉国大鳥郡の「陶荒田神社」との関係も考えられる。和泉の陶荒田神社がわざわざ「陶」の名を冠されていることを思えば、紀伊の荒田神社の方が、和泉の陶荒田神社よりも本源的と考えてよいであろう。つまり、荒田神社は、紀伊の「荒河戸畔」勢力の北上、和泉地方への進出、茅渟の県の県主任命に伴って、紀の川中流域から「茅渟県陶邑」あたりへと勧請されていったと考えられるのである。そして、その名は、上毛野君の始祖のひとりとされる「荒田別」の名を思い起こさせる。

では、「荒河戸畔」勢力の紀伊での実在の時点はいつか。

(一)六世紀以降、紀伊の主勢力は、紀臣・紀直両氏で、両氏ともに紀の川流域を本拠地としたと考えられているから、その時には、「荒河戸畔」勢力は、紀伊での力を弱めていたと思われる。そして、今のところ、紀臣・紀直両氏と上毛野君関係氏族との間に顕著な関係は認められない。

(二)「紀伊の荒田神社」と「和泉の陶荒田神社」の関係が先に述べたようにとらえられるとすれば、和泉グループのありようから考えて、遅くとも五世紀半ばには和泉地方に勢力を伸ばしていたと考えられ、紀伊での活躍はそれ以前からと考えられる。

(三)「戸畔《とべ》」称の問題がある。『日本書紀』によれば、「戸畔」称は、神武天皇即位前紀、崇神天皇条、垂仁天皇条にだけ見えている。王統譜の中で始祖王的な位置づけを持つ王者伝承の条に偏っていると言えよう。記載をそのままに史実とすることはできないが、そうした傾向から推して、「戸畔」は、倭王権が確立してくる頃の地域首長の称、原初的カバネとしてよいのではなかろうか。

要するに、「荒河戸畔」勢力は、比較的古くから紀の川中流域を中心とする地域に勢力を張り、五世紀代を通して倭王権中枢と密接な関係を保ち続けた勢力と考えてよいと思う。

そのような勢力であれば、「御肇国天皇《はつくにしらすすめらみこと》」と意識された始祖王・崇神天皇の伝承に自らの始祖伝承を重ね合わせることは十分考えられることである。上毛野君関係氏族の始祖中の始祖とされ、崇神天皇の皇子といわれる豊城入彦命は、かくして生まれたのではなかろうか。

そうした始祖伝承は、茅渟県主の活躍の記憶や倭国将軍・多奇波世君の朝鮮派遣の記憶、あるいは田辺史グループの倭国再渡来や七世紀半ば以降における東国六腹の朝臣の倭国内での社会的地位の高さによって、古代貴族・官人層の共通認識となっていったと思われる。

始祖四代の伝承

再渡来したと主張する人々を除いて、『日本書紀』『新撰姓氏録』『先代旧事本紀』から、上毛野君関係氏族の始祖とされる人々を世代別に整理してみると、次のようになる。

初代　豊城入彦命
二代（男）　倭日向武日向彦八綱田
三代（孫）　彦狭嶋王
四代（三世孫）　御諸別王（弥母里別）
五代（四世孫）　荒田別・鹿我別・巫別《かむなきわけ》
六代（五世孫）　多奇波世君（竹葉瀬君）・男持君（田道君）・現古君《うつしふるのきみ》
七代（六世孫）　奈良別（下毛野君奈良）・賀表乃真稚命《かほのまわかのみこと》（真若君）
九代（八世孫）　射狭君（車持朝臣の始祖）
十一代（十世孫）　佐太公（池田朝臣・上毛野坂本朝臣の始祖）

奈良別・賀表乃真稚命については、『新撰姓氏録』右京皇別上・垂水公条と『先代旧事本紀』国造本紀は「四世孫」としているが、『新撰姓氏録』左京皇別下・大網公《おほよさみのきみ》条に「六世孫下毛（野）君奈良の弟、真若君」とあるので、「六世孫」と見るのがふさわしいと考えられる。

このうち、二代（八綱田）、五代（荒田別・鹿我別・巫別）、六代（多奇波世君・男持君・現古君）については、一定の検討を加えてきた。ここでは初代（豊城入彦命）・三代（彦狭嶋王）・四代（御諸別王）の伝承を紹介しつつ考察を加えていきたいと思う。詳細に見ていくと、『日本書紀』そのものが伝えている伝承は、我々が常識的に理解しているものとやや開きがあるように思われるからである。やや長くなるが、読み下し文で引用しておこう。（原漢文）

（一）豊城入彦命の伝承

（崇神天皇の）四十八年の春正月の己卯の朔戊子《つちのえね》に、天皇、豊城命・活目尊《いくめのみこと》（垂仁天皇）に勅して曰はく、「汝たち二の子、慈愛共に斉《ひと》し、知らず、いづれをか嗣《ひつき》とせむ、おのおの夢みるべし、朕、夢をもて占へむ」とのたまふ。二の皇子、ここに、命《おほみこと》をうけたまはりて、浄沐《ゆかはあみゆするあみ》して祈《の》みて寝たり。おのおの夢を得つ。あけぼのに、兄豊城命、夢の辞《ことば》をもて天皇に奏して曰さく、「自ら御諸山《みもろやま》に登りて東に向きて、八廻《やたび》弄槍《ほこゆけ》し、八廻撃刀《たちかき》す」とまうす。弟活目尊、夢の辞をもて奏して言さく、「自ら御諸山の嶺に登りて、縄を四方にはへて、粟を食む雀を逐る」とまうす。すなはち天皇相夢《ゆめのみあわせ》して、二の子に謂りて曰はく、「兄は一片に東に向けり。まさに東国を治《し》らむ、弟はこれあまねく四方に臨めり、朕が位に継げ」とのたまふ。…①

（崇神天皇の）四十八年の四月の戊申《つちのえさる》の朔丙寅《ひのえとら》に、活目尊を立てて皇太子としたまふ。豊城命をもて東国を治めしむ。これ、上毛野君、下毛野君の始祖なり。…②

（二）彦狭嶋王の伝承

（景行天皇の）五十五年の春二月の戊子《つちのえね》の朔壬辰《みずのえたつ》に、彦狭嶋王をもて東山道《やまつみち》の十五国の都督《かみ》に拝《ま》けたまふ。これ、豊城命の孫なり。しかうして春日《かすが》の穴咋邑《あなくひのむら》に到りて、病に臥して薨りぬ。この時に、東国の百姓、かの王の至らざることを悲びて、ひそかに王の尸《かばね》を盗みて、上野国に葬りまつる。…③

（三）御諸別王の伝承

（景行天皇の）五十六年の秋八月に、御諸別王に詔して曰はく、「汝が父、彦狭嶋王、任《ことよ》さす所に向《まか》ることをえずして早く薨りぬ、故《かれ》、汝、専《たう》め東国を領めよ」とのたまふ。ここをもて、御諸別王、天皇の命を承りて、まさに父の業を成さむとす。すなはち行きて治めて、早に善き政を得つ。時に蝦夷騒ぎ動《とよ》む。すなはち兵を挙げて撃つ。時に蝦夷の首帥《ひとごのかみ》、足振辺《あしふりべ》・大羽振辺《おほはふりべ》・遠津闇男辺《とほつくらをべ》ら、叩頭《の》みて来り。頓首《おが》み罪を受《うべな》ひて、ふつくにその地を献る。よりて、降《したが》ふ者を免して、服《まつろ》はざる者を誅《つみな》ふ。ここをもて東《ひむがしのかた》久しく事なし。これによりて、その子孫、今に東国にあり。…④

彦狭嶋王―御諸別王伝承の読み方

これらの伝承から、どのようなことが読めるだろうか。

まず、伝承そのものに即してみても、豊城入彦命は東国に赴任したとは考えられない。伝承の語る所によれば、東国に赴任したのは、三世孫（四代目）の御諸別王である。そして、伝承間の関係（③と④）から考えれば、御諸別王は、その父といわれる彦狭嶋王と同じく、「東山道十五国都督」として、東国に派遣されたと伝承されていたと思われる。

豊城入彦命の「東国治定伝承」（①・②）は、彦狭嶋王―御諸別王にかかわる伝承（③・④）から架上されたと考えるのが適切であろう。それは、二代目とされる八綱田の伝承が東国とまったく関係しないことからも理解されよう。伝承の上でも、上毛野君関係氏族と上毛野国―東国との関係が生じるのは、彦狭嶋王―御諸別王以降のことである。

では、伝承①・②はどういう性格を持つかと言えば、豊城入彦命なる人物は、活目入彦五十狭茅尊《いくめいりひこいさちすめらみこと》つまり垂仁天皇と並ぶ、崇神天皇の有力な後継者であったが、王位を継承しえなかったということに尽きるのではなかろうか。そして、垂仁天皇のもとで、八綱田が、天皇の信頼厚き将軍として狭穂彦反乱の鎮圧に従事したと伝承されることは、豊城入彦命を象徴的人格とする「荒河戸畔」勢力が、崇神—垂仁と語られる初期倭王権のなかで、初期倭王権を擁立した集団として厚遇されると共に軍事面で働きのあったことを物語る。

そうした性格であればこそ、ある時期に、王族将軍に準じる者として、東国の行政権・軍事指揮権を委ねられたのではなかろうか。それがいつの時代であるかはともかくとしても、彦狭嶋王—御諸別王の伝承は、そうした事跡を物語る象徴的な伝承と考えられるのである。

そこで問題となるのは伝承③・④の内実である。両伝承によれば、上毛野国が東国（東山道）の中心とされており、また④によれば、御諸別王は、上毛野国—東国の「治政」のために派遣されたのであって、「征討」のために派遣されたのではない。上毛野国—東国は、「蝦夷地」としてよりも、「蝦夷地」に隣接する地域と考えられていると思う。そのことは、序章で紹介した『古事記』雄略天皇段の天語歌に見られる天《あめ》—東《あづま》—夷《ひな》の三層の同心円構造とも対応している。

④で語られる対蝦夷戦においても、上毛野国—東国に攻め入ろうとした蝦夷を駆逐した、あるいは東国より蝦夷地へと向かって戦ったと読むのが理にかなっており、そのことは、仁徳天皇五十五年条の田道の伝承や舒明天皇九年条の上毛野君形名夫妻の話にも共通する。

こうした伝承的性格を無視して、上毛野国—東国は「征討」の対象であったと考えたり、逆に上毛野君関係氏族の主勢力を単純に倭王権中枢と拮抗関係にある東国勢力とみなしたりする見解には、同意できない。

しかし、その後の展開のなかで、派遣された人々と東国在地の諸勢力との結合関係は強まり、六〜七世紀には、むしろ、東国は、倭王権中枢—西国と拮抗しあうまでの成熟を示すようになったのではなかろうか。④の伝承にいう、「その子孫、今、東国にあり」とは、まことに象徴的な表現と言わざるをえない。

東山道十五国の都督

そうした脈絡で見れば、彦狭嶋王に対する「東山道十五国の都督」あるいは「東方十二道を治平し封となす」（『先代旧事本紀』国造本紀）の記載も理解しやすくなると思う。もちろん、「東山道《やまつみち》」という表現は後世的なものであり、この表現には、七世紀代の上毛野君―東国六腹の朝臣の実力が反映されていると考えざるをえないが、度々強調してきたように、私は、「都督《かみ》」という表現にいささかのこだわりを感じている。

「都督」の用例は、『日本書紀』によれば、本例以外では、天智天皇六年（六六七）十一月九日条の「熊津《くまなり（ゆうしん）》都督府」「筑紫都督府」だけである。熊津都督府は、百済滅亡後、唐が百済においた軍政府であり、筑紫都督府は大宰府（前身機関）を指す。つまり「都督府」は、中央政府から離れた、相当の権限を持つ軍政府という意味合いが強い。はたして、「東山道十五国の都督」の「都督」が、これらの都督府を念頭においての表現かどうかは不明だが、五～六世紀頃の、倭王権中枢と東国との関係において、東国に「都督府」と呼びうる軍政府が置かれ、上毛野君関係氏族の実質的な始祖たちが、その「都督」とされたとしても、そう矛盾は感じられない。少なくとも、古代の貴族・官人層は、上毛野君―東国六腹の朝臣のありようから推して、彼らを「東国都督府」の管掌者と認識していたのではなかろうか。

さらに想像をたくましくすれば、倭の五王たちが、宋朝から「都督」の称を与えられていることが気にかかる。倭国の王の中の王、五王たちは、宋朝から、自ら「都督」を認められたように、東国の行政権・軍事指揮権を、上毛野君関係氏族の実質的な始祖たちに与えたとも考えられるのである。上毛野君関係氏族の母胎となった集団が、五世紀代の朝鮮交渉に相当深く関与した可能性の高いことも、そうした「想像」を支持する。

紀伊・和泉、茅渟の海の時代

ワケの称を負う始祖たち

以上の議論を通して、古代の貴族・官人層の認識において、上毛野君関係氏族の母胎となった集団は、紀伊・和泉、広く茅渟の海（大阪湾）沿岸に勢力を張って倭王権のなかで重要な地位を占め、朝鮮諸国、とく百済勢力圏との交渉（「将軍」としてばかりではなく、王仁招請伝承に象徴される文化交流使節の役目を負うこともあったと見られる）にあずかるとともに、東国の「都督」と呼びうる任を得ていった存在ととらえられていたことが、理解できると思う。

では、母胎集団が深いかかわりを持ったのは、いかなる時代の倭王権が中心となるだろうか。初祖とされる豊城入彦が「イリヒコ」の名を帯びることから三輪王権（イリ王権）が想起されるが、母胎集団の主たる勢力圏が紀伊・和泉地方であり、三輪山（御諸山）信仰とのかかわりが茅渟県陶邑を媒介としていること、朝鮮交渉への関与が五世紀代のこととみられることなどを考え合わせると、五世紀を中心とする河内王朝（ワケ王朝）の時代こそ、倭王権中枢との強い結びつきを持っていた時代ではなかろうか。

「イリヒコ」の称を帯びる存在が豊城入彦ただひとりであるのに対して、「ワケ」の称を帯びる存在が御諸別・荒田別・鹿我別・巫別・奈良別と並ぶことは示唆的である。

車持君と筑紫三神の伝承

第二章でふれた車持君（朝臣）の勢力圏や職掌の問題もそうした想定を支持しているが、『日本書紀』履中天皇条の伝えるところによれば、車持君は、王権の命を受けて、「筑紫の三神」の「充神者《かむべらのたみ》（神事やその経済基盤の維持に関与する人々のことと思われる）」の管理と祭祀にかかわりながら、逸脱行為があったらしい。

『日本書紀』は、履仲天皇条に次のように記す。どう要約したらよいか分からない点が多いので、いささか長いが、関連する部分を原文読み下しのまま記しておこう。

五年の春三月の戊午の朔に、筑紫に居します三《みはしら》の神、宮中に見えて、言はく、「何ぞ我が民を奪ひたまふ。吾、今汝に慚《はじ》みせむ」とのたまふ。是に、禱《いの》りて祠《まつ》らず。

秋九月の乙酉の朔（中略）癸卯に、風の聲の如くに、大虚《おほぞら》に呼《よば》ふこと有りて曰はく、「劒刀太子王《つるぎたつひつぎのみこ》」といふ。また呼ひて曰はく、「鳥往来《かよ》ふ羽田の汝妹《なにも》は、羽狭に葬《はぶ》り立往《た》ちぬ」といふ。また曰はく、「狭名来田薦津之命《さなくたこもつのみこと》、羽狭に葬り立往ちぬ」といふ。俄にして使者、忽に来りて曰さく、「皇妃《みめ》、薨りましぬ」とまうす。天皇、大きに驚きて、便ち駕命《おほみまたてまつ》りて帰りたまふ。丙午に、淡路より至ります。

冬十月の甲寅の朔甲子に、皇妃を葬りまつる。既にして天皇、神の祟《たたり》を治めたまはずして、皇妃を亡せるを悔いたまひて、更に其の咎を求めたまふ。或者の曰さく、「車持君、筑紫国に行りて、悉に車持部を校《かとれ》り、兼ねて充神者《かむべらのたみ》を取れり。必ず是の罪ならむ」とまうす。天皇、即ち車持君を喚《め》して、推《かむが》へ問ひたまふ。事既に実《まこと》なり。因りて、数《せ》めて曰はく、「爾、車持君なりと雖も、縦《ほしいまま》に天子《みかど》の百姓を検校《かと》れり。罪一なり。既に神に分《くば》り寄せまつる車持部を、兼ねて奪ひ取れり。罪二なり」とのたまふ。即ち悪解除《あしはらへ》・善解除《よしはらへ》を負せて、長渚崎《ながすのさき》に出して、祓へ禊がしむ。既にして詔して曰はく、「今より以後、筑紫の車持部を掌ることを得ざれ」とのたまふ。乃ち悉に収めて更に分りて、三《みはしら》の神に奉りたまふ。

この話には、率直に言って分からない点が多いが、筑紫三神の祭祀権を倭王権中枢の立場から掌握しようとした流れのなかでの事件と考えられる。黒媛《くろひめ》と見られる皇妃が予言をもって突然みまかったのは、充神者を車持君に奪われた筑紫三神の祟であり、その罰として、車持君は、兵庫県尼崎市長洲付近と推定されている長渚崎で悪解除・善解除を負わせられて祓い禊ぎ、筑紫の車持部の管掌権を剥奪されたという。

筑紫三神とは、田心姫神《たごりひめ》・湍津姫神《たぎつひめ》・市杵島姫神《いちきしまひめ》からなる宗像三女神のことである。田心姫神は玄界灘の沖ノ島（沖津宮）、湍津姫神は大島の中津宮、市杵島姫神は田島の宗像大社（辺津宮《へつ》）に祀られているが（いずれも福岡県宗像市）、発掘調査の成果によれば、沖ノ島の祭祀遺跡は、四世紀後半から五世紀にかけての岩上祭祀から始まり、六〜七世紀の岩陰祭祀、七世紀後半から八世紀前半の半岩陰・半露天祭祀、八世紀から十世紀初頭の露天祭祀へと展開する。

このあり方は、沖ノ島の祭祀が「畿内」に宮居を持つ倭王権の確立と密接に関わるものとして、倭王権によって営まれてきたことを示唆する。王のまします輿輦を供奉する車持君—車持部は、神に供奉する役も負ったのであろう。しかし、車持君はそのための「充神者」を勝手に使ったのであろう。そのことで車持君は筑紫三神の祭祀権を剥奪され、除外されたと見られる。車持君に代わって筑紫三神（宗像三女神）を祀ることになったのが宗像君（胸形君、胸方君）だったのであろうか。

興味深いことに、宗像君は三輪君関係氏族の一員である。三輪君は、皇女によっては祭れなかった大物主を祭ることで氏族形成を始めていったと見られるが、宗像君も、車持君が逸脱行為で筑紫三神の祭祀から外された後、祭主となって氏族形成を図っていったのであろうか。鴨君の氏族形成もあらためて見直す必要があろうが、三輪君の初祖・大田々根子発見の地が「茅渟県陶邑」（河内美努村）であり、沖ノ島の祭祀が四世紀後半から始まり車持君との関係も想定されるとするなら、三輪君による大物主の祭祀、宗像君による筑紫三女神の祭祀の始まりと、河内王朝との繋がりをもっと意識すべきであろう。新しい時代にあった祭祀改革（祭政改革）、それを支える新しい神学を持った集団こそ三輪君関係氏族だったのではなかろうか。

上毛野君関係氏族母胎集団は、そうした性格を持つ三輪君関係氏族母胎集団と陶邑などの和泉の地で関わりを持っていたと考えられる。両者が「君」の姓を共有し早く朝臣姓を得ていったことと合わせて、両者の関係の実像解明を次の課題としておきたい。

住吉の祭りとのかかわり

神との関係では、次に、河内の王権が重視した住吉《すみのえ》三神の祭りと上毛野君関係氏族との関係についての問題提起をしておこう。まったく意外と思われるような問題である。

住吉三神つまり表筒男《うはつつのを》・中筒男・底筒男の神とその祭祀のことは、『日本書紀』神功皇后摂政前紀に見えている。「神風の伊勢国の百《もも》伝ふ度逢県《わたらひのあがた》の折鈴五十鈴宮《さくすずいすずのみや》にます神、名は撞賢木厳之御魂天疎向津媛命《つきさかきいつのみたまあまさかるむかつひめのみこと》」「尾田《をだ》の吾田節《あがたふし》の淡郡《あはのこほり》にをる神」「天津代虚代玉籤入彦厳之事代神《あめにことしろそらにことしろたまくしいりひこいつのことしろのかみ》」に続いて神功皇后に神がかりして、「日向《ひむか》の国の橘小門《たちばなのをど》の水底にゐて、水葉《みなは》も稚《わかやか》に出でゐる神、名は表筒男、中筒男、底筒男の神」と名のり出る。そして、神功皇后摂政前紀九年九月十日条は記す。

既にして神の誨《をし》ふること有りて曰はく、「和魂《にぎみたま》は王身《みついで》に服《したが》ひて寿命《みいのち》を守らしむ、荒魂《あらみたま》は先鋒《さき》として師船《みいくさのふね》を導かむ」とのたまふ。すなはち、神の教《みこと》を得て、拝礼《ゐやま》ひたまふ。よりて、依網吾彦男垂見《よさみのあびこをたるみ》をもて祭《いはひ》の神主とす。（中略）すなはち、荒魂を撝《を》ぎたまひて軍の先鋒とし、和魂を請《ね》ぎて王船の鎮《しづめ》としたまふ。

続いて十二月十四日条は、「荒魂」の祭祀について述べている。

是に、軍に従ひし神、表筒男、中筒男、底筒男、三の神《みはしら》、皇后に誨《おし》へて曰はく、「我が荒魂をば、穴門《あなと》の山田邑に祭はしめよ」とのたまふ。時に穴門直の祖、践立《ほむたち》、津守連の祖、田裳見宿禰《たもみのすくね》、皇后に啓して曰はく、「神のましまさ欲しくしたまふ地をば、必ず定め奉るべし」とまうす。すなはち、践立をもて、荒魂を祭ひたてまつる神主とす。よりて祠《やしろ》を穴門の山田邑（長門国豊浦郡住吉坐荒魂神社、今の下関市一の宮住吉神社）に立つ。

そして、神功皇后摂政元年二月条において、天照大神の荒魂を山代直の祖、山背根子の女、葉山媛によって広田国（摂津国武庫郡広田神社、今の西宮市大社町）に、稚日女尊《わかひるめのみこと》を、海上《うながみの》五十《い》狭《さ》茅《ち》によって活田長狭国《いくたのながをのくに》（摂津国八部郡生田神社、今の神戸市生田区下山手通）に、事代主尊《ことしろぬしのみこと》を、葉山媛の妹、長媛によって長田国（摂津国八部郡長田神社、今の神戸市長田区長田町）に祭ったあとで、また、表筒男、中筒男、底筒男、三の神、誨へまつりて曰はく、「吾が和魂をば、大津の渟中倉《ぬなかくら》の長峡《ながさ》にまさしむべし。すなはちよりて往来《ゆきかよ》ふ船を看《みそなは》さむ」とのたまふ。

ここに、神の教のままに鎮め坐ゑまつる。

と記している。

住吉三神が航海の神であり、神功皇后伝承と強い繋がりがあることが読み取れるとともに、住吉三神の「荒魂」と「和魂」の性格と祭祀とについて興味深い伝えを載せている。住吉三神の「荒魂」と「和魂」の性格と祭祀を整理すれば、次のようになる。

荒魂―先鋒となって師船を導く―穴門直の祖・践立と津守連の祖・田裳見宿禰が穴門山田邑に祭る

和魂―王身に服して寿命を守る―（X）が大津渟中倉の長狭に祭る

「大津渟中倉の長狭」は、『和名類聚抄』にいう摂津国住吉郡（大阪市住吉区）の地、すなはち今の住吉大社（『延喜式』神名帳の摂津国住吉郡住吉坐神社）と考える説が通説であり、異論は少ない。

「和魂」の祭祀者を（X）としたのは、『日本書紀』の記載のままでは不明だからだが、「王身に服して寿命を守る」とされる「和魂」は、「荒魂」以上に、王権の祭祀にとって重視されてしかるべきであるから、神功皇后摂政前紀九年九月条に「祭の神主」と記される「依網吾彦男垂見」がこの（X）にあてはまる可能性が高い。そこで問題となるのが「依網吾彦男垂見」なる人物名である。

「依網」「吾彦」「垂見」と切って読んだ時、何かを感じないだろうか。

結論的に言えば、上毛野君関係氏族の一員として名を載せる「大網公」「我孫君」「垂水公」の存在である。上毛野君関係氏族としてまとまり現われる大網公・我孫公・垂水公の三氏の氏の名と、「依網吾彦男垂見」の名の一致（表記の違いはともかくとして）を偶然の一致として片付けられるだろうか。

まず、大網公の本拠は、『和名類聚抄』にいう「摂津国住吉郡大羅郷《おほよさみ》」であり、長く依羅《よさみ》村としてその名を残していた。その地には、式内社大依羅神社があり、河内王朝に始まるともいわれる即位儀礼、八十嶋《やそじま》の祭りに預かるとともに、住吉三前神を配祀するという（『神祇志料』）。

「我孫子《あびこ》」なる地名が、この依羅村の中に残り、『続日本紀』天平勝宝二年（七五〇）七月十六日条には、「摂津国住吉郡人外従五位下依羅我孫忍麻呂」という人物が確認される。「依羅我孫忍麻呂」は「依羅宿禰」の姓を得ており、上毛野君関係氏族の一員とは考えられないが、「依羅」と「我孫」との密着ぶりは、否定できないであろう。また、承徳二年（一〇九八）の古地図に、住吉社の南に阿弭古依羅《あびこよさみ》神社があり、すぐ近くに依網池が存在するという『大日本地名辞書』の指摘も興味深い。大網公と我孫公は、ほとんど一体と言ってよいような氏族として住吉の祭りに関与していた可能性が高いのである。

垂水公については、『延喜式』臨時祭　八十嶋神祭・祭神の条に「住吉神四座・大依羅神四座・海神《わたつみ》二座・垂水神二座・住道神《すむぢのかみ》二座」とあることが注目される。何度か問題にした『新撰姓氏録』右京皇別下・垂水公条によれば、孝徳朝（六四五～六五四）のことではあるが、垂水君は垂水神社を主宰することになったとあるからである。垂水公が、垂水神社の祭祀を介して、住吉の祭り、あるいは王権の即位儀礼の一部と言われる八十嶋の祭りに関与したことは疑えないだろう。

神を祀るものが「まつる神」になり、やがて「まつられる神」になるというのが一般的な形であるから、住吉三神を祀っていた大網・我孫・垂水の三氏は、時代を経るにしたがって「まつられる神」となり、大依羅神・阿弭古依羅神・垂水神となっていったのではなかろうか。だが、その過程は、それぞれの氏族を、それぞれの「まつられる神」の祭祀に固定し、住吉神そのものは津守連の祭祀に委ねられていく過程でもあったと推測される。今後、なお検討していきたい課題である。

紀伊・和泉、茅渟の海から東国へ

紀伊・和泉、茅渟の海から東国へ

紀伊・和泉グループを構成する個々の氏族については、なお議論し尽せなかった問題が多い。しかし、上毛野君関係氏族が、上毛野君―東国六腹の朝臣を中核とする、まさに上毛野君関係氏族として、その氏族グループを確立する以前において、紀伊・和泉・摂津・河内、広く茅渟の海（大阪湾）沿岸地帯に勢力を張り、時の倭王権中枢部に位置していたことは否定できない。

やがて、そうした基盤の上に、文武両面での朝鮮交渉に従事し、あるいは、「都督」と呼びうるような職務を帯びて東国に赴いたと考えられる。そして、その氏族形成の中心を東国に置いていったと見られる。東国諸勢力とのより強い結合の上に、と言うよりも、東国諸勢力に包接されるような形で、上毛野君―東国六腹の朝臣として氏族形成を完成したと考えられる。

『日本書紀』が、安閑天皇元年（『日本書紀』編年で五三四年）の「上毛野君小熊」をもって初めて「上毛野君」と呼び、それ以前の段階を、「上毛野君の祖、某」と記していることは、その点、はなはだ象徴的である。しかも、第四章で論述したように、朝鮮交渉に深くかかわる多奇波世（竹葉瀬）君・男持（田道）君は五世紀後半の人物と考えられ、第五章でふれたように、荒田別の原像となる人々の活躍の年代は五世紀前半から半ばにかけてと推測される。『日本書紀』の記載をそのままに信ずることはできないが、西暦五〇〇年頃を境として、上毛野君関係氏族は、その姿を、大阪湾沿岸地帯を中心とする、いわば「母胎の時代」から、東国を中心とする「上毛野君の時代」へと変貌させていったと考えられるのである。

だが、その過程は、同時に、茅渟の海（大阪湾）沿岸地帯での勢力の衰退でもあったと思われる。とく紀伊においてその傾向が著しかったのではなかろうか。六世紀以降、紀伊の主勢力は、茅渟県主に打倒された根使主の子孫、坂本臣をその一族に含む、蘇我大臣系の紀臣（朝臣）と、紀伊国造を称する紀直に変わっていくからである。その過程をトレースして、一つの視角を準備しておこう。

紀臣の登場

紀臣（朝臣）については、つとに、岸俊男氏のすぐれた研究、「紀臣に関する一考察」（『日本古代政治史研究』塙書房、一九六六年、所収）がある。

岸氏によれば、紀朝臣が奈良時代以降も紀伊にその在地勢力を築いていたことは疑えず、『続日本紀』『続日本後紀』『大日本古文書』『日本霊異記《にほんりょういき》』などは、紀伊国日高郡・在田《ありた》郡・名草郡・那賀郡に紀朝臣の存在を記している。

また紀臣は、『日本書紀』に豊富な朝鮮派遣伝承を載せている。それらの伝承を岸氏は慎重に分析され、「これらの書紀の紀臣関係記事はむしろほとんどがそのままでは史実と認め難いということになる」とされながら、「紀臣は大和朝廷の外征および朝鮮経略にもっぱら関与したのではなかろうか、という推定までを全く否定してしまう必要もないと考える」と結論づけられた。

そうした意味では、紀臣関係氏族母胎集団は、上毛野君関係氏族母胎集団と非常によく似た性格を持つと言ってよい。しかも、『日本書紀』欽明天皇二年七月条などによれば、「奈率」という百済の冠位を帯びた人物紀臣奈率弥麻沙が、百済聖明王によって倭国に派遣されており、『日本書紀』編者は、「紀臣奈率は、蓋し、これ、紀臣の韓婦を娶りて生むところ、よって百済に留りて奈率となれる者なり、未だその父を詳かにせず」と記している。紀臣（朝臣）が、上毛野君関係氏族と同じか、あるいはそれ以上に朝鮮と深くかかわった形で登場することを軽視できない。ただ、紀臣が、七世紀初頭頃まで、一貫して「紀某宿禰」と呼ばれていることを考えると、この紀臣奈率弥麻沙を紀朝臣（紀宿禰→紀臣）と直結できるのか、なお疑問は残る。

だが一方で、紀臣には、いわば伝承の時代に倭国内で王権に密着して活躍したという伝承がほとんどなく、伝承の舞台の多くは朝鮮である。紀臣始祖伝承のこうした性格から考えて、紀臣は、日朝関係の中で登場し、やがて紀伊国に勢力を張っていったと考えてよいのではなかろうか。

上毛野君関係氏族と紀臣関係氏族

茅渟の海周辺において、紀臣関係氏族母胎集団と上毛野君関係氏族母胎集団との間に、一種の対立関係があったらしい形跡が、先に触れた根使主と茅渟県主の伝承からうかがわれる。根使主の子孫とされる坂本臣は、紀臣関係氏族のなかでもかなり有力な氏族であり、紀伊に隣接する和泉国日根郡・和泉郡を本拠としている。

「根使主は、今より後、子子孫孫八十聯綿《うみのこやそつづき》まで、群臣《まえつぎみ》の例にな預からしめそ」（『日本書紀』雄略天皇十四年四月条）とまでいわれ、小根使主もまた打倒された一族が、坂本臣として復権し朝臣姓を獲得していくには、茅渟県主勢力、および茅渟県主が仕えた王権の衰退と、坂本臣と同族と称する紀臣―蘇我大臣の紀伊・和泉地方での勢力拡大が必要だったと思う。紀伊・和泉地方における、上毛野君関係氏族の衰退と、紀臣―坂本臣―蘇我大臣の台頭の背後には、王権それ自体の大きな変動があったのかもしれない。実際、日本古代王権の王統譜が、六世紀初頭の継体天皇を境として「断絶」することは今や常識である。

また、『日本書紀』仁徳天皇四十一年・四十三年条に載る鷹甘部《たかかひべ》の起源説話によれば、百済系渡来人酒君《さけのきみ》を介して、紀臣の始祖とされる紀角宿禰《きのつののすくね》と「依網屯倉の阿弭古《あびこ》」が登場する。おおむね、次のような話である。

紀角宿禰を百済に派遣して国郡の壃場《さかひ》を分ち郷土所出《くにつもの》を記録しようとしたところ、百済王族の酒君が無礼だったので日本に連れ帰った。やがて酒君は罪を許されることとなり、後年、依網屯倉の阿弭古が異《あや》しき鳥を捕らえて献上したが、初めて目にする鳥だったので、酒君に見せたところ「此の鳥の類、多《さは》に百済に在り。馴し得てば能く人に従ふ。

また捷《と》く飛びて諸の鳥を掠《と》る。百済の俗《ひと》、この鳥を号《なづ》けて倶知《くち》と曰ふ」と答えたという。鷹のことであり、天皇は、その鷹をもって百舌鳥野で遊獵《かり》をし、鷹甘部を定め、鷹甘邑をつくったと。

舞台は摂津の依網屯倉と和泉の百舌鳥野であり、『摂津志』によれば、鷹甘邑は「住吉郡鷹飼部第宅《ていたく》古蹟、鷹合村《たかあいむら》（大阪市東住吉区鷹合町）にあり、また鷹甘部の墓あり。今、平塚と称す」とある。『令集解』には、大和・河内・摂津に鷹養戸十七戸があると記されている。紀臣関係氏族の始祖とみなされた人々と上毛野君関係氏族母胎集団との間に、摂津―大阪湾沿岸地帯を舞台とした交渉があり、それが百済からの文化の受容にかかわっていたとされることは興味深いことである。

紀伊国造《きのくにのみやつこ》といわれる紀直《きのあたひ》の動向は実はよくわかっていないが、『日本書紀』敏達天皇十二年（五八三）七月朔条によれば、百済にある火葦北国造《ひのあしきたのくにのみやつこ》阿利斯登《ありしと》の子、日羅を迎えるために、吉備海部《あまべ》羽嶋《はしま》とともに紀国造押勝《おしかつ》を遣わしたとあり、紀伊国造もまた朝鮮交渉とのかかわりが深い。

総じて、紀伊に勢力を張った氏族集団、つまり、上毛野君関係氏族の母胎集団と考えられる「荒河戸畔」勢力、紀臣関係氏族、紀伊国造・紀直は、いずれも朝鮮交渉との強いかかわりを持ち、その中で、「荒河戸畔」勢力は広義の河内に勢力をひろげ、五世紀の王権との密接な関係のもとで東国へと展開し、その過程と並行するような形で、紀臣関係氏族は紀伊との関係を深めていっそうの土着化を図り、それを梃子に六世紀以降の王権との密着度をより深めて有力な氏族集団となっていったのではなかろうか。

終章　東国派遣伝承の実相

――上毛野君の成立

上毛野君東国派遣伝承の特質

紀伊・和泉に端を発した集団が東国において氏族形成を完成していった過程はおおむねトレースできたと思う。しかし、そのなかで、私は、上毛野君の始祖たちと東国との関係を語る伝承を、ときに「派遣」と呼び、あるいは「治定」と呼び、「赴任」とも呼んできた。他のグループの東国派遣伝承と比較して、上毛野君の始祖たちの東国派遣伝承はどのような特質を持っているであろうか。どのような言葉で呼ぶのがふさわしいのか。そのことは、上毛野君の成立、上毛野君関係氏族のグループとしての本質にかかわる課題でもある。

三つの東国派遣伝承

『日本書紀』に記される主要な東国派遣伝承は三つある。

第一の伝承は、崇神天皇十年条の四道将軍の派遣である。「九月の丙戌の朔甲午に、大彦命《おほびこのみこと》を以て北陸《くぬがみち》に遣す。武渟川《たけぬなかわ》別《わけ》をもて東海《うみつみち》に遣す。吉備津彦《きびつひこ》をもて西道《にしのみち》に遣す。丹波道主命《たにはのちぬしのみこと》をもて丹波《たには》に遣す。因りて詔して曰はく、『若し教《のり》を受けざる者あらば、乃ち兵《いくさ》を挙げて伐て』とのたまふ。既にして共に印綬《しるし》を授《たま》ひて将軍《いくさのきみ》とす」と記されるが、直後に武埴安彦《たけはにやすひこ》の反乱が起こったため、実際の「発路《みちたち》」は十月となり、「十一年の夏四月の壬子の朔己卯に、四道将軍《よつのみちのいくさのきみ》、戎夷《ひな》を平《む》けたる状を以て奏す」と記している。

『古事記』は「大毘古命《おほびこのみこと》をば高志道《こしのみち》に遣はし、其の子建沼河別命《たけぬなかわわけのみこと》をば東《ひむがし》の方十二道に遣はして、其の麻都漏波奴《まつろはぬ》人等《ども》を和平《やは》さしめたまひき。また日子坐王《ひこいますのみこ》をば旦波国《たにはのくに》に遣はして、玖賀耳之御笠《くがみみのみかさ》を殺さしめたまひき」「大毘古命は、先の命の随に、高志国に罷り行きき。爾《ここ》に東《ひむがし》の方より遣はさえし建沼河別と、其の父大毘古命と共に、相津《あひづ》に往き遇ひき。故《かれ》、其地を相津と謂ふなり。是を以ちて各遣はさえし国の政《まつりごと》を和平して覆奏しき」と記す。

『古事記』には吉備津彦にかかる伝承がなく、丹波への派遣者を丹波道主ではなく日子坐王とする一方で、大毘古と建沼河別の出会いによる相津（会津）の起源説話を加えるが、記紀の語るところは基本的に合致している。なお、『日本書紀』は、崇神天皇六十年条に、吉備津彦と武渟川別の出雲派遣と出雲振根《いづもふるね》の誅殺も載せている。

整理してみると、二点が指摘できる。

第一に、まさに「教を受けざる者」「麻都漏波奴《まつろはぬ》人等《ども》」「戎夷《ひな》」を征討する派遣伝承であり、両書ともに「遣」「（和）平」の文字を用い、王権中枢への帰郷、覆奏が語られる。

第二に、派遣の地を北陸《くぬがみち》（高志道《こしのみち》）、東海《うみつみち》（東の方十二道）、丹波、（西道）としている。北陸（道）と高志（越）道が同じ地域を示していることは明らかだが、東海（道）と東の方十二道とが同じ地域を示しているかは問題で、ここの記述だけでは判断しがたい。ただ、「東」を「あづま」と読まず「ひむがし」と読んできたことは注目される。『古事記』では、「東の方十二道」という表現はよく使われ、「東国《あづまのくに》」とは微妙に異なる対象を示していると見られる。

第二の伝承は、景行天皇条に載せられた日本武尊《やまとたけるのみこと》（『古事記』では倭建命）を中心とする一連の伝承である。『日本書紀』によれば、景行天皇の「四十年の夏六月に、東《ひむがし》の夷《ひな》多《さは》に叛きて、辺境《ほとり》騒き動《とよ》む」「今東国《あづまのくに》安からずして、暴《すら》ぶる神多に起る。また蝦夷《えみし》悉《ふつく》に叛きて 屡《しばしば》 人民《おほみたから》を略《かす》む」ので、日本武尊に斧鉞《おのまさかり》を授けて「発路《みちたち》」させたとある。『古事記』は、天皇の「東《ひむがし》の方十二道の荒夫琉《あらぶる》神また麻都漏波奴《まつろはぬ》人等《ども》を言向《ことむ》け和平《やは》せ」の命を受けて派遣されたと記す。

以降の展開、「東征」のルートは次の通りである。なお、天皇との関係や叙情性、人名・地名・神名表記等では『古事記』との違いが見られるが、叙事詩的モチーフという点では記紀の違いは意外と少ないので、『日本書紀』を主として、『古事記』に大きな違いが見られ議論に影響を及ぼすと思われる点がある場合のみ注記する形とした。

伊勢神宮（倭姫命《やまとひめのみこと》から草薙劒《くさなぎのつるぎ》を与えられる。『古事記』では一度尾張の美夜受比賣《みやずひめ》のもとに寄ったとする）→駿河の焼津《やきつ》（賊への逆襲、『古事記』は相模とするが、地名起源説話としては『日本書紀』の方が整合している）→相模《さがむ》・馳水《はしるみづ》（弟橘媛《おとたちばなひめ》の入水）→海上ルート（『古事記』では以下のルートが記されず、「悉に荒夫琉《あらぶる》蝦夷どもを言向け、また山河の荒ぶる神どもを平和《やは》して、

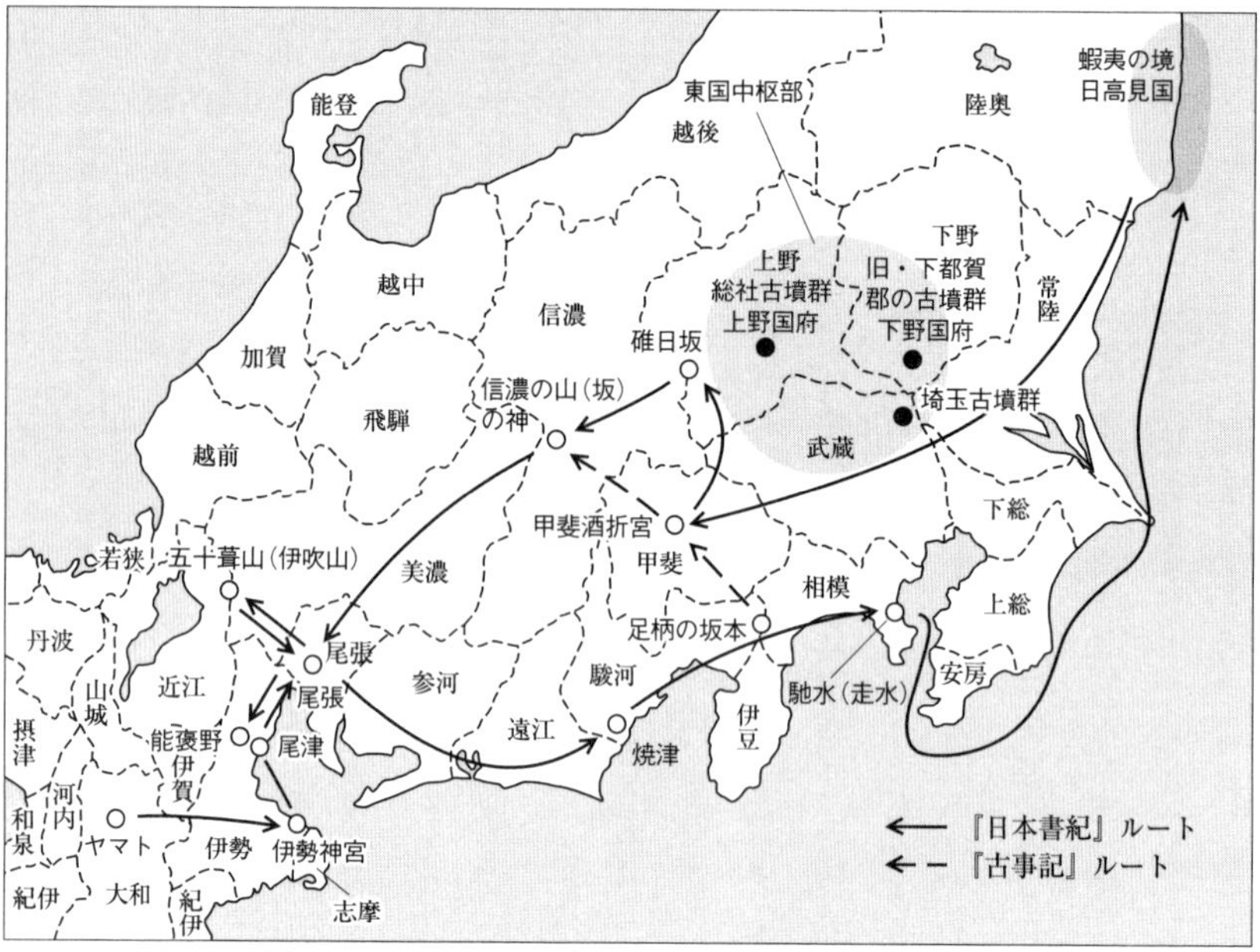

図38　ヤマトタケル東征ルートと東国中心関係図

還り上り幸《い》でます時、足柄の坂本に到りて」とし、「阿豆麻波夜《あづまはや》」絶唱の後、甲斐の酒折宮《さかおりのみや》に至る）→上総《かみつふさ》→陸奥国の葦浦・玉浦→蝦夷の境（竹水門《たかのみなと》、蝦夷平定）→日高見国《ひたかみのくに》→（西南の）常陸→甲斐国・酒折宮（「新治　筑波を過ぎて　幾夜か寝つる」「蝦夷の凶《あ》しき首《ひとども》、咸《ことごとく》に其の辜《つみ》に伏《したが》ひぬ。唯信濃国・越国のみ、頗《すこぶる》未だ化《みおもぶけ》に従はず」）→武蔵・上野を転歴《へめぐ》りて→碓日《うすひ》坂（弟橘媛を偲んでの「吾嬬《あづま》はや」の絶唱、「山の東の諸国を号《なづ》けて、吾嬬国《あづまのくに》と曰う」）、吉備武彦を越国へ。『古事記』には越のことは書かれず、酒折宮から科野《しなの》の坂の神の言向けに至る）→信濃（山の神を殺す）→美濃（吉備武彦との合流）→尾張（還る。宮簀媛《みやすひめ》）→近江の五十葺山《いぶきやま》（宮簀媛の元に劔を置いていったため山の神に痛手を被る）→尾張→伊勢の尾津→能褒野《のぼの》に崩・葬（尾張に還ってから死に至るまでの『古事記』の詞章は美しく感動を呼んできたが、残念ながら、東国との関係を考える上での情報は少ない）。

ルートと概要に照らせば、次の点が指摘される。

第一に、蝦夷を中心とする「東《ひむがし》の夷《ひな》」「東《ひむがし》の方十二道の荒夫琉《あらぶる》神また麻都漏波奴《まつろはぬ》人等《ども》」を「言向《ことむ》け和平《やは》せ」るための派遣である。日本武尊は宮居に辿り着かずに亡くなってしまうが、帰郷、凱旋が求められていた。

第二に、東海道から陸奥あるいは日高見国が主要な征討対象地域で、信濃（および越）と伊吹山の神が加わる。弟橘媛への絶唱「吾嬬《あづま》はや（阿豆麻波夜《あづまはや》）」を東国の地名起源説話にしようと碓日の坂を持ち出したため「武蔵・上野を転歴《へめぐ》りて」と記されているが（『令義解《りょうのぎげ》』にいう「山東」）、武蔵・上野という東山道の中心地域は主要なルートから外されている。現に『古事記』は絶唱の地を足柄の坂本とし（『令義解《りょうのぎげ》』にいう「坂東」）、『古事記』『日本書紀』ともに下野の名は現われない。陸奥国・日高見国からのルートも、東山道に沿った下野・武蔵・上野ではなく、常陸→甲斐というルートが取られている。そのため、『古事記』では、甲斐の酒折宮で倭建命の歌に和した御火焼《みひたき》の老人に「東国造《あづまのくにのみやつこ》」を給うという不自然な話となっている。甲斐はたしかに東国国司詔や『常陸国風土記』にいう東国八国の一つと見られるが、東国の中心地域とは言えないからである。

総じて、日本武尊の第二の伝承は、第一の伝承のなかの武渟川別の東海派遣伝承に目的、形式ともに類似していると言えよう。

さらに『日本書紀』は、日本武尊の東征に先立って武内宿禰《たけしうちのすくね》を北陸及び東方《あづま》の諸国に派遣し（景行天皇二十五・二十七年条）、景行天皇五十三年には日本武尊を偲んで、景行天皇が伊勢から東海に入り、上総国・淡水門《あはのみなと》に至ったと記す。膳臣の遠祖・磐鹿六雁の話が出てくるのは、ここにおいてであるが、これらを含めて、武渟川別—四道将軍と日本武尊の派遣伝承は征討伝承であり、東海道地域を中心とした伝承とみることができる。

治政・移住・東山道型―上毛野君に関わる東国派遣伝承の特徴

これら二つの伝承と異なる様相を示しているのが上毛野君に関わる第三の伝承である。違いを明確にするため再掲しておこう。なお、『古事記』は崇神天皇段に「豊木入日子命は上毛野君、下毛野君等の祖なり」と記すだけで、『日本書紀』

のような伝承は載せていない。

（一）豊城入彦命の伝承

（崇神天皇の）四十八年の春正月の己卯の朔戊子《つちのえね》に、天皇、豊城命・活目尊《いくめのみこと》（垂仁天皇）に勅して曰はく、「汝たち二の子、慈愛共に斉《ひと》し、知らず、いづれをか嗣《ひつぎ》とせむ、おのおの夢みるべし、朕、夢をもて占へむ」とのたまふ。二の皇子、ここに、命《おほみこと》をうけたまはりて、浄沐《ゆかはあみゆするあみ》して祈《の》みて寝たり。おのおの夢を得つ。あけぼのに、兄豊城命、夢の辞《ことば》をもて天皇に奏して曰さく、「自ら御諸山《みもろやま》に登りて東に向きて、八廻弄槍《やたびほこゆけ》し、八廻撃刀《たちかき》す」とまうす。弟活目尊、夢の辞をもて奏して言さく、「自ら御諸山の嶺に登りて、縄を四方にはへて、粟を食む雀を逐る」とまうす。すなはち天皇相夢《ゆめのみあわせ》して、二の子に謂りて曰はく、「兄は一片に東に向けり。まさに東国を治《し》らむ、弟はこれあまねく四方に臨めり、朕が位に継げ」とのたまふ。

四月の戊申《つちのえさる》の朔丙寅《ひのえとら》に、活目尊を立てて皇太子としたまふ。豊城命をもて東国を治めしむ。これ、上毛野君、下毛野君の始祖なり。

（二）彦狭嶋王の伝承

（景行天皇の）五十五年の春二月の戊子《つちのえね》の朔壬辰《みずのえたつ》に、彦狭嶋王をもて東山道《やまつみち》の十五国の都督《かみ》に拝《ま》けたまふ。これ、豊城命の孫なり。しかうして春日《かすが》の穴咋邑《あなくひのむら》に到りて、病に臥して薨りぬ。この時に、東国の百姓、かの王の至らざることを悲びて、ひそかに王の尸《かばね》を盗みて、上野国に葬りまつる。

（三）御諸別王の伝承

（景行天皇の）五十六年の秋八月に、御諸別王に詔して曰はく、「汝が父、彦狭嶋王、任《ことよ》さす所に向《まか》ることをえずして早く薨りぬ、故《かれ》、汝、専《たう》め東国を領めよ」とのたまふ。ここをもて、御諸別王、天皇の命を承りて、まさに父の業を成さむとす。すなはち行きて治めて、早に善き政を得つ。時に蝦夷騒ぎ動《とよ》む。すなはち兵を挙げて撃つ。時に蝦夷の首帥《ひとごのかみ》、足振辺《あしふりべ》・大羽振辺《おほはふりべ》・遠津闇男辺《とほつくらをべ》ら、叩頭《の》みて来り。頓首《おが》み罪を受《うべな》ひて、ふつくにその地を献る。よりて、降《したが》ふ者を免して、服《まつろ》はざる者を誅《つみな》ふ。ここをもて東《ひむがしのかた》久しく事なし。これによりて、その子孫、今に東国にあり。

伝承上でも豊城入彦は東国に赴任しておらず、三世孫（第四代）の御諸別において初めて東国の土を踏んだことは前章でも強調したが、目的地を東国、東山道十五国、その中心地としての上毛野に置いていることを第一の特徴として挙げることができる。第一・第二の伝承が避けた地域である。

第二の特徴として、彦狭嶋—御諸別は、東国百姓《あづまのくにのおほみたから》に待たれていた存在であり、到着した御諸別は「善政」をもたらしたと記されている。そして「その子孫、今に東国にあり」。移住者である。蝦夷との関係も、東国を侵略しようとした蝦夷を討った、あるいは、そこから出兵した、と読むことができる。この形は、本書冒頭に紹介した上毛野君形名の話に継承されている。

したがって、上毛野君に関わる東国派遣伝承の特徴は、第一・第二の伝承を「征討・帰還・東海道型」と呼べるとすれば、「治政・移住・東山道型」と呼ぶことができる。このことは極めて重要なことと思われる。そして、なぜか、『古事記』には第三の伝承がない。

征討・帰還・東海道型と治政・移住・東山道型のセット関係

さらに興味深いことに、『日本書紀』は、二度にわたって、第一・第二伝承の「征討・帰還・東海道型」（征討タイプ）の後に、第三伝承の「治政・移住・東山道型」（治政タイプ）の記事を並べている。次のとおりである。

崇神天皇十年・十一年条　武渟川別の東海派遣等の四道将軍伝承　――（征討タイプ）
四十八年条　豊城入彦始祖伝承　――（治政タイプ）

景行天皇二十五・二十七年条　武内宿禰の北陸・東方諸国派遣
四十年条　日本武尊の東征伝承
五十三年条　景行天皇の日本武尊追憶東海訪問
（征討タイプ）
五十五年条　彦狭嶋の東国派遣伝承
五十六年条　御諸別の東国派遣伝承
（治政タイプ）

まつろわぬ人やあらぶる神、蝦夷などの東《ひむがし》の夷《ひな》がいる東海道から陸奥国・日高見国の征討の後で、征討に派遣されたとは別のグループが東国《あづまのくに》・東山道・上毛野国に派遣されて政治を行い移住・定着していくというパターンである。崇神天皇段階のパターンを理念、イメージとし、景行天皇段階のパターンを実践、具体像とする二重構造である。

ここまで明確に書き分けられ位置づけられるとすれば、上毛野君（朝臣）―東国六腹の朝臣として氏族形成を完成していったグループは、東国―東山道地域を目的地として、その地の安定・治政のために派遣され定住していった人々である、という共通認識が古代の貴族・官人層に持たれていたと言うことができる。そうした共通認識を成り立たせる史実の記憶に基づくものとしてよいと思う。「東山道十五国の都督」という表現は、その何よりの表れであろう。

この治政のための移住・定着・展開を今に見える形で現している存在が三ツ寺Ｉ遺跡・北谷遺跡であり、上毛野地域の保渡田古墳群・総社古墳群、綿貫観音山古墳・八幡観音塚古墳・上陽二子山古墳・七輿山古墳や下毛野地域の摩利支天塚古墳・琵琶塚古墳・旧下都賀郡の古墳群、武蔵地域の埼玉古墳群であるというのが、私の推論だが、この推論に一つの事柄を加えたい。旧著段階では気づかなかった、東国、とくに、その中心地域である上毛野・下毛野・武蔵の形象埴輪のあり方である。

東国人物埴輪の特色が示唆するもの

関東と関西で全く異なる形象埴輪の構成

埴輪は、特殊器台（物を乗せる台）と底に穴の開いた壺との合体から生まれたとされる円筒ないし朝顔形埴輪と、物の形を象る形象埴輪とに分けられている。圧倒的に量が多いのは円筒で、全国に普遍的に分布する。他方、形象埴輪は、その形から家、器財、武具・武器、人物、動物に分類され、その順に作り出されたと考えられているが、それぞれの分布は、時代と地域によって偏りが見られる。一九八七年の段階で石塚久則氏がまとめられた県別形象埴輪出土状況一覧（金井塚良一ほか『討論　群馬・埼玉の埴輪』あさを社、一九八七年、一九三頁）を元に作成した表（次頁）で見てみよう。

埴輪出土がない沖縄・北海道と、長崎・高知・岐阜・長野・山梨・新潟・富山・東京・神奈川及び東北地方が集計されていないが、おおまかな傾向は、見てとれる。一見して分かるように、形象埴輪は倭国中心地域である関西（八一二点）と東国＝関東（九一三点）に集中し、共に、両地域以外の総数六七六点を大きく上回っているが、その構成は見事なまでに相反している。

その様子を視覚化したのがグラフで、上位三つの形象埴輪の構成比で見れば、関西は家・器財（蓋《きぬがさ》・翳《さしば》）・盾で六〇パーセントを占めるのに対し、関東は人物・馬・大刀等（大刀・鞆・靫）で七七パーセントを占め、逆に、家・器財・盾の関東における構成比はわずか一四パーセント、人物・馬・大刀等の関西における構成比は二四パーセントほどである。その構成は極端なまでに異なっている。

さらに詳細に見れば、武具・武器類は、一括すれば、関西構成比二七パーセント（二二六点）、関東構成比二〇パーセント（一八五点）と、その違いはほとんどないが、武具・武器内での盾・甲冑等・大刀等の百分比は、関西が六一対二二対一七なのに対して、関東は二二対六対七二と、盾と大刀等が完全に入れ替わっている。

	家	器財 蓋・翳	武具・武器			人物	動物		計
			盾	甲冑等	太刀・靫・靭		馬	その他	
九　州	40 *21.3*	11 *5.9*	14 *7.4*	15 *8.0*	9 *4.7*	60 *31.9*	21 *11.2*	18 *9.6*	188 *100.0*
中・四国	75 *24.9*	28 *9.3*	43 *14.3*	15 *5.0*	9 *3.0*	62 *20.6*	31 *10.3*	38 *12.6*	301 *100.0*
関　西	**217** ***26.8***	**138** ***17.0***	**131** ***16.1***	**47** ***5.8***	**38** ***4.7***	**99** ***12.2***	**58** ***7.1***	**84** ***10.3***	**812** ***100.0***
東　海	36 *21.4*	24 *14.3*	20 *11.9*	6 *3.6*	4 *2.4*	47 *28.0*	14 *8.3*	17 *10.1*	168 *100.0*
北　陸	9 *47.4*	2 *10.5*	2 *10.5*	0 *0.0*	0 *0.0*	3 *15.8*	1 *5.3*	2 *10.5*	19 *100*
関　東	**66** ***7.2***	**24** ***2.6***	**41** ***4.5***	**11** ***1.2***	**133** ***14.6***	**402** ***44.0***	**168** ***18.4***	**68** ***7.5***	**913** ***100.0***
関東・関西以外計	**160** ***23.7***	**65** ***9.8***	**79** ***11.7***	**36** ***5.3***	**22** ***3.2***	**172** ***25.4***	**67** ***9.9***	**75** ***11.1***	**676** ***100.0***
全国計	443 *18.4*	227 *9.5*	251 *10.5*	94 *3.9*	193 *8.0*	673 *28.0*	293 *12.2*	227 *9.5*	2401 *100.0*

表　形象埴輪地域別出土一覧（金井塚良一ほか1987年より作表、上段は点数、下段はパーセント）

動物も同様で、動物全体の構成比は関西一七パーセント（一四二点）、関東二六パーセント（二三六点）と、関東に多いという程度だが、馬とそれ以外の動物のおおよその内部比率は、関西では四対六と、馬以外が多いのに対し、関東では七対三と、圧倒的に馬が多くなる。

関東（東国）と、倭国中心地域であった関西では、形象埴輪の内実が大きく異なっているのである。

一般に形象埴輪と言うと人物と馬が取り上げられることが多いが、それは関東の形象埴輪の世界のことだったのである。この違いを無視して、形象埴輪の全体をセットでとらえ、大嘗祭を念頭においたようなストーリーを描くことは、歴史離れになりかねない。私たちの古墳時代像にとって欠くことのできない人物と馬の埴輪は、東国という独自世界の存在を前提として初めてありえたと言えよう。

新しい形態が突如爆発的に盛行し続けた東国

この極端なまでの違いは、形象埴輪の各形態登場の時代差と合致している。関西三大形象（家・器財・盾）は、いずれも、円筒埴輪の誕生から余り時間差がない段階で登場した形態であり、一方、関東三大形象（人物・馬・大刀等）は、古墳時代中期、五世紀半ばに新たに登場した形態である。

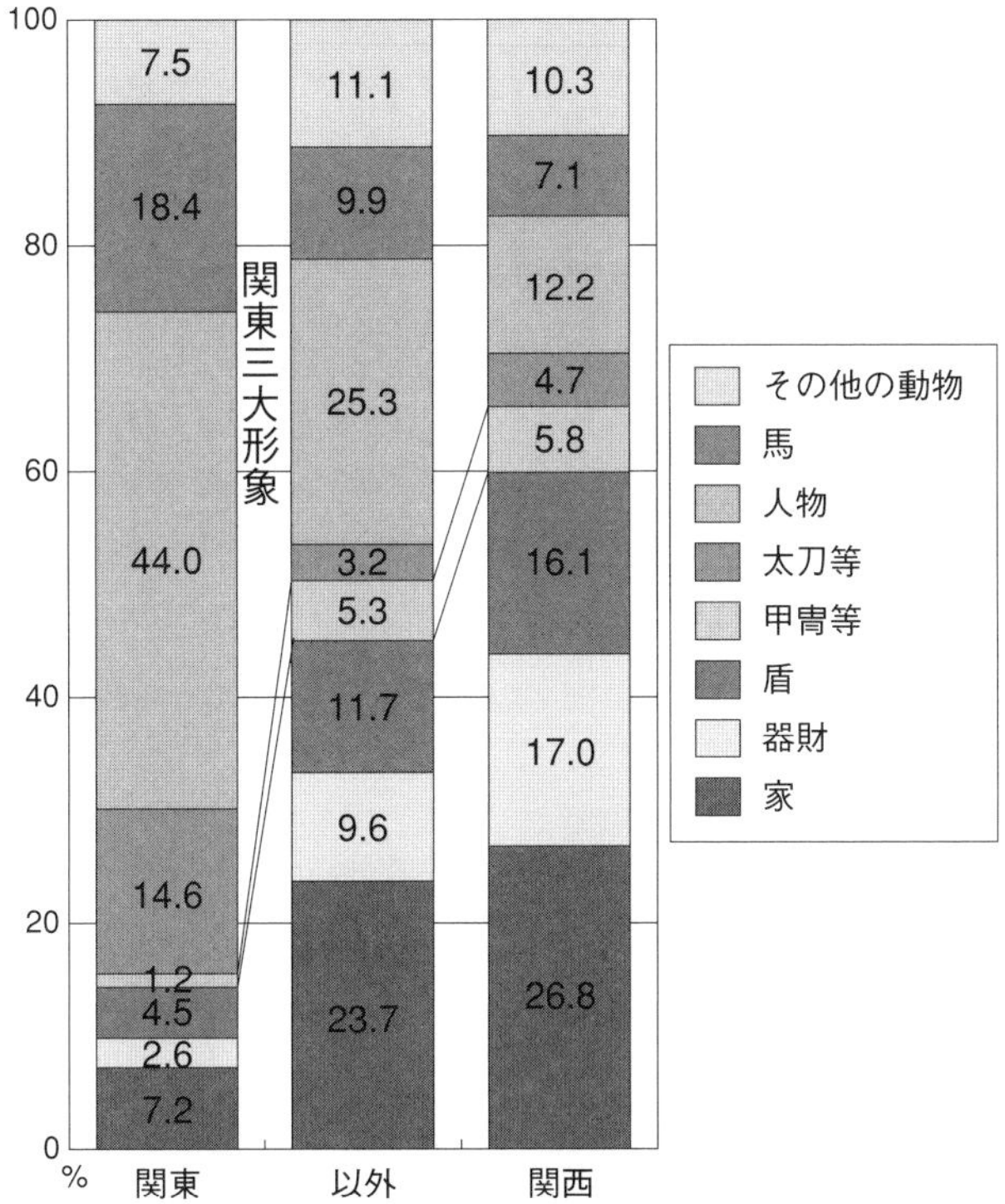

図39　形象埴輪地域別構成比

関西三大形象は聖的空間の結界に関わる形を表していると見られる。家は祖霊が天と交信する御霊屋《おたまや》、盾は魔除け、蓋《きぬがさ》と翳《さしば》はカミとなった祖霊を覆うものであろう。

対して、関東三大形象は被葬者の生前あるいは死後の生活に関係の深いものであり、中国の俑や明器あるいは高句麗などの古墳壁画を思い起こさせる。

墳墓である古墳に樹立されたものだから、基本的には聖性を持つと見られるが、関西に集中して見られる形象埴輪、家・蓋・翳・盾が描く空間はより聖性の強い世界であり、関東に集中して見られる形象埴輪、人物・馬・大刀・鞆《とも》（弓を射る時に手首の内側に付ける防具）・靫《ゆぎ》（矢負具）が描く空間は多分に俗性の色濃い世界である。

登場の時代差からすれば、関東における形象埴輪の盛行期が関西に比べて遅れたことをまずは指摘しなければならないが、単に後発的だっただけではない。それは、関西においても新しい形態であるものが、関西を凌駕するかたちで関東に盛行したことに注意を払いたい。文明要素あるいは文化形態のより古いものが周辺地域、後発地域に残る例がよく見られるが、関東における形象埴輪の形態は、こうしたものとは違うのである。形象埴輪の歴史の中で生まれた新しい形が、それまでの中心地域あるいは新しい形態を生み出した核地域を凌駕して定着、盛行した点に、その特色がある。

ポイントは二つある。第一は、出現地域は関東ではなく関西だが、後発型の形象埴輪は、関西での出現後、時をおかず、突如関東に現れている点。第二は、関西では、それほど流行しなかった後発型形象埴輪が、関東では盛行し続けた点。しかも、そうした傾向が関東のある地域だけに偏在していたのではなく、上毛野・武蔵を中心として関東全域に普遍的に見られる点。この事実をどう理解したらよいだろうか。

一つの可能性は、生み出されたばかりの後発型の形象埴輪を持った人々が東国に移住し、それを定着させ、独自に発展させていったという解釈である。そのことは、上毛野・武蔵を中心とした東国は、「畿内」を中心とする倭国の他の地域とは異なって、六世紀以降も大型の前方後円墳を造り続けたという、白石太一郎氏の指摘に対応していると考えられる。五世紀後半の倭国中心地域の文化あるいは政治スタイルを持ち込みながら、倭国中心地域（「畿内」）がそれを放棄した後も、そのスタイルを維持し、独自に歩む力を育んだという解釈である。

あるいは、形象埴輪の描き出す世界は、『古事記』雄略天皇段に載せられた天語歌が歌い上げる、アメ＝倭国中心地域（倭国大王国土）とは異なるアヅマを具体的に描き出していると言うこともできる。

旅の終わりに—上毛野君小熊を論ず

留保しておいた課題

最後に、埼玉《さきたま》稲荷山古墳出土金錯銘鉄剣の発見で再び議論の場に引き出されつつある上毛野君小熊《かみつけのきみおぐま》についての私見を述べておきたいと思う。小熊は、その名が確認される最初の上毛野君だが、本書冒頭で、その評価を留保していた存在である。上毛野君の成立を論じる本書の最後に、彼にふれないわけにはいかないだろう。

上毛野君小熊の名は、『日本書紀』安閑天皇元年閏十二月条の武蔵国造家争乱伝承のなかに現われる。

> 武蔵国造笠原直使主《むさしくにのみやつこかさはらのあたひおみ》と同族小杵《をき》と国造を相争ひて—使主・小杵、皆名なり—、年経るに決し難し。小杵、性《ひととなり》、阻《うちはや》くして逆らふことあり。心高びて順《まつろ》ふことなし。密に就《ゆ》きて援を上毛野君小熊に求む。而して使主を殺さむと謀る。使主覚りて走げ出づ。京《みやこ》に詣でて状を言す。朝庭《みかど》、臨断《つみさだ》めたまひて、使主をもて国造とす。小杵を殺す。国造使主、悚《かしこまり》喜懐《よろこび》に交《み》ちて黙已《もだ》あることあたはず。謹みて国家のために横渟・橘花・多氷《末》・倉樔《樹》、四処の屯倉《みやけ》を置き奉る。

武蔵国造の地位をめぐって、倭王権中枢に直訴した笠原直使主と、その同族で上毛野君小熊に援を求めた小杵とが争い、結果、小杵は殺されて使主が武蔵国造の地位を獲得し、それを喜んだ使主が、横渟など四ケ所の屯倉を献じたという話である。安閑天皇元年は、『日本書紀』の編年によれば五三四年のことである。

多氷は多末の、倉樔は倉樹の誤記として、四ケ所の屯倉を、横渟《よこぬ》＝埼玉県比企郡吉見町あたり、橘花《たちばな》＝神奈川県川崎市・横浜市港北区日吉あたり、多氷《たま》（多末）＝東京都あきる野市あたり、倉樔《くらす》（倉樹）＝横浜市とする見解が定説で、横渟以外は多摩川右岸の南武蔵の地域である。このことと、西暦五〇〇年を前後して、武蔵の古墳群の中心が、南武蔵から埼玉《さきたま》古墳群（埼玉県行田市）をはじめとする北武蔵に移ることとを照合させて、この話には武蔵地方における有力首長権の移動が横たわるとする見解が有力である。私は、第三章で、埼玉古墳群の成立は、武蔵内部の内発的事情ではなく外在的な要因が多く、大野君に繋がる可能性を示唆しておいたが、ここで、とくに問題にしたいのは上毛野君小熊のかかわり方である。

定説的な考え方では、上毛野君小熊は、倭王権中枢とは拮抗関係にあるとみなされている。＜使主―倭王権中枢＞対＜小杵―上毛野君小熊＞という対立の構造が想定され、小杵が殺されたことに対応して上毛野君小熊もその勢力を大きく後退させたという考え方である。そして、その証拠として、安閑天皇二年五月条に載せられた上毛野国緑野《みどの》屯倉があげられ、緑野屯倉は、この武蔵国造家争乱の事後処理として、上毛野君の側から献上されたとする考えである。また、上毛野国の古墳群の中心が太田地方から前橋・高崎地方に移ることも、その関係で理解しようとする見解も存在する。

だが、はたしてそう考えられるのか。私には、いくつかの疑問がある。

（一）東国において上毛野君がその勢力をもっとも盛んにするのは、見てきたように六世紀からであり、上毛野君関係氏族が、まさに東国の上毛野君―東国六腹の朝臣を中心として氏族形成を完成させるのは、六～七世紀のことである。上毛野君小熊の時代をもって東国における上毛野君関係氏族の勢力沈下を唱えることは首肯できない。むしろ、東国における上毛野君の時代は、上毛野君小熊以降においてである。そのことは、七世紀代の上毛野君―東国六腹の朝臣の倭王権全体での地位からも推測される。

（二）第三章で見てきたように、緑野屯倉の成立は東国六腹の朝臣の存在を前提としていると考えられ、倭王権中枢との対立関係よりも、倭王権中枢との密接な関係の強化という面が強い。また、これは従来から指摘されていることだが、緑野屯倉がこの事件にかかわるという直接的な証拠は何もなく、安閑天皇二年条の諸屯倉は、その頃までには置かれていたと伝承されていた屯倉をただ羅列したにすぎないという考え方が主流である。私も、その考え方に与したい。

（三）安閑天皇条そのものにおいても、上毛野君小熊の処罰のことはまったく触れられておらず、また、小杵が援を求めたと言っても、それに上毛野君小熊が積極的に対応したとは読み取れない。率直に言って、上毛野君小熊はあくまでも脇役である。もし上毛野君の勢力が倭王権中枢と対立関係にあって、この事件を機にその勢力を没落させたとするなら、そのことに対してもっと言及されてよいはずである。

上毛野君小熊をどうとらえるか

従来の解釈とは異なる解釈が成り立ちうるのではなかろうか。

そこで想起されることは、第一に、上毛野君が、この小熊をもって初めて上毛野君と称されることであり、第二に、大阪湾沿岸地帯に有力な勢力を張っていた上毛野君関係氏族母胎集団が、倭王権の国家意志のもとに、五世紀半ばあたりから東国の諸勢力との接触を深め、「都督」と称されるような関係をもって東国に臨んでいたことである。そうした点を、先の疑問点に重ね合わせた場合、私には、次のような小熊像が浮かんで来る。

まず、上毛野君小熊は、いわば東国の「都督」として上毛野国に存在していた。旧著では、その居城として三ツ寺Ⅰ遺跡を想定したが、西暦五〇〇年前後の榛名山二ツ岳の噴火で廃棄されたと見られるから、それ以外の地を探さなくてはならず、探しあぐねているのが実情である。上毛野国府の地にその前身施設として存在したのではなかろうか。

そうした地位を持つ上毛野君小熊に対して小杵が働きかけて武蔵国造権の付与を求めた。しかし、小熊は積極的に動かず、あるいは動くことができず、むしろ、直接倭王権中枢に働きかけた使主に武蔵国造権が付与されたということではないかという解釈である。

では、なぜ上毛野君小熊は「都督」権を発動できなかったのか。それは、小熊の祖先たちが密着していた五世紀の王権に代わって王権の中枢に位置した継体天皇に端を発する王権に対しては、この時点ではそれ以前ほどの発言力を持っていなかったからではなかろうか。

だが、そのことは、小熊に象徴される東国六腹の朝臣母胎集団の保身でもあったと思われる。新たな倭王権中枢の政治に対して沈黙を守ることによって、逆に東国での存在を確保し認めさせるという保身ではなかっただろうか。

同時に、小熊に象徴される東国六腹の朝臣母胎集団は、氏族形成の中心を大阪湾沿岸一帯から東国に移していく。そのことは、新たな倭王権中枢にとっても好ましいものだったと見られる。新たな倭王権中枢は、倭国全体のゆるやかな統一から進んで、まずは「畿内」―西国の中央集権化に向いていったからであり、官司制的な支配機構を「畿内」―西国中心に組み直し、海外に対する目も、五世紀代に比べれば縮小されていったからである。東国は、もう一つの倭国として「枠外」に置かれた可能性が高い。

天語歌に端的に謳われた天《あめ》―東《あづま》―夷《ひな》の三層の同心円的構造や、六～七世紀を通して、東国が相対的に独自のクニとしての輝きを見せ続けたことは、その証しと言えよう。

とすれば、この伝承の語る所は、従来の説とはまったく逆に、上毛野君の衰退ではなく、東国の王者としての出発、上毛野君の誕生を主張しているように思われる。

現に『日本書紀』の記すところによれば、小熊のちょうど百年の後に登場する、史上確認できる二人目の上毛野君である上毛野君形名は、大仁という極めて高い冠位をもって登場し、以後、七～八世紀を通して、上毛野君―東国六腹の朝臣は、四位に上りうることを保障された中級貴族官人として活躍し続ける。上毛野君小熊を嚆矢として、上毛野君―東国六腹の朝臣―上毛野君関係氏族は、倭国から日本国へと変貌、完成していく古代国家を構成する一〇ほどの優勢貴族グループの一員となっていくのである。

面影の歴程―新たな旅立ちにあたって

私は、古代東国の王者と謳われながら、謎に包まれたままの存在である上毛野君に迫る一つの方法として、上毛野君との同祖性を主張する諸氏（上毛野君関係氏族）の相互関係と同祖主張の根拠について考えてきた。

私はまず、史上その存在が確実視できる七世紀半ば以降の上毛野君関係氏族のありようから上毛野君関係氏族全体の性格を抽出した。ついで上毛野君関係氏族を、①東国六腹の朝臣グループ、②多奇波世君・男持君後裔グループ、③和泉グループの三つに大きく分け、考古学的成果にも援けられながら、それぞれのグループの内部構造とグループ間の相互関係、各グループと上毛野君始祖伝承のかかわりを考えるという方法論をとった。

その結果、私は、次のことを明らかにすることができた。

（一）

上限は定かではないが、遅くとも五世紀までには、和歌山県紀の川流域を中心とする地域に確固たる勢力を張る集団があった。その集団は、「荒河戸畔《あらかはとべ》」の名と、倭王権が確立されはじめる頃の倭王を擁立したという伝えを持ち、自らの始祖伝承を始祖王伝承に結びつける根拠を有していた。崇神天皇の皇子・豊城入彦命を始祖とする上毛野君関係氏族の始祖伝承のモチーフは、ここに根ざすと考えられる。

この勢力は、倭王権中枢に連なる位置を保ちながら、五世紀代には和泉・摂津・河内、広く茅渟《ちぬ》の海（大阪湾）沿岸一帯に力を伸ばし、そこでの氏族の形成と展開を開始する。

（二）

茅渟《ちぬ》の海（大阪湾）沿岸一帯に勢力を伸ばしてからは、日本最古の須恵器生産地の一つといわれる陶邑を含む茅渟県《ちぬのあがた》の県主に任じられて倭王権の争奪戦に関与した集団や、倭王直結の儀礼や神事にたずさわる主殿《とのもり》を率いて大王に近侍した集団を出し、三輪山（御諸山《みもろやま》）信仰との関係も深めていったと考えられる。そして、五世紀の王権つまり河内王朝、倭の五王ときわめて密接な関係を持っていたと推測され、大王の即位儀礼の一部をなすと考えられている八十嶋《やそじま》の祭りや、河内王朝が重視した住吉《すみのえ》の祭り、筑紫三神（宗像三神）の祭りにも関与した形跡がうかがえる。

（三）

彼らの中から朝鮮諸国に派遣される人々が現われたことは史実と見られる。とくに、五世紀の後半に、彼らの一員である多奇波世君が百済（勢力圏）との交渉に関与した可能性は高い。『日本書紀』に載せられた荒田別・鹿我別の朝鮮派遣伝承や、荒田別・巫別《かむなきわけ》による西文氏《かはちのふみうぢ》の始祖・王仁《わに》招請伝承も、こうした史実に連なる記憶ないし伝承と言ってよい。そして、そうした伝えを、古代の貴族・官人層が広く認めていたことも注目に価する。上毛野君関係氏族母胎集団と朝鮮交渉との関わりは五世紀前半に遡りうると見てよいだろう。

朝鮮に渡った人々の一部は、百済勢力圏、主として旧馬韓南部で氏族形成を図ったと考えられ、やがて五〇〇年前後から、彼らの後裔を名のる人々が再渡来し、河内の飛鳥戸《あすかべ》（安宿）・古市・大県《おほあがた》や摂津の住吉《すみのえ》を中心とした地域に定着する。その人々が形作るグループが多奇波世君・男持君後裔グループである。『日本書紀』の竹葉瀬・田道兄弟の伝承は、この多奇波世君・男持君の朝鮮での活躍の伝承を換骨奪胎したものと考えられる。

多奇波世君・男持君後裔グループは、倭国定着直後から上毛野君関係氏族との同祖性を主張し、それが公認されていたが、このグループの持っていた資質、学識や思想は、広く上毛野君関係氏族全体の共有財産となり、やがて上野三碑（山ノ上碑・多胡碑・金井沢碑）に結晶する文字文化の輝きや国史編纂・律令撰定への参画、在地での仏教の受容・定着、日本天台宗の確立に結実する。

（四）

一方、五世紀代の倭国の政治構造のなかで、上毛野君関係氏族母胎集団からは、「東国都督」と呼びうるような行政・

軍事権を付与される形で東国に派遣される人々が出たと見られる。その派遣のありようは、征討・帰還の形ではなく、治政・移住の形であった。

東国に派遣された集団の中には、その時点では上毛野君母胎集団の外にいた人々もいたと見られるが、やがて、倭王権中枢の変貌などにも規定されて、紀伊・和泉地方での力を弱めた上毛野君関係氏族母胎集団は、五〇〇年前後あたりから、東国に派遣された他の集団や東国諸地域の既存勢力との結合に氏族形成の重心を移していくことになったと推測される。

東国六腹の朝臣へと氏族形成を図った彼らは、吉備や筑紫のように打倒の対象とされることなく、畿内勢力を中心として進められた西日本の統一国家化とは相対的に独自な道を歩んだと見られる。六〜七世紀に花開く上毛野―東国の独自の文化は、その証しと言える。

なお、私は、東国六腹の朝臣の本拠地として、上毛野朝臣＝上野国府が開かれる前橋市総社地区から勢多郡域、下毛野朝臣＝下野国府が開かれる栃木県旧下都賀郡周辺、大野朝臣＝埼玉《さきたま》古墳群（行田市）周辺、車持朝臣＝高崎市・保渡田《ほどた》古墳群から群馬郡域、佐味朝臣＝旧緑野郡（藤岡市）から旧那波郡（佐波郡玉村町・前橋市南部・伊勢崎市西部）、池田朝臣＝高崎市・八幡《やわた》古墳群から片岡郡域を想定した。あくまでも一つの仮説にすぎないが、東国六腹の朝臣は、東国及び茅渟の海周辺だけでなく、全国、とくに越《こし》地方との深い関係も認められる。

（五）

やがて、日本古代国家は、七世紀半ば以降、その完成に向けて、全国の諸氏族を新たに組織し直すが、その際、この氏族群のなかで最も優勢な勢力が上毛野君―東国六腹の朝臣であったため、彼らは、上毛野君関係氏族として自らを国家秩序の中に組み込んでいくことになる。

上毛野君―東国六腹の朝臣が極めて優勢であったことは、彼らが、氏族群全体として、畿外出身氏族としては、ほとんど唯一、中級貴族官人グループとして遇されたことに見てとることができる。だが、中級貴族官人としての評価は、たんに当代の優勢さや対蝦夷政策の重要性に基づくばかりでなく、「荒河戸畔」勢力以来の連綿たる歴程によっているると考えるべきであろう。

しかし一方で、国家中央の中級貴族官人となっていく歩みは、彼らのよって立つ基盤である東国在地とのほぼ完全な断絶をも意味したことを忘れてはならない。東国の在地権力、在地構造は、西暦七〇〇年を前後して大きく変動する。東国六腹の朝臣が、奈良時代以降、東国に有力な在地勢力を形成した形跡の見えないことは象徴的である。

（六）

このように考えてくると、上毛野君関係氏族の活躍年代は、その内部構造が三つのグループに大別できたように、西暦五〇〇年前後と七〇〇年前後を節目として、大きく三つの時期に分けられる。

第一期・西暦五〇〇年前後以前（**茅渟の海・母胎の時代**）

紀伊・和泉から、広く茅渟の海（大阪湾）沿岸一帯に勢力を張り、倭王権中枢に連なる位置を保ちながら、氏族群の母胎を形成した時期。東国諸勢力との関係を図る一方で、朝鮮、主として百済勢力圏との交渉に積極的に関与したと見られる。

第二期・六～七世紀（**東国・上毛野君の時代**）

東国での活動、氏族形成に重心を移した時期。六世紀以降の倭王権中枢の西日本を中心とした統一国家化の歩みとは相対的独自に、上毛野君―東国六腹の朝臣としての氏族形成を図った時代。まさに東国の時代、上毛野君の時代である。その時代は、同時に、朝鮮から再渡来した多奇波世君・男持君の後裔を称する人々が、広義の河内地方に定着を図った時代でもある。

第三期・西暦七〇〇年前後以降（**上毛野君関係氏族の時代**）

東国六腹の朝臣が中央の中級貴族官人として国家中枢部に登場するとともに、東国在地との関係を薄くしていった時期。

多奇波世君・男持君後裔グループ、紀伊・和泉グループが、改めて東国六腹の朝臣との同族性を主張するようになった時代でもある。上毛野君関係氏族の時代と呼ぶのがふさわしい。

以上の「結論」には、論証・叙述の両面において、なお幾つかの飛躍のあることを認めざるをえないが、こうした視座に立たないかぎり、複雑な内部構造を持つ上毛野君関係氏族の全体像とその歩みを見通すことははなはだ難しいと思う。少なくとも、「上毛野」の名にとらわれて問題を一つの地域に限定しきって考える姿勢や、氏族というものを静的なレベルでとらえる考え方だけは改められなければならない。氏族形成のダイナミズムの中でこそ、一つの氏族群もまた見えてくるものである。これは、私自身の反省でもある。

しかし、そのことは、決して一つの地域を過小評価することではない。むしろ、東アジア的なひろがりをもって氏族形成をなしたと考えられる氏族群が、なぜ上毛野君関係氏族として自己を国家秩序の中に定位させたのかを考えるためには、「上毛野」という一つの地域を、開かれた地域としてさらに掘り下げていくことが不可欠である。しかも、その地域が、倭王権中枢の地、「畿内」から遠く離れた東国にあることは興味深い。五~七世紀、つまり日本古代国家成立過程での「中央」と「地方」との関係を再吟味していく必要性が問われている。

上毛野君関係氏族を構成する個別氏族の実像の究明、個々の始祖伝承の再吟味を通して、紀伊・和泉グループの地盤低下の原因や、五~七世紀における東国諸勢力と紀伊・和泉グループの関係にさらに迫ることで、これらの問題に答えていきたいと思う。また、五世紀以前の東国の実像について、文献史学の側からの可能な限りのアプローチを図りたい。その先には、考古学的資料との対比という豊かな果実が待っているのだから。

あとがきに代えて

改訂増補と銘打ったものの、古代史研究に専念できなかった二〇年余のブランクはあまりに大きく、文献史学・考古学の新たな研究成果をほとんど取り込めることなく、まことに中途半端なものに終わってしまった。学び直すことの大切さを痛感せざるをえない。

とくに旧著以来ずっと考えあぐんでいることがある。それは上毛野君の氏姓《うぢかばね》の所以である。カバネ「君」についてはある程度の見通しをつけることができたものの、「毛野国」の非在を証明することよって「上（下）毛野」という氏名《うぢな》の所以はかえって見えにくくなっている。「毛野国」なるものがあったとすれば上・下に分かれた地域の最優勢氏族だからと単純に答えることができた。しかし今や事情はそう簡単ではない。上《かみつ》（下《しもつ》）東国君《あづまのきみ》ではなく、上（下）毛野君である。そして推定してきたように、両氏族の本拠地は上（下）毛野国府開設の地である可能性が高い。この問題に解答を示せない限り、「毛野国」の亡霊を消し去ることはできない。次に取り組まなければならない第一の課題である。

第二の課題は、中国北朝に起源する銅製明器の古墳埋納や『抱朴子』との照合を示すことによって、道教をはじめとする中国古代宗教思想との深い関連を示唆してきたが、思想史的検証に耐えうるだけの検討には至っていない。本著改稿直後に賜った上田正昭先生のお手紙でも、そのことをご指摘いただいた。尾崎喜左雄先生や福永光司先生が折にふれて示された「遺言」と合わせて再考していかなくてはならない。朝臣姓へと進んだ君姓氏族の二大グループである上毛野君関係氏族と三輪君関係氏族がいずれも古代祭祀の改革に深く関わっていると見られることや東国仏教の展開は、そうした視角からの再考を不可欠なものとしている。

第三の課題は、上毛野君関係氏族母胎集団や紀臣関係氏族母胎集団と朝鮮諸国との関係の実相をより具体化することである。『日本書紀』と同書に引用された『百済記』を主とした私の今回のアプローチでは、百済勢力圏、とくに旧馬韓の南部に焦点が当てられたが、本著改稿過程で賜った金井塚良一先生のご意見によれば、埼玉《さきたま》将軍山古墳の馬冑は五世紀第Ⅲ四半期における金官加羅（南加羅《ありひしのから》）圏の製作で、五世紀後半には列島に伝来し「埼玉政権」内で伝世されたという。もう一つの馬冑が紀の川流域の大谷古墳で見つかっていることも示唆的である。また近年、五世紀半ば以前に遡ると見られる渡来遺物が陸続と東国で発見されている。そうした事実を解釈できるまでに文献批判を進めておく必要がある。

上記三つの課題を一つ一つ着実に解明していくことが、上毛野君関係氏族母胎集団と東国との関係をいっそう鮮明にしていくことに連なっていくと思われる。今回、私は、あえて、獲加多支鹵《わかたける》大王に比定されている倭王武の有名な上表文「封国は偏遠にして藩を外となす。自昔《そのかみ》（昔より）祖禰《そでい》躬《みづか》ら甲冑を擐《つらぬ》き山川を跋渉して寧所に遑《いとま》あらず。東、毛人を征する五十五国、西、衆夷を服する六十六国、渡りて海北を平らぐ九十五国……」（宋の昇明二年＝四七八年）に触れないできたが、上記三課題の検討を深めることで、従来の征服史観を克服した形で国家形成、氏族と地域形成のダイナミズムを明らかにしていきたい。

資料所蔵者・写真提供者および出典一覧

図1　東京国立博物館蔵　Image:TNM Image Archives　Source:http://TnmArchives.jp/
図2　群馬県埋蔵文化財調査事業団提供
図3　文化庁蔵（重要文化財）　群馬県立歴史博物館保管・提供／中華人民共和国山西省考古研究所蔵
図4　高崎市観音塚考古資料館蔵（重要文化財）／大韓民国公州国立博物館蔵
図5　東北歴史博物館蔵（重要文化財）
図6　間壁忠彦・間壁葭子『吉備古代史の未知を解く』（新人物往来社　昭和五六年）より転載
図7　津山郷土博物館蔵
図8　金井塚良一『北武蔵の横穴墓と古代氏族　吉見の百穴』（教育社　昭和六一年）より転載
図9　図8に同じ
図10　井上清・長谷川寛見『多胡の古碑に寄せて』（あさを社　平成十一年）挿図に加筆
図11　越前市教育委員会蔵（福井県文書館ホームページ　福井県史通史編　写真一二一のデータを使用）
図13　三重県立斎宮歴史博物館蔵
図14　奈良県立橿原考古学研究所附属博物館蔵
図17　国土地理院発行二〇万分の一地勢図「宇都宮」「長野」をもとに作成
図18　高崎市観音塚考古資料館蔵（重要文化財）
図19　高崎市教育委員会（国指定特別史跡）　上毛新聞社刊『畏れと祈り』より転載

図20　図19に同じ
図21　図17に同じ
図22　藤岡市教育委員会提供
図23　図22に同じ
図24　国土地理院発行二〇万分の一地勢図「宇都宮」をもとに作成
図25　高崎市教育委員会・かみつけの里博物館蔵・提供
図26　図25に同じ
図27　図25に同じ
図28　前橋市教育委員会提供
図29　若狭徹『古墳時代の地域社会復元　三ツ寺I遺跡』（新泉社　二〇〇四年）より転載
図30　前橋市教育委員会蔵　上毛新聞社提供
図31　図24に同じ
図32　文化庁蔵（国宝）　埼玉県立さきたま史跡の博物館提供
図34　多胡碑記念館提供（国指定特別史跡）
図35　桐生市教育委員会（重要文化財）　群馬県新里村教育委員会『国指定重要文化財　山上多重塔　建立一二〇〇年記念　歴史講演会』（平成十三年）より転載
図36　秩父市和銅保勝会提供／文化庁蔵（重要文化財）　群馬県立歴史博物館保管・提供
図37　文化庁蔵（重要文化財）　群馬県立歴史博物館保管・提供

【著者略歴】
熊倉　浩靖（くまくら　ひろやす）
1953年　群馬県高崎市に生まれる。
1971年　京都大学理学部入学。全学連・全共闘運動に参加し中退。
京都大学在学中から上田正昭氏に師事。
1975年　井上房一郎氏の指導のもと、高崎哲学堂設立運動に参画。
現　在　アジア史学会 事務局次長
特定非営利活動法人NPOぐんま 代表理事
高崎市政策担当（非常勤）
財団法人高崎哲学堂 常務理事
都市行政評価ネットワーク会議 分析チームリーダー
（総合研究開発機構〈NIRA〉招聘客員研究員〈Research Adviser〉）
高崎経済大学地域政策学部 講師（内発的発展論、非常勤）

共著書　端信行ほか編『都市空間を創造する　越境時代の文化都市論』（日本経済評論社）、原島礼二・金井塚良一編『古代を考える　東国と大和王権』（吉川弘文館）ほか。

連絡先　npo-kuma@xp.wind.jp

2008年2月15日　初版発行　《検印省略》

古代東国《こだいとうごく》の王者《おうじゃ》 —上毛野氏《かみつけのし》の研究《けんきゅう》— 〈改訂増補版〉

著　者　熊倉浩靖
発行者　宮田哲男
発行所　株式会社 雄山閣
〒102-0071　東京都千代田区富士見2-6-9
ＴＥＬ　03-3262-3231㈹／ＦＡＸ　03-3262-6938
ＵＲＬ　http://www.yuzankaku.co.jp
e-mail　info@yuzankaku.co.jp
振　替：00130-5-1685
印　刷　株式会社 熊谷印刷
製　本　協栄製本株式会社

ISBN978-4-639-02007-3 C3021